现代有轨电车运营岗位系列培训教材

现代有轨电车
车辆设备与驾驶

主　编　李晓村　韩建良
副主编　许广鹏　仲晓晨　姚汝龙
参　编　耿幸福　王学忠　龚伟申　崔建荣　程　红
　　　　白安富　关和宁　张　攀　姚　震
主　审　沈明生　赵小文

机械工业出版社

本书分上、下两篇，共十二章。上篇为“现代有轨电车车辆设备”，主要内容包括车辆总体介绍、牵引控制及网络、制动系统、辅助系统、车内环境控制设备、行车相关设施；下篇为“现代有轨电车司机工作实务”，主要介绍有轨电车的操作及驾驶、有轨电车故障处理、乘客服务、交通安全法律法规、突发事件应急处置、司机作业程序和标准。

本书可作为有轨电车企业职工培训教材及技术人员和生产人员的自学参考书，也可作为各大专院校相关专业的教材。

图书在版编目（CIP）数据

现代有轨电车车辆设备与驾驶/李晓村，韩建良主编．—北京：机械工业出版社，2016.5（2018.1 重印）
现代有轨电车运营岗位系列培训教材
ISBN 978-7-111-53438-9

Ⅰ.①现… Ⅱ.①李… ②韩… Ⅲ.①有轨电车－设备管理－岗位培训－教材 ②有轨电车－驾驶术－岗位培训－教材 Ⅳ.①U482.1

中国版本图书馆 CIP 数据核字（2016）第 067422 号

机械工业出版社（北京市百万庄大街 22 号　邮政编码 100037）
策划编辑：曹新宇　　责任编辑：曹新宇
责任校对：肖　琳　陈延翔　封面设计：鞠　杨
责任印制：孙　炜
北京中兴印刷有限公司印刷
2018 年 1 月第 1 版第 2 次印刷
184mm×260mm·15 印张·370 千字
1201—2200 册
标准书号：ISBN 978-7-111-53438-9
定价：39.80 元

凡购本书，如有缺页、倒页、脱页，由本社发行部调换

电话服务
服务咨询热线：010-88379833
读者购书热线：010-88379649

网络服务
机工官网：www.cmpbook.com
机工官博：weibo.com/cmp1952
教育服务网：www.cmpedu.com
金书网：www.golden-book.com

前 言

《国务院关于城市优先发展公共交通的指导意见》（国发〔2012〕64 号）指出：“优先发展公共交通是缓解交通拥堵、转变城市交通发展方式、提升人民群众生活品质、提高政府基本公共服务水平的必然要求，是构建资源节约型、环境友好型社会的战略选择”。近年来，我国城市公共交通得到快速发展，特别是现代有轨电车系统以其集约高效、节能环保的优点，越来越受到人们的重视。目前国内已有 110 多个城市已经规划，20 多个城市正在建设现代有轨电车工程，其中部分城市如南京、苏州、沈阳、广州等已建成通车。

随着现代有轨电车在国内的蓬勃发展和新增线路的不断开通，与有轨电车相关的各类技能型人才需求量极大。司机是现代有轨电车运营企业重要的一线操作岗位，其能力和素质直接关系到行车安全、运行准点和乘坐舒适度。为满足有轨电车企业培训电车司机的需要，我们组织编写了本书。

本书由苏州高新有轨电车有限公司与苏州大学城市轨道交通学院联合编写，分上、下两篇共十二章，上篇为“现代有轨电车车辆设备”，下篇为“现代有轨电车司机工作实务”。本书由苏州大学城市轨道交通学院李晓村与苏州高新有轨电车有限公司韩建良任主编，许广鹏、仲晓晨、姚汝龙任副主编，参加编写的还有耿幸福、王学忠、龚伟申、崔建荣、程红、白安富、关和宁、张攀、姚震。本书由苏州高新有轨电车有限公司沈明生、南车铺镇庞巴迪运输系统有限公司赵小文任主审。

编写本书的过程中参阅了专业书籍及报刊杂志的专业文章，也引用了一些技术资料，在此对相关单位和作者表示衷心感谢。

由于编者水平有限，书中不足甚至错漏之处在所难免，欢迎广大读者批评指正。

编 者

目　录

绪　论

有轨电车是采用电力驱动并在轨道上行驶的轻型轨道交通车辆。它一般作为公共交通工具，也称路面电车或简称电车，属轻铁的一种（以电力推动的列车，也称为电车）。

一、有轨电车的发展

1. 有轨电车发展的三个阶段

世界城市有轨电车的发展经历了三个阶段：

（1）第一阶段　从 19 世纪 80 年代到 20 世纪 30 年代，为快速发展阶段。

自从 1881 年第一辆城市有轨电车在德国诞生以来，这种以轨道作为车辆导向的大运量客运交通工具迅速得到发展。在 20 世纪 20 年代，仅美国的有轨电车线总长就达 25000km。在我国，西门子公司于 1899 年在北京修建了第一条有轨电车。此后，香港、天津、上海和大连分别在 1904、1906、1908 和 1909 年修建了有轨电车。因此，我国城市轨道交通系统的产生，是从有轨电车开始的。到了 20 世纪 30 年代，欧洲、日本、印度和我国的有轨电车有了很大的发展，成为当时城市公共交通的主要交通工具。

（2）第二阶段　从 20 世纪 40 年代到 20 世纪 60 年代，为衰落阶段。

不久，随着汽车工业的迅速发展，有轨电车的地位发生了变化。西方国家私人小汽车数量急剧增长，大量的汽车涌上街头，机动性更好的公共汽车越来越普遍。由于受当时技术条件的限制，旧式有轨电车行驶在道路中间，与其他车辆混合运行，又受路口红绿灯控制，运行速度很慢，正点率低，而且噪声大，加减速性能较差，因此逐渐被无轨公交车辆所替代。20 世纪 50 年代开始，世界各国大城市都纷纷拆除有轨电车线路。到 20 世纪 60 年代末，我国各大城市的有轨电车线路基本拆完，仅剩下大连、长春个别线路没有拆除，并一直保留至今。

（3）第三阶段　从 20 世纪 70 年代至今，为重新定位、恢复发展阶段。

20 世纪 60、70 年代，由于汽车数量的过度增加，使城市交通又出现了新问题，造成交通堵塞，行车速度下降，空气污染和噪声严重，成了现代城市发展面临的主要问题。为解决以上问题，世界各大城市开始大力发展地下铁道。但是地下铁道投资昂贵、建设周期长，给城市公共交通发展带来了新的问题。西方一些经济发达国家，在人口密集的城市，为满足城市公共交通客运量日益增长的需要，并结合城市不同区域运量区别，除考虑修建地下铁道外，又重新把注意力转移到地面轨道交通方式上来。认为城市轨道交通的发展应根据城市特征和运量，采取具有不同运能、不同成本的轨道交通模式。着手在改造旧式有轨电车的基础上，利用现代技术，改造和发展有轨电车系统，开发出低噪声、低振动、省能源、能高速运行的高性能有轨电车，并考虑与城市的整体环境相协调，出现了现代有轨电车系统。

到20世纪80年代，国际上一些大城市已相继建成了现代化技术很高的现代有轨电车系统。例如，法国的南特市，城市人口约45万，1984年建成一条自东向西穿过市区的现代有轨电车线路，也是法国首次建成的第一条现代有轨电车系统，平均旅行速度可达24km/h；美国的萨克拉门托市，市区人口约92万，1987年3月建成一条穿越市中心的现代有轨电车线路，全长29.4km；我国香港地区为了配合新界西部的经济发展，修建了屯门至元朗的现代有轨电车线路，于1988年9月正式投入运营，线路全长23km，平均旅行速度可达25km/h。

现代有轨电车的特点是运行速度较高，制动及加减速性好，低噪声、低振动，对周围环境影响也小；同时，由于车辆技术的改善，舒适度也得到了加强；不论是从既有的有轨电车发展而来还是新建线路，与建设地下铁道相比，其造价均较低廉。所以，近年来许多城市又纷纷把注意力投回到现代有轨电车系统上来，利用现代高科技开发了新一代噪声低、速度快，走行部转弯灵活，乘客上下方便，甚至照顾到老人和残疾人的低地板新型有轨电车；在线路结构上，也采用了降噪声技术措施。在速度要求较高的线路上，采用专用车道，于繁忙道路交叉处进入半地下或高架，与其他车辆互不影响；对速度要求不高的线路，可与道路平齐，与汽车混合运行。

随着近年来环境和能源问题的不断突出，在西方发达国家城市兴起了恢复和建设有轨电车的高潮，目前仅法国就有10多个城市拥有轨电车，有20多个城市的线路正在建设之中，建设里程和规模已远远超过地铁，而且发展趋势丝毫不减。在欧洲的大中城市中，有轨电车已成为了城市中非常普及的公共交通工具。

近几年，我国现代有轨电车迅速发展，全国已有超过100个城市规划建设有轨电车。截至2014年底，包括苏州在内的7个城市有轨电车的运营总里程达到134km。2015年，广州、青岛、淮安、珠海等城市将相继开通运营有轨电车，新增运营线路里程达133.43km，新增开工线路里程达241.39km。到2020年，全国计划建设的有轨电车线路总里程将达到2000km，现代有轨电车前景十分广阔。

2. 现代有轨电车的运用趋势

伴随着经济的快速发展和城市化、机动化的进程，国内大多数城市的空间布局由单中心向多中心转变。在国内大中城市中，新城区、开发区的建设成为未来城市的发展趋势，这有利于现代有轨电车在城市中的运用。

1）在优先发展公共交通的背景下，现代有轨电车灵活多变的特点能很好地适应连接新、旧城之间以及新区内部的优质、高效的公共交通系统的服务需求。

2）城市交通堵塞和环境污染日益严重，考虑到城市交通投资的约束，现代有轨电车能与其他轨道交通相互协调，共同承担城市的交通需求，以提高公共交通的服务竞争力，提高城市生活质量。

3）在道路资源充分、施工条件良好的新城区，应尽量实现现代有轨电车路权专用，以提高运行速度和断面运能，实现快速、大容量的运输目标。

4）具有打造城市形象的能力，将城市中等强度客运走廊与城市形象展示带结合起来，实现城市旅游功能与交通功能的统一。

二、现代有轨电车的技术特征

随着科学技术的不断发展，有轨电车在车辆性能、舒适性、环保要求和外观等方面都发生了根本性的改进。

1. 车辆性能优良

现代化的有轨电车车辆早已今非昔比，它从牵引系统、制动系统和轮轨相互作用等方面都发生了根本性的变化。有轨电车目前已普遍采用了交流传动技术，极大地改善了列车运行平稳性。采用了微机控制的电控制动系统，可以完全满足复杂路面的行驶要求。现代有轨电车大多采用了低地板结构，通常有70%低地板和100%低地板结构，目前最低地板可达到180mm以下，而且可以根据不同气候、不同路面调整高度，以满足各种工况的行驶要求，可以最大限度地降低车辆地板面的高度。另外，有轨电车通常不必考虑车站站台的设置，从而可以满足残疾人上、下车的要求。新型有轨电车平均时速可达20km，比城市公交车的平均时速快30%。现代有轨电车与旧式有轨电车的不同之处主要是，它不但具有鲜明的现代化外貌色彩，而且车辆轻、速度快（轴重12.5 t左右）。现代有轨电车的运能虽不及地铁系统，但远远高于一般公交车辆，由于其造价低、灵活性好，对车站要求低，车站也可以变动，故更方便乘坐，可以满足城市街道的复杂布局要求，而且有轨电车的车辆宽度通常可以根据城市道路的可容纳性进行设置。

2. 运量大、造价低

新型有轨电车的运输能力介于轻轨和公交车之间，能达到0.5～1.0万人/h，属于或接近中运量的城市公交系统，比公交车的运能高出一倍以上。有轨电车为多节车厢编组（模块），但它可以根据运能调整车辆编组，增加或减小每列车的编组，以满足不同的运输需求。现代有轨电车的技术含量极高，车辆造价有时会高于地铁车辆，但由于有轨电车通常在地面行驶，对车站的要求远远低于地铁系统，其爬坡能力和曲线通过能力远远优于地铁，可以与汽车共用道路。因此，有轨电车对车站和线路的要求不高，机动性很好，基本建设投资较小，每公里建设投资为0.8～2亿元，综合造价大大低于地铁系统，每公里造价仅为地铁的1/6左右，而且运营费用也比地铁低得多。所以，有轨电车系统具有初期投资小和运营效益高的优势。

3. 舒适、方便

从国外有轨电车的发展情况来看，由于车辆在轨道上行驶，运行条件优于公交车，使用寿命远远高于公交车，车辆的制造工艺要求也比较高，车厢的外观和内部环境较好。由于采用了交流传动和微机控制制动技术，并且在平顺性较好的轨道上行驶，通常不会像公交车那样有急转弯或急制动等现象，车辆在运行时由于加速和制动产生的加速度受到了严格的控制，其平稳性和舒适性明显优于公交车，与地铁车辆相当。现代有轨电车车辆采用了宽大的门窗，视觉效果比较好。

现代有轨电车的一个最大特点是采用了低地板结构，车辆地板与道路街沿高度基本持平，乘客的上下车非常方便，残疾车不必采用辅助器件也可以直接上下车；由于车辆对停车站台没有特殊要求，停靠时不需要专门的车站设备，故机动性较强。

4. 环保、美观

现代有轨电车在城市中得到推广应用的一个重要因素是它的环保性。随着经济的发展，现代社会的“都市病”越发明显。大量的汽车不仅造成了交通拥堵，而且汽车排放的尾气严重污染了城市环境，在我国城市中，公交车的尾气排放占整个汽车尾气排放中相当大的比重，由于种种原因治理难度极大。采用电力驱动的有轨电车不会产生任何尾气排放，不会对城市空气环境产生不利影响。在能耗方面，新型有轨电车的能耗低，仅为小汽车的1/9，公交车的1/4。早期有轨电车的一个特征就是在行驶时会产生较大的轮轨摩擦噪声和电动机噪声，而现代有轨电车在降噪方面已有了根本性的改善，主要体现在以下几方面：采用了弹性和吸振性较好的轨道结构、弹性降噪车轮、新型的牵引驱动系统等，取得了令人满意的降噪效果；利用具有生态性和经济效益的城市绿色轨道技术，有轨电车可以在有植被的绿化带上行驶，不仅可以合理利用土地，而且可以进一步降低车辆噪声；有轨电车利用钢轨作为车辆支承面和走行导向，不仅可以在道路上行驶，也可在草坪等特殊路面上行驶，还可以穿越森林，充分利用城市空间，做到城市绿化和交通道路的综合利用，达到环保和提高空间利用效率的目的。

现代有轨电车的一般技术特征如图 0-1 所示。

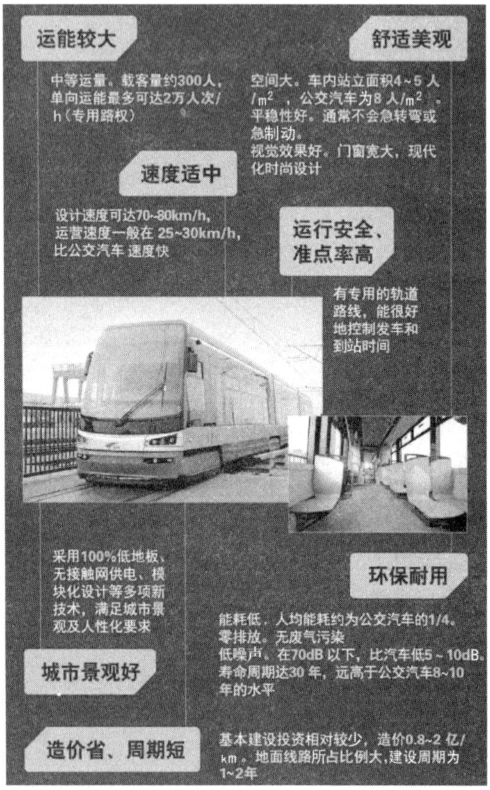

图 0-1　现代有轨电车的技术特征

三、现代有轨电车的分类

1. 按地板高度分类

地板面距轨面高度大于或等于400mm 称高地板，传统有轨电车一般为高地板；地板面距轨面高度小于400mm 称低地板，当低地板面积与客室面积的比值为0.5 ~0.7 时，称为50% ~70% 低地板，低地板面积与客室面积的比值为1.0 时，称为100% 低地板，现代有轨电车一般为低地板，如图 0-2 所示。

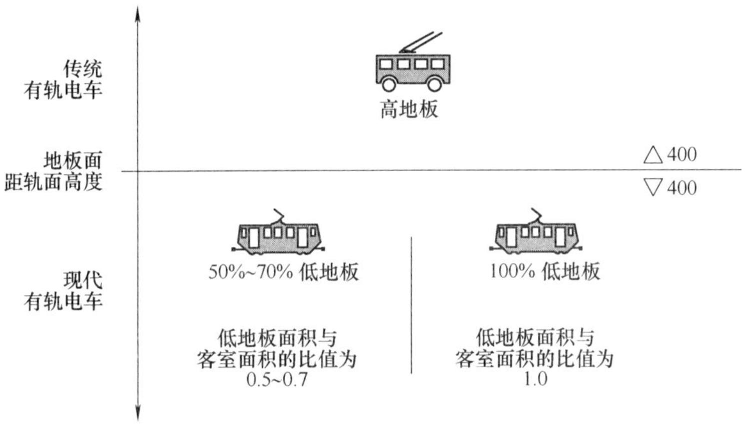

图 0-2　按地板高度分类

2. 按供电方式分类

根据列车电能提供方式分接触网式（架空接触网）和无触网式（第三轨、电磁感应、车载储能、氢能源动力），见表 0-1。

表 0-1　按供电方式分类

有轨电车类型	供电方式	原　理	应用现状
接触网式有轨电车	架空接触网	列车通过车顶受电弓从架空接触网取得电能	目前主要采用
无触网式有轨电车	第三轨	在地面上铺设供电轨，列车底部安装受电靴受电	少量应用
	电磁感应	利用电磁感应现象，将电缆回路设在轨道下方，车底部安装耦合线圈。运行中，电缆回路通电形成电磁场，车上的耦合线圈不断切割磁力线，产生电磁感应，形成电流，为列车供电	研究探索阶段
	车载储能	车载储能系统（一般为超级电容 + 蓄电池组合）为列车供电	当前主流发展趋势，已形成系列产品
	氢能源动力	车载氢燃料电池为动力源，通过氢燃料电池内氢与氧的化学反应产生电流，为列车送电	2015 年 3 月 19 日，世界首列氢能源有轨电车在中国南车四方股份公司下线，拟运用于山东城阳有轨电车示范线上

截至目前，现代有轨电车的发展大致已有三代系列产品，分别为常规接触网式（或接触轨式）、超级电容（与蓄电池组合）储能式、氢能源式，如图 0-3 所示。

3. 按轮轨制式分类

按轮轨制式，分为钢轮钢轨式和胶轮导轨式。

图 0-3　现代有轨电车三代系列产品

四、轻轨、现代有轨电车及 BRT 的比较

轻轨、现代有轨电车及 BRT 的比较见表 0-2。

由表 0-2 可知，现代有轨电车在运能、能耗、环保、舒适性以及提升城市公交服务形象等方面都具有明显的优势。

表 0-2　轻轨、现代有轨电车及 BRT 的比较

相关指标	轻轨系统	现代有轨电车系统			BRT 系统		
模式	独立路权	独立路权	优先路权	混合路权	独立路权	优先路权	混合路权
线路形式	地下或高架	全封闭	部分交叉路口开放	全开放	全封闭	部分交叉路口开放	全开放
适用范围	市区人口≥100 万	市区人口≥50 万或特定需求			市区人口≥50 万		
车道最小宽度/m	5.0	3.00			3.75		
车辆长度/m	单节：20	全列：25、32、45（具体视车辆模块而定）			单车：12；单铰链车：18～24；双铰链车：28～57		
单向运能/(万人次/h)	1.0～3.0	1.5	1.2	0.8～1.0	1.3	1.0	0.6～0.8
最高速度/(km/h)	80～100	80	60～80	60	80	60～80	50～60
平均站间距离/km	0.8～2.0	0.8～1.5	0.8～1.5				
旅行速度（km/h）	30～45	30～35	25～30	20～30	35～40	25～35	20～25

（续）

相关指标	轻轨系统	现代有轨电车系统	BRT 系统
动力模式	第三轨或架空网	第三轨或架空网	燃油驱动
投资规模	3.0～5.0 亿元/km	0.8～2.0 亿元/km	0.4～0.55 亿元/km
低碳环保方面	优	优	良好
提升城市形象方面	优	优	良好
舒适度方面	良好	优	中等
运行噪声	大	较好	较好
线路对城市的影响	中等	优	良好
改造升级	/	改造为轻轨较易	较难改造（高架 BRT 可改）
建设周期/年	3.0～4.0	1.5～2.0	1.0～1.5
车辆国产化率	80%及以上	40%及以上	80%及以上
最小转弯半径/m	250～350	50	50
最大纵坡（%）	3～3.5	4	4
最小站台宽度/m	5	2.0～3.5	2.0～3.0
最低红线控制/m	8.5	6.5	7.0

五、现代有轨电车的适用条件

现代有轨电车是在旧式有轨电车的基础上发展起来的，采用了先进的技术和经验，建立了一种介于公共汽车和轻轨之间的中低运量轨道交通系统。

1. 城市规模和客流量

城市规模的大小直接影响着当地交通的建设规模，一般来说，大中城市以及经济发展较好的小城市均可发展现代有轨电车。

城市规模的分类标准为：按照国际通行的城市规模划分标准，非农业人口在 200 万以上为超大城市，100 万～200 万为特大城市，50 万～100 万为大城市，20 万～50 万为中等城市，20 万以下为小城市。国外研究表明，在百万人口以上的特大城市，单向客流量长期稳定在 2 万～25 万人次的线路通常采用地下铁道；如需修建现代有轨电车，则线路应选择现代有轨电车系统的全封闭形式。在客流量极大的市中心修建地下铁道的同时，还应根据客流量的需要，修建市区和郊区、大型工业区及商业区的现代有轨电车交通线路。在50万~100万人口的城市，当高峰小时单向客流量为1万~2.5万人次时，应选用现代有轨电车的全封闭或半封闭形式，主要采用半封闭形式。

因此，中等以上城市可考虑发展现代有轨电车，大中城市的公交客流量一般均能满足现代有轨电车客流量的需求，而小城市的公交客流量相对较小，建设现代有轨电车则不太适宜。所以，一般大中城市均可发展现代有轨电车，具体发展情况要视各城市的经济发展情况、路网规模、道路交通条件以及客运量综合而定。

2. 城市经济条件

一个城市的经济发展状况直接影响着当地的交通建设状况，一般大中城市的经济水平具有建设现代有轨电车的能力，而小城市经济受限，现代有轨电车的造价一般约合2089万元/km（大连现代有轨电车的造价）。不同城市可以参考其经济条件确定是否能建现代有轨电车，一般而言，因经济条件的限制，小城市可采用常规公共交通服务，一方面可以促进城市交通的发展，另一方面也方便了广大群众；大城市可利用现代有轨电车的优势，配合快速轨道交通建设。

3. 城市地形

由于山区道路高低不平，并不像平原地区那么容易规划和布置轨道线路，另外，山区道路坡度过高，而现代有轨电车适宜的坡度一般为6%~9%，所以现代有轨电车在山区道路上受坡度的限制，不宜建设；而在一般山岭城市或平原微丘地形城市，现代有轨电车系统采用小半径曲线和大坡度的技术标准，几乎可以适应任何城市布局的地形。有轨电车一般沿城市主干道布置，以符合其运输服务功能。

我国城市1~3级主干道设计行车速度为30~60km/h，相应的平曲线最小半径为40~150m，与有轨电车的速度标准和平面条件相当。对于地形起伏较大的城市道路，行车速度为60km/h的道路推荐最大纵坡为5%，而有轨电车能够克服6%~9%的地形坡度，完全能够满足沿道路布置的条件，并更具灵活性。同时，由于城市道路纵坡较大，限制了非机动车辆的使用，这样便避免了有轨电车与非机动车道干扰的问题，处理与道口的关系更为容易。

4. 城市道路网规划

如果原有城市道路没有考虑到有轨电车线路的布局，则新建有轨电车系统将占用既有通道建筑红线内的资源，发生干扰的对象包括建筑物、市政设施和路面。沿线道路一般至少为3幅路或4幅路断面，重新规划时通过系统调整换乘位置，减少沿线公交线路，占用原有分隔带，将绿化带改建为有轨电车绿化轨道等措施，可以规划出线路和车站的位置。有轨电车线路应尽可能设置在道路一侧，避免形成混行路段，并做好道路渠化改造，优化既有通行方式。所以，通过改建较宽主干道，可以保证在既有道路面积条件下，增建有轨电车线路，提高通道交通容量。当然，在沿线通道较窄的情况下，若有轨电车线路挤占行车道，则需要详细论证通道通行能力和现代有轨电车项目的可行性。

总而言之，进行现代有轨电车地区适应性分析时，首先应从整个城市公共交通系统结构优化的角度出发，分析外部影响因素（城市经济、城市空间结构和政策环境等）对现代有轨电车功能发挥的推动和阻碍作用；其次，探讨城市交通内部影响因素（通道客运量、道路、用地条件等）对现代有轨电车地区适用性的促进和制约作用。现代有轨电车地区适应性影响因素分析见表0-3。

表 0-3　现代有轨电车地区适应性影响因素分析

因素分类	影响因素	影响因素对现代有轨电车地区适用性的促进和制约作用
外部因素	城市经济	中小城市经济受限，利用现代有轨电车提高常规公共交通服务水平；大城市利用现代有轨电车的投资优势，配合快速轨道交通建设
	城市空间结构	大中城市组团式空间布局，要求加强外围组团与中心组团的联系；大城市外围组团内部成为相对独立的新城，适用于现代有轨电车
	政策环境	现代有轨电车的优势使其有提高公交优先和实现可持续发展的作用
内部因素	通道客流量	现代有轨电车适用于单向断面流量在 1 万 pcu/h 以下的低强度走廊，或为 1 ~ 3 万 pcu/h 的中强度走廊配合轨道交通和公交快速交通
	道路用地条件	占用路面资源，不适用于大中城市主城范围等道路资源紧缺的地区

注：pcu——Passenger Car Unit 的缩写，译为标准车车流量；pcu/h——等效通行能力，即单位时间内可能通过的最大交通实体数（全部换算为当量小客车）。

六、现代有轨电车的应用模式及适用地区

现代有轨电车应成为中等城市的主要公共交通工具，也应作为大城市中大运量交通工具的辅助，应该在我国推广。不同类型的交通方式在公共交通体系中所起的作用不尽相同。根据城市规模、交通需求、土地利用规划等因素的差异，现代有轨电车在不同城市的公共交通系统中有着三类典型的应用模式。

1. 现代有轨电车成为整个公共交通的主体

将现代有轨电车系统作为整个城市公共交通的主体，承担着城市中大部分客流量，辅以常规道路公交，形成现代有轨电车的运输网络，支撑起整个城市的公共交通体系。其典型城市有墨尔本，城市总人口达 350 万，有轨电车线网规模达 230km，其功能是提供市区的服务，为铁路车站提供驳运，连接郊区与核心区，成为整个城市公交体系的主体。

2. 现代有轨电车与城市轨道交通系统的整合与协调

对于快速轨道交通系统尚未敷设的交通走廊，从满足需求、提高运输效率的角度出发，发展现代有轨电车，与地铁、常规道路公交共同承担公共交通客流。其典型城市为布拉格，它有 3 条地铁线和 31 条有轨电车线，2003 年的客运量分别占 41.4% 和 30.2%。有轨电车担负新、老城区的主要交通流向的接驳，是承载整个城市的主要交通工具。

3. 现代有轨电车应用于城市轨道交通功能的延伸和补充

有轨电车布设在地区性主要客运走廊上，未形成独立的网络，仅作为城市轨道交通或道路公交的延伸、加密或者补充，接驳快速轨道交通，实现点到点的客流运输。其典型城市为天津，它通过发展有轨电车 + 常规公交的公共交通模式，强调有轨电车的接驳集散功能，发挥津滨轻轨的作用，强化开发区的东区与塘沽城区的联络。

现代有轨电车的应用模式及应用城市案例见表 0-4。

表 0-4 现代有轨电车的应用模式及应用城市案例

适用地区	应用模式	应用城市
中小城市	用于承担主城区内部较大的交通需求，提供主线专用路权和快捷、高容量的运营服务	瑞典哥德堡，德国波恩，澳大利亚墨尔本，法国南特
大城市	加强市区外围地区与主城区之间的联系，搭配公交系统，共同构成的线网作为市郊与市中心的联络线路	美国圣地亚哥、波特兰、圣克拉拉、布法罗、萨克拉门托，英国曼彻斯特，日本广岛
大城市外围	组团之间快速交通，减少市中心不必要的穿越交通量，构建可达性高、造价低的都市外环路线	法国巴黎，比利时布鲁塞尔，德国柏林
外围新城及工业开发区	周边新城及工业区类似独立的中小城市，客运需求量较小，适合采用专用路权、快捷、高容量的运营服务	英国伦敦、克罗伊登，中国天津泰达工业开发区
特殊地区	供游客观光的有轨电车与既有国铁共线运营的有轨电车	澳大利亚悉尼，德国萨尔布吕肯

七、欧洲有轨电车的发展经验

1. 现代有轨电车系统的适用范围

欧洲的现代有轨电车无处不在，大到数百万人口的国际大都市，小到十几万人口的小城市，都可以见到有轨电车的身影。有轨电车在不同规模的城市扮演的角色是不同的：在人口众多、市区内地铁系统发达的大城市，有轨电车线路一般不进入市中心，往往在郊区与中心城区相切，将多条地铁线在郊区串联起来；有时线路需求比大城市小，一般客流量不超过10 万人次/天时，现代有轨电车完全可以满足需求。现代有轨电车已成为中小城市公交的骨干模式。

2. 现代有轨电车线路的建设方式

欧洲城市根据自己不同的经济实力以及有轨电车的发展历史，采取了不同方式来更新、建设有轨电车线路。其主要方式有以下几种：

（1）改造原有有轨电车线或废弃铁路　这种方式利用了既有资源，利用较少的投资便较好地缓解了城市交通压力。

（2）新建有轨电车线路　新建的有轨电车线路技术标准一般较高，造价不菲，但与地铁等大运量的轨道交通相比还是节省了许多资金。由于新建线路常形成一条带状的移动景观，因此受到了市民和政府的青睐。

（3）有轨电车与干线铁路共享轨道　这样可大大提高铁路系统的可达性，使之延伸至城市内部；而有轨电车系统的服务范围也扩大到城市周边，同时增加了有轨电车的客流量。

纵观欧洲的现代有轨电车系统，多数城市采用了旧线改造与新建线路相结合的方式。这种方式一方面可充分利用现有资源，降低建设成本；另一方面又可按需供给，在适当的地区布设新线，提高线路或整个网络的服务水平。同时，在规划线路时就考虑到现代有轨电车与其他轨道交通（包括干线铁路与城市地铁）的兼容，为今后的灵活运营打下基础。

3. 我国发展现代有轨电车的启示

（1）现代有轨电车适合我国经济发达的大中城市　现代有轨电车与地铁相比，运量较低，但造价相对便宜，建设周期更短，可达性更好。这些优势明确了它的定位：在中小城市可作为交通骨干，在大城市可以作为地铁、轻轨的加密网络，尤其适合新兴卫星城的内部交通。虽然目前欧洲新建的现代有轨电车线路造价相对于我国而言并不低（平均为2亿~5亿元/km），但随着我国对相关基础设施建设技术的引进、吸收，以及车辆国产化水平的提高，相信将现代有轨电车“移植”到我国，其造价可大大降低。例如，大连市现代有轨电车1号线改造段的线路综合造价为1585万元/km，而新建延伸线路的综合造价为2806万元/km（以上不含车辆购置费、车辆段建设费）。

经济的快速发展，使得我国经济发达地区已经具备了建设现代有轨电车的经济、技术条件，其交通需求量也非常适合现代有轨电车的特性。因此，现代有轨电车适合我国经济发达的大中城市。

（2）改造与新建的建设方式并举　我国有许多城市由于重工业区的外迁或铁路车站的改址，市区内一些原有的铁路废弃不用。在规划、建造有轨电车系统时，可充分利用这些废弃的轨道，将其改造为有轨电车所用。此外，目前我国城市化进程加快，许多特大城市周围正在规划、建设新兴卫星城，中等城市也在进行旧城区改造，因此现代有轨电车的建设可与城市改造同时进行；道路的重新建设与轨道的铺设、电网的架设也可一并进行。同时，新建线路可借鉴欧洲的经验，将轨道铺设于绿化带之中，使有轨电车与城市景观结合在一起，为城市增色。

（3）线路标准应灵活多样、因地制宜　现代有轨电车的线路标准不同，其运能和服务水平差异也较大。我国建设有轨电车，应充分考虑线路各路段的道路交通状况，不必追求线路的统一标准；在一条线路的不同路段也可采取不同的标准。现代有轨电车车辆的性能优越，既能满足高标准线路上的高速运行要求，又能在干扰较多的路段上频繁地加减速。因此，要充分利用这一优势，因地制宜地选择路权形式、站间距等线路标准。

（4）与其他公共交通兼容，运营模式多样化　首先，现代有轨电车应能够与城市轨道交通兼容。在我国，主要体现为提供与地铁、轻轨系统共线运营的可能。其次，现代有轨电车要与道路公交协调发展，可以共享路权、车站、交叉口的优先信号等，提高设施的利用率；或者在某些车站实现道路公交车与有轨电车的同站台换乘，突出有轨电车的便捷性。另外，在线路能力充足的情况下，还可以开行货运列车，以减少大型货运汽车的污染和对城市道路的破坏，将地铁系统长久以来希望应用于城市货运的“夙愿”在有轨电车上实现。

八、苏州高新区有轨电车

1. 基本情况

随着苏州高新区城市化、现代化进程的加速，城市发展空间不断拓展，交通需求不断增长带来的挑战日益增加。因此，优先发展公交，特别是发展大容量快速公交已成为解决城市交通问题的必然选择。为落实公交优先，加快公共交通建设，苏州高新区管委会委托上海市城市建设设计研究院编制了《苏州高新区有轨电车线网规划》（以下简称《规划》）。

现代有轨电车符合高新区“科技、人文、生态、高效”的发展主题，现代有轨电车不同于传统有轨电车，它代表了现代交通的发展趋势，能够弥补高新区在轨道交通和常规公交运能之间的空档，成为高新区骨干公交网络的组成部分。现代有轨电车是高新区内部公交骨干系统，是轨道交通的延伸、过渡和补充，以满足客流需求，适应并引导城市发展，展示高新区特色风貌的生态公交系统。

2. 规划线路

《规划》确定了6条现代有轨电车线路，布设有轨电车的道路总长度约89.7km，最终形成苏州乐园站、城际站、生态城站、湿地公园站四大综合枢纽，如图0-4所示。

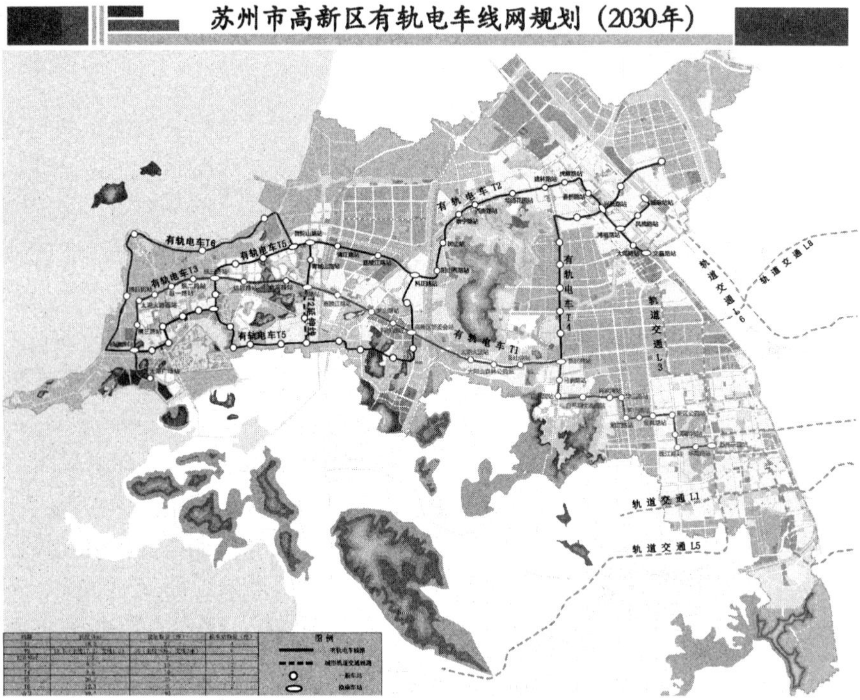

图0-4　苏州高新区有轨电车线网规划图

（1）现代有轨电车1号线（T1）：18.2km

1）功能分析：与轨道交通1号线换乘，作为轨道交通1号线在高新区往西的延伸，联系中心城区与湖滨片区，作为近中期太湖大道的骨干公交系统，交通联动促进湖滨片区快速发展。

2）串联节点：生态城起步区、生态城枢纽、科技城中心、科技大厦、大阳山森林公园、白马涧生态园、何山公园、苏州乐园枢纽、狮山片区中心。

（2）现代有轨电车2号线（T2）：18.5km

1）功能分析：联系浒通片区和湖滨片区，作为阳山北部骨干公交系统，起交通联系功能，并引导沿线用地开发。

2）串联节点：生态城枢纽、生态城起步区、通安、阳山森林公园、浒通片区中心、新区城际铁路站。

（3）现代有轨电车3号线（T3）：9.0km

1）功能分析：与有轨电车1号线一起成为高新区东西向主干线，承担湖滨片区东西向联系功能，促进生态城的发展。

2）串联节点：太湖景观带、湿地公园、生态城板块、生态城枢纽。

（4）现代有轨电车4号线（T4）：9.6km

1）功能分析：承担狮山片区和浒通片区之间次要客流走廊功能，作为轨道交通3号线的补充。

2）串联节点：新区城际铁路站、浒通片区中心、大阳山医院、白马涧生态园、狮山片区中心、苏州乐园。

（5）现代有轨电车5号线（T5）：20.2km

功能分析：承担湖滨片区北部的客运需求，依托枢纽与有轨电车T3线形成湖滨片区环路线路，加强湖滨片区交通联动作用。

串联节点：太湖景观带、湿地公园枢纽、湿地公园、生态城起步区、科技城中心、科技大厦、生态城枢纽。

（6）现代有轨电车6号线（T6）：12.3km

功能分析：为环太湖旅游观光线，将环太湖主要景点串联起来，并通过湿地公园枢纽起到客流集散作用。

串联节点：湿地公园枢纽、湿地公园、太湖景观带。

3. 项目进展

2010年底，苏州高新区管委会委托上海市城市建设设计研究院编制《苏州高新区有轨电车线网规划》；

2011年初，启动1号线前期准备工作；

2011年3月，苏州高新区有轨电车线网规划上报市政府审批；

2011年4月，成立苏州高新有轨电车有限公司；

2011年6月，有轨电车线网规划获市政府批复；

2011年9月至2012年3月间，1号线工程可行性研究报告和初步设计方案分别获市发改委批复，并将有轨电车1号线车辆招标文件上报国家发改委审批；

2012年6月，为1号线正式开工做准备，1号线沿线道路综合改造工程开始开工建设；

2012年8月，苏州高新区有轨电车1号线工程车辆采购（含牵引系统）招标文件获国家发改委批复；

2012年9月11日，苏州高新区有轨电车1号线开工建设；

2014年10月26日，苏州高新有轨电车1号线正式通车试运营。

4. 近期建设

（1）现代有轨电车1号线总体方案

1）线位走向。全线位于苏州高新区，共分布22个站点，其中初期设立10个站点，分别为苏州乐园站-新区公园站-何山路站-白马涧生态园站-马涧路站-阳山南站-高新区管委会站-龙山路站-嘉陵江路站-龙康路站。苏州现代有轨电车1号线走向如图0-5所示。

线路贯穿苏州高新区，在终点站苏州乐园站与轨道交通1号线和3号线相互换乘，线路全长18.19km，全线设车辆段1座，控制中心1座，最高运行速度为70km/h，总投资为31.49亿人民币。于2012年9月11日开工，2014年10月26日建成试运营（见图0-6）。

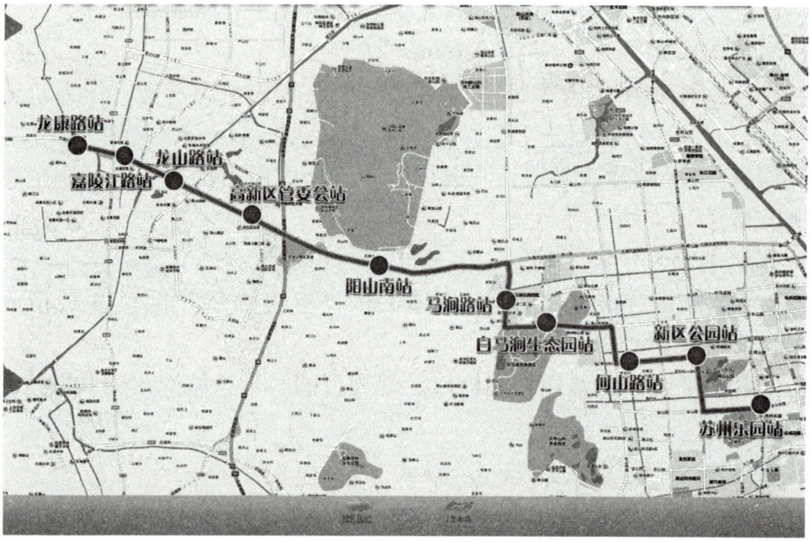

图 0-5　苏州现代有轨电车 1 号线走向图

图 0-6　苏州现代有轨电车 1 号线建成试运营

2）敷设方式。全线主要采用地面道路敷设方式，在太湖大道的断面转换以及跨越绕城高速、浒关运河时，皆采用跨线桥形式。

3）功能定位。狮山片区和湖滨片区之间的快速客运通道；支撑沿线地区的开发建设。

4）建设目标。强调快速服务功能，行程车速达到 25～30km/h。

高新区有轨电车 1 号线是江苏省首条有轨电车线，全国首条 100% 低地板钢轮钢轨现代有轨电车线，也是自确立报批程序以来第一个上报国家发改委并获得批复的有轨电车项目。

有轨电车 1 号线是承担高新区中心城区至西部湖滨片区生态城、苏州科技城的骨干公交线路，与地铁、公交线路可实现无缝对接。高新区有轨电车网络的建立，将同轨道交通 1 号线、规划的轨道交通 3 号线以及常规公交，共同组成苏州城西多层次多模式的公共交通网络。

（2）有轨电车的运营　高新区有轨电车的铺设方式将以地面为主，采用地面嵌入式槽型轨道，全线采用半封闭运行模式。列车编组初期为 5 模块；近、远期高峰小时 5/7 模块混跑，平峰期间 5 模块。行车间隔高峰时为 6min 左右，平峰时则为 10～12min。列车的运营时间为5：00至22：00，每天运营17h，与轨道交通1号线的运营时间保持一致。

5. 苏州有轨电车的特色

（1）钢轨钢轮制式　目前，国内投入运行的有轨电车主要使用胶轮导轨，而高新区有轨电车是国内第一条钢轮钢轨制式、100%低地板车辆。与橡胶轮胎相比，钢轮车辆更环保，且无需经常更换轮胎，维护成本更低廉，在行驶过程中车辆也更平稳，舒适度更高。

（2）100%低地板　车辆地板与轨面高度为300～350mm，仅相当于室外建筑2个台阶的高度，更便于残疾人、儿童、老年人以及轮椅、婴儿车等的上下车，也使一般乘客出入更加方便，能有效减少乘客上下车时间，提高车辆的平均运营速度。

（3）架空接触网供电　目前，国内已建有轨电车的接触网形式基本参照铁路样式，造型相对臃肿。高新区有轨电车采用的架空接触网供电方式是目前技术最为成熟、可靠的供电方式，通过对接触网结构的优化美化设计，可最大限度地与城市景观相协调。

上　篇

现代有轨电车车辆设备

第一章 车辆总体介绍

苏州高新有轨电车为100%低地板钢轮钢轨车辆，由5个模块铰接而成，采用的是电力牵引、弹性车轮以及多种制动方式（包括电阻、磁轨、液压）。其不仅低碳、环保，而且适应小曲线半径运行，具有良好的起、制动能力。

第一节　车辆的组成及作用

车辆采用模块化组装，包含5个基本模块（其编组形式如图1-1所示），其中包括1个带有受电弓的转向架模块（模块3），2个转向架模块加司机室模块（模块1+司机室模块1、模块7+司机室模块2），2个悬浮的客室模块（模块2、模块6），相互之间用铰接装置相连，形成包含3个转向架的一列整车（两端为动车转向架，中间为拖车转向架）。

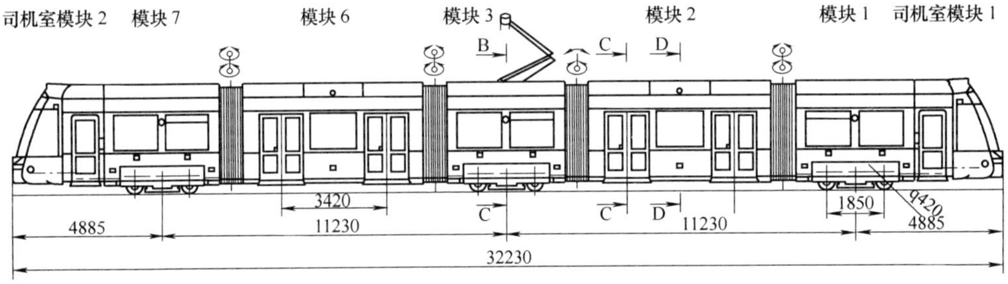

图1-1　车辆编组形式

车辆主要由以下几大系统组成：车体系统、转向架系统、内装和外饰系统、牵引电制动系统、辅助电源系统、TCMS系统、PIS系统、车门系统、空调系统、液压制动系统、车端连接系统。各系统之间存在电气和机械接口。

一、车体系统

车体是车辆重要的基本结构件。车体的总体设计除满足结构及强度要求，保证车辆的安全、可靠外，其舒适性设计也是车辆运行品质的一个重要部分。

车体有两种结构形式：一是转向架模块，二是客室模块。车体大部件主要有底架、侧墙、端墙、车顶，各大模块均采用碳钢组焊而成，其中车顶波纹板采用不锈钢材料。

二、转向架系统

转向架是车辆的走行部，是支撑车体载荷并使车辆沿着轨道行驶的装置。低地板车辆采用两种转向架：一种为动车转向架，带有两个牵引驱动单元；另一种为拖车转向架。两种转向架使用相同并可以互换的配件，其区别仅为与司机室模块的安装接口不同。动车转向架的牵引驱动单元纵向装配在转向架构架外侧，避免与车辆低地板结构碰撞，且便于维护。

三、内饰和外饰系统

内饰主要包括内装结构、内装墙板、座椅（客室及司机室）、屏风扶手、玻璃钢蜂窝地板及地板布、PIS 系统设备、客室窗及风窗玻璃、司控台、内部照明、防寒材料等。外饰主要包括司机室面罩及裙板、客室裙板、车外显示、外部照明、外部油漆等。

四、牵引电制动系统

牵引系统为微机矢量控制的变频变压三相异步交流传动系统，每套逆变器模块控制一台电动机，具有牵引、再生制动、电阻制动功能，采用与液压制动混合运算的控制方式，并具有独立的防空转和防滑保护功能。

五、辅助电源系统

辅助电源系统由辅助逆变器、蓄电池组构成，为车辆提供三相 AC380V、AC220V、DC24V 电源，辅助逆变器采用微机控制并具有自诊断功能。

六、TCMS 系统（列车控制和管理系统）

TCMS 系统支持车辆控制、故障诊断、数据记录、车辆数据无线下载等功能，它主要由中央控制单元、移动通信网关、模拟量输入/输出单元、数字输入/输出单元、司机室智能显示器等组成。

七、PIS 系统（车载乘客信息系统）

车载乘客信息系统的作用是向乘客提供列车运行信息、安全信息和其他公共信息等，主要包含以下几个子系统：车载广播及司机对讲、显示系统（包括 LED 和 LCD 显示）、车载视频监视系统（CCTV 系统以及后视系统）。

八、车门系统

车辆每侧设 4 扇电动双开塞拉门和 2 扇电动单开塞拉门，双开门设置在模块 2 和模块 6 上，单开门设置在模块 1 和模块 7 上，单开门可供乘客和司机上下车。双开门的净开度为 1300mm × 2050mm，单开门的净开度为 800mm × 2050mm。司机室与客室之间设隔断门，保证司机工作的独立空间。

车门具有集中开关门，乘客自主开门，车门故障切除，障碍物自动检测和防夹，紧急解锁，零速保护等功能。车门完全关闭时，门页与车体外表面平齐，保证良好的密封性能和美观性。打开时，单开门向对应的司机室一侧运动。

九、空调系统

每列车设置两台客室空调机组和两台司机室空调机组。客室空调机组采用单元式空调机组，位于客室模块的顶部，将处理过的空气通过车顶的送风道向客室内部送风，经车内循环后的空气经侧墙内的回风道回至机组内部，满足乘客对空气舒适度的要求。司机室空调机组采用独立的单元式空调机组，安装于车顶部，负责司机室内的空气调节要求，经机组处理过的空气通过软风道引至车顶、仪表板（吹向前窗和侧窗方向）和司机脚部位置，循环后的空气经独立的回风道回至机组内部，实现整个气流循环。

十、液压制动系统

液压摩擦制动为盘式制动。制动夹钳安装在构架上，制动盘安装在悬架上。该装置使用一个动力缸，带有间隙自动调整装置。夹钳同时带有独立的辅助缓解回路，通过它可以对基于弹簧驱动的制动夹钳的液压回路进行缓解。制动夹钳上还带有机械紧急缓解装置，并采用微机控制的闭环数字式，内设监控终端，具有自诊断和故障记录功能。拖车转向架配备了 4 个整体式制动盘，动车上配备了 2 个同样的制动盘。

十一、车端连接系统

1. 车钩

车辆的司机室模块 1 和司机室模块 2 设置有可折叠式车钩，车辆正常运营时，车钩折叠在司机室面罩内，车辆救援时打开司机室前部面罩，伸出车钩进行连挂。车钩能够满足两辆车在最小曲线半径 R 为 25m 上运行。钩头采用 330 型自动连挂钩头，车钩尾部配有缓冲器和静液压缓冲器，用以吸收连挂过程中产生的冲击能量，满足两列 AW0 工况有轨电车以不大于 5km/h 速度连挂的要求。

2. 铰接装置及折蓬

车辆两模块之间通过铰接装置实现连接，下部铰接结构为带轴承的固定铰，上部铰接装置包括开放式和固定式两种。客室内部模块之间通过转动盘连接，其结构满足乘客可以自由地在各客室之间穿行的要求，其强度满足 AW3 工况下 8 人/m^2 的载荷要求。

模块之间的折蓬采用特殊复合材料制成，具有强度高、耐老化、抗酸碱、耐油、耐大气腐蚀的特性，使用寿命不小于 10 年。

第二节　主要技术参数

一、车辆载客量

车辆载客量见表 1-1。

二、车辆主要结构参数

车辆主要结构参数见表 1-2。

表 1-1　车辆载客量

工　况	座席乘客数/人	乘客总人数/人
AW0，空载	0	0
AW1，满座	54	54
AW2，额定载荷（6 人/m^2）	54	300
AW3，超员载荷（8 人/m^2）	54	382

表 1-2　车辆主要结构参数　（单位：mm）

序号	内　容		尺　寸
1	车辆长度		32230
2	车辆宽度		2650
3	车辆高度		≤3600
4	模块间距		800
5	客室内部高度	地板面距内装顶板	2100～2220
		车门区域	2050
6	地板面高度（距轨面）	车门入口区域	330
		其他区域	375～498
7	转向架中心距		11230
8	转向架轴距		1850
9	车轮直径	新轮	ϕ620
		全磨耗	ϕ540
10	车钩中心线距轨面高度		430
11	客室双页门净开度		1300
12	客室单页门净开度		800
13	贯通道通过宽度		1500
14	轴重		12.5t

三、车辆重量

车辆重量见表 1-3。

表 1-3　车辆重量

工　况	转向架轴重/t			总重/t
	模块 1	模块 3	模块 7	
AW0	7.8	6.8	7.8	44.8
AW1	10.5	11	10.5	64
AW2	11.5	12	11.5	70

注：设每个乘客的重量为 60kg。

四、线路特性

车辆行驶线路的主要特性见表 1-4。

表 1-4　线路特性

序号	内　容		尺　寸
1	轨距/mm		1435^{+6}_{-2}
2	最小平曲线半径/m	正线（区间）	30
		车场线	25
3	最小竖曲线半径/m	正线（区间）	3000
		车站端部	2000
		车场线	1000
4	曲线段速度限制/(km/h)		$Y_{max}=\sqrt{\frac{(h+\Delta h)\ R}{11.8}}$（$R$ 为曲线半径，单位为 m；h 为最大超高，$h=120$mm；Δh 为最大欠超高 $\Delta h=61$mm，困难情况下最大欠超高 $\Delta h=75$mm）
5	最大坡度	正线（含出入场线）	60‰（直线，不含曲线折算）
6	轨道超高/mm	最大超高	120
7	钢轨型号	正线	Ri60/R13 槽型轨
		车场线	50kg/m
8	道岔	正线	6 号道岔
		车场线	3 号道岔
9	桥梁		沿线桥梁与道路过渡段存在差异性沉降，车辆能够承受一定程度差异沉降的影响
10	车站	站台计算长度/m	45 ~ 55
		站台高度（距轨面）/mm	280
		侧式车站站台宽度/mm	6000
		岛式车站站台宽度/mm	3500
		站台与直线轨道的中心距离/mm	1375

五、供电参数

车辆供电方式及接触网相关参数见表 1-5。

表 1-5　供电参数

序　号	内　容	方式/参数
1	受电方式	柔性架空接触网
2	架空接触网与轨道中心的最大偏离距离	±350mm
3	接触线距轨面高度/mm	5800，可在 3800 ~ 6200 之间变化
4	额定电压/V	DC750
5	网压变化范围/V	DC500 ~ 900

六、车辆牵引性能

车辆在干燥、清洁的平直轨道上，在额定载荷（AW2）、额定网压以及车轮半磨耗状态下的牵引性能见表 1-6。

表 1-6　车辆的牵引性能

序号	牵引性能		参　数
1	最高运行速度/(km/h)		70
2	平均加速度/(m/s^2)	起动加速度（0 ~ 40km/h）	≥1.13
		平均加速度（0 ~ 70km/h）	≥0.71
3	洗车速度/(km/h)		3
4	退行速度/(km/h)		10

七、车辆制动性能

车辆制动由电制动、液压制动和磁轨制动组成，主要可分为停放制动、常用制动、安全制动和紧急制动等制动工况。

额定载荷（AW2）下的常用制动性能见表 1-7。

表 1-7　常用制动性能

序　号	制动起始速度/(km/h)	平均减速度/(m/s^2)	平均制动距离/m
1	70	1.20	158
2	60	1.17	119
3	50	1.13	85
4	40	1.08	57
5	30	1.00	35
6	20	0.88	18

最高运行速度（70km/h）下的安全制动和紧急制动性能见表 1-8。

表 1-8　安全制动和紧急制动性能

序　号	制动工况及载荷	平均减速度/(m/s^2)	平均制动距离/m
1	安全制动（AW2）	1.55	122
2	安全制动（AW3）	1.45	130
3	紧急制动（AW2）	2.43	78
4	紧急制动（AW3）	2.29	83

八、车辆故障运营及救援能力

1）空车在损失 1/2 动力的情况下，能直接从发生故障点维持运行到车辆基地。

2）车辆牵引系统出现故障时，不会引起其他车辆部件及设备的故障和损坏。

3）车辆连挂可以在线路任何一点进行，无需特殊工具装备，2 名司机即可完成作业。

4）一辆空车能将另一辆停在 60‰坡道上、故障空车牵引到车辆基地。

5）一辆空车能将另一辆停在 60‰坡道上的超员故障车辆救援至最近的车站。

九、空调与通风

每台客室机组的制冷量为 45kW，总风量为 5000m^3/h，其中新风量为 1500m^3/h。冬季采用机组内置电加热器，每台客室机组内设置 18kW 的加热器，保证冬季车内的舒适性。

每台司机室机组的制冷量为 4.5kW，风量不低于 500m^3/h，其中新风量不低于 50m^3/h，冬季机组内置 6kW 电加热器，以满足司机室冬季的采暖需求。

在正常条件下，所有车门关闭时，通过排风口的调节作用，保持室内正压为 30 ~ 50Pa，防止烟雾、灰尘或未经处理的空气进入。

第二章 牵引控制及网络

第一节　有轨电车牵引系统

一、牵引系统概述

（一）牵引系统的功能

有轨电车牵引系统的功能按车辆运行工况可分为牵引工况和电制动工况。

牵引工况时，牵引系统把牵引电网上的电能转换为车辆在轨道上运动的动能，为电车牵引时提供动力。

电制动工况包含再生制动工况和电阻制动工况。再生制动是指有轨电车进行电制动时，牵引系统把电车的动能转换为电能反馈到电网供其他电车使用，这极大地降低了有轨电车的实际能量损耗。电阻制动时，牵引系统把电车的动能转变为电能后消耗在制动电阻上，电车动能转换为热能散失在大气中，这种通过制动电阻消耗电能来实现电制动的工况叫电阻制动工况。

电制动时，优先考虑再生制动，再生制动与电阻制动交替使用，最后平滑过渡到电阻制动工况。列车牵引系统提供电车的前进动力，电制动、液压制动及磁轨制动共同配合完成电车的制动功能。

（二）牵引系统的分类

列车动力的配置要根据具体情况配备，在牵引系统的选择上要考虑多方面因素，包括线路纵断面（坡度/曲线）、城市轨道交通线路的站间距、线路设计运行速度等。总之，牵引系统功率的配置必须满足列车在所运营的线路上按照设计速度运行的需求。同时，为了能够获得最好的牵引和电制动性能，车辆牵引系统都是分散性地配置在列车上。

根据车辆牵引电动机的种类，传动方式有直流传动和交流传动之分。这两种传动方式各有优缺点，随着大功率逆变技术和自动控制技术的不断发展，交流电动机能够通过变压变频技术获得直流电动机的优点，故目前城轨车辆以交流传动方式为主。根据交流传动技术中牵引电动机形式的不同，又可以分为旋转电动机系统和直线电动机系统。城轨车辆一般为直流供电、交流传动，每套牵引系统把从电网获得的直流电通过牵引逆变器转换为变压变频的交流电，通过电动机把电能转化为动能，电动机再通过联轴器-齿轮箱传递到轮对上，最终实现列车的牵引功能。直线电动机系统的电动机不需要传动装置，通过分别安装在车辆和轨道上的电动机组件之间产生的电磁作用力实现牵引和电制动。

牵引系统根据控制单元控制类型的不同可以分为直接转矩控制和矢量控制，两种控制方式各有优缺点，为了能够获得最佳的控制性能，现趋向于融合两种控制方式，对控制系统进行不断的优化。

二、牵引系统基础知识

(一) 牵引系统的组成

牵引系统大体可以分为以下几个部分：受流部分、高压箱（高速断路器）、牵引逆变器、牵引电动机、制动电阻。典型牵引系统示意图如图 2-1 所示。

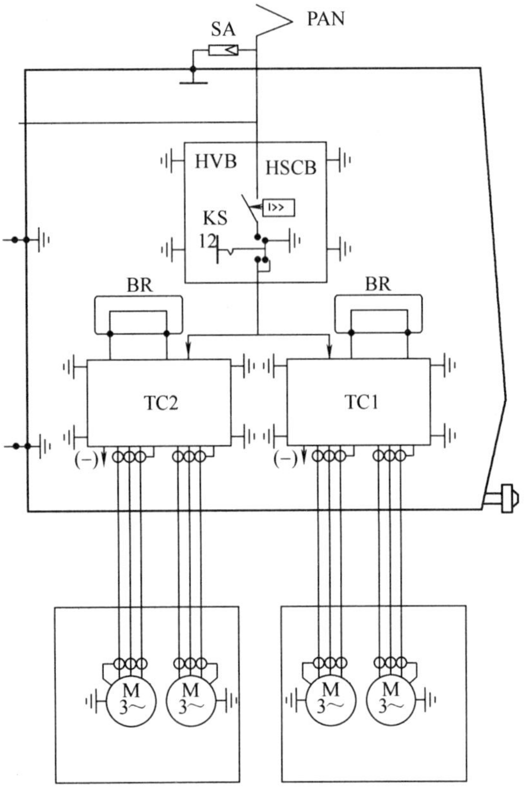

图 2-1　典型牵引系统示意图

PAN—受电弓　SA—避雷器　HVB—高压箱　HSCB—高速断路器　KS—闸刀开关
BR—制动电阻　TC1、TC2—牵引逆变器　M—牵引电动机

牵引系统受流单元主要从接触网（轨）获取直流电源供列车牵引系统和辅助系统使用；高速断路器主要是对牵引逆变器与高压电路进行隔离，同时对牵引系统进行保护，在出现过电流时自动断开，同时也可以根据牵引系统的需要断开牵引系统与高压直流的连接。为简化电气部分的设计，有些城市轨道交通列车（如苏州有轨电车 1 号线车辆）在高压箱内不设高速断路器，对牵引系统的保护由其内部的熔断器实现。

有轨电车牵引逆变器的作用是将直流电源（750V）转换为变压变频的交流电供牵引电动机使用，牵引逆变器是牵引系统的主要组成部分，是最关键、最复杂的部分，是牵引系统的核心技术所在。它一般采用脉宽调制技术的变压变频技术（VVVF），牵引逆变器除逆变器本身外，还需有充电回路、滤波回路。滤波单元主要依靠大的电抗器和电容器对输入牵引系统的电流进行滤波，优化逆变器电源的品质。牵引电动机实现了电能与机械能之间的转换，在使用旋转牵引电动机的列车上，牵引电动机一般为笼式感应电动机，牵引电动机与齿轮箱之间通过弹性联轴器实现连接。

牵引工况时，牵引逆变器输出三相交流电至牵引电动机，牵引电动机输出机械能，通过联轴器及齿轮箱带动列车动轮转动；而制动工况时，动轮带动牵引电动机，此时，牵引电动机将列车的动能转变为电能，并通过牵引逆变器反馈到电网或消耗在制动电阻上。

（二）受流部分

受流装置或受流器主要是指从接触网（轨）将电流引入动车的装置，在城市轨道交通系统中，一般较多地采用受电弓从接触网受流、钢轨回流的方式，弓可升可降，适用于速度较高的干线电力机车或城市轨道交通列车。在受电制式上，目前世界上地铁发展较早的城市大都采用 DC750V，个别有采用 DC600V 的，新建地铁采用 DC1500V 的较多，苏州有轨电车 1 号线采用 DC750V。

1. 受电弓

受电弓是从接触网向整个列车电气系统供电，以及消耗再生制动系统释放的制动能量的必要部件。受电弓可保证在各种轨道状态下，与架空接触导线具有良好的接触状态和接触稳定性，在整个列车运行速度范围内，受电弓有良好的动力学特性，包括列车在 70km/h 和风速为 90km/h 时的良好的空气动力学性能。同时，受电弓设置有机械止挡，可以限制其在无接触网区段上的垂直运动。

（1）受电弓的结构　受电弓安装在车列顶部，其具体位置及安装台数根据列车整车的设计来确定。苏州有轨电车 1 号线列车将受电弓安装于中间转向架模块的车顶，每列车配置一台。

受电弓主要由底架、绝缘子、链接系统、平衡系统、执行系统、阻尼器、手动降弓装置、弓头、车顶传接装置、自动锁定装置和手动锁定装置组成，如图 2-2 所示。

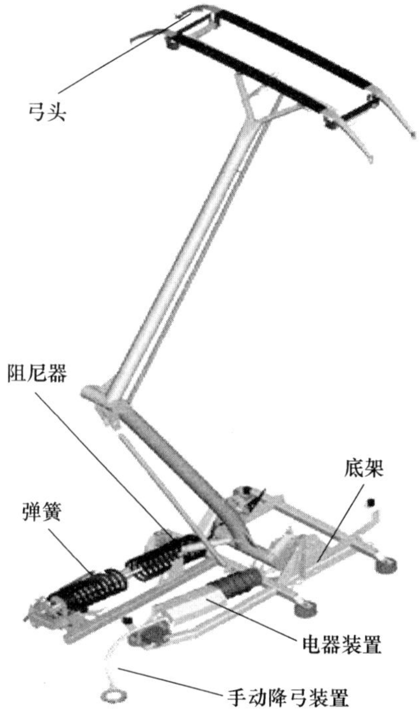

图 2-2　受电弓结构示意图

1）底架。由中空的矩形钢管焊接而成，是整个受电弓的基座部分，并通过绝缘子固定在列车顶上。

2）链接系统。由钢管焊接而成，包括 T 形下臂、下拉杆、上臂、上拉杆和平衡杆，此结构组合（上拉杆 + 平衡杆）可确保受电弓头的整个碳滑板始终保持水平。上臂及下臂的关节连接处配有密封滚珠轴承及密闭滚针轴承。每一个关节连接处都由弹性分流装置进行电流保护。

3）平衡系统。受电弓靠弹簧来保持平衡，该弹簧通过转矩由凸轮链系统作用到下臂，它的功能是平衡链接系统，从而确保恒定的接触压力。

4）执行系统。受电弓的升弓由电气驱动机构控制，该电气驱动机构的运行使得受电弓降弓，而弹簧驱使受电弓升弓。升弓和降弓的速度由电气驱动机构控制。电气执行机构包括结束行程开关。受电弓在非工作状态时，由一个锁定插销锁住，一旦电动机起动，插销将自动释放。

5）阻尼器。阻尼器是一个单作用的阻尼器，在链接系统下降运动时作用。

6）弓头。弓头包括滑板和悬挂装置。它是直接与上部接触网相接触的零件，弓头的重量与受电弓框架相比较小，接触滑板安装在簧片上，弓头用枢轴安装在上臂的上部。弓头通过上部导向杆导向。

7）手动降弓装置。受电弓的手动降弓控制是通过一根位于车内的机械柔性杆来实现的。

8）终端连接器。受电弓电气执行机构的连接器是为 HAN 10 HPR，通过连接器和驱动装置连接。

9）车顶传接装置。车顶传接装置的作用是把柔性杆和手动柄连接起来。

10）手动锁定装置。在车顶维护时，可以通过挂钩实行手动机械锁定受电弓。

11）自动锁定装置。受电弓在非工作状态时，由一个锁定插销锁住，一旦电动机起动，插销将自动释放。

（2）受电弓的工作原理　受电弓通过司控台左侧的升降弓控制开关进行控制（只有在激活的司机室中才能进行），司机发出升弓指令后，控制电路给受电弓电气驱动装置信号，驱动电动机正转，转轴收回，解除对下臂杆的约束。此时，升弓弹簧起收缩作用，产生拉力，拉拽下臂杆使其相对于底架发生转动，从而实现整个受电弓的升弓操作，并保证受电弓升起后与接触线之间的接触压力恒定。

司机发出降弓指令后，驱动电动机反转，拉拽下臂杆克服升弓弹簧的拉力而反转，实现受电弓的降弓。

技术要求规定：受电弓的升、降弓时间均不大于8s，且对接触网（或受电弓底架）无有害冲击现象。紧急情况下，受电弓可以手动升、降弓，其操作是通过手摇杆及一根位于车内的机械柔性杆来实现的。受电弓的控制由 VCU 进行监测，错误信息将在 IDD 上显示并以诊断信息的形式保存，受电弓的位置（升、降、运动中、升弓到位、降弓到位）在 IDD 上显示。

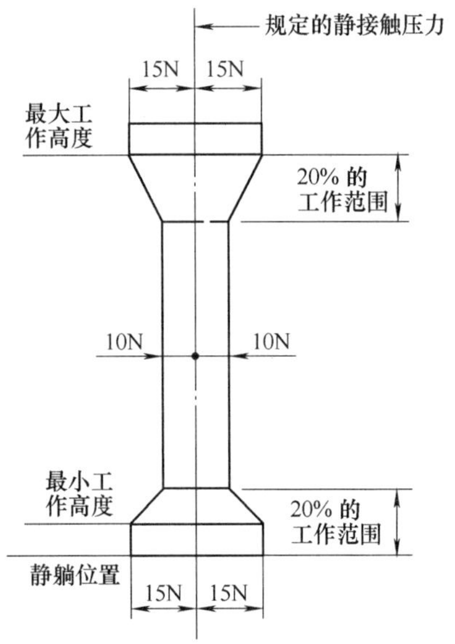

图 2-3　受电弓静态压力误差

受电弓的结构决定了它在整个工作范围内都能获得良好的接触性能，如图 2-3 所示，受电弓在整个工作范围内能够确保接触压力在 70 ~ 110N 的范围内。受电弓上的碳滑板直接与接触网接触，它是碳粉和金属的混合物，与接触网接触导通来获取接触网电流，从碳滑板至底架上的电流是通过受电弓框架及高柔韧性桥接多芯导线来传输的，所有轴承均通过它们的绝缘安装来保护。

（3）受电弓的技术参数　有轨电车受电弓的生产厂家不同，其结构与技术参数也有一定的差别。苏州有轨电车1号线车辆受电弓的主要技术参数见表2-1。

表2-1　受电弓主要技术参数

额定电压/V	DC750
电压范围/V	DC500 ~ 900
动态额定电流/A	1300
静态停车电流/A	200
适用车辆速度/(km/h)	≤100
绝缘子的爬电距离/mm	230
标准静接触压力/N	80
静压力调节范围/N	70 ~ 110
碳滑板的硬度/HR	110

受电弓的主要尺寸见表2-2。

表2-2　受电弓的主要尺寸

带绝缘子的落弓高度/mm	369 ± 10
最小工作高度/mm	100
最大工作高度/mm	3100
受电弓总长/mm	2458 ± 10
碳滑板尺寸/mm	(1240 ± 1) × 60 × 21.5
碳滑板数量/块	2
弓头长度/mm	1891 ± 10
弓头宽度/mm	300 ± 10
弓头高度/mm	250 ± 10
绝缘子数量/个	4
每个绝缘子的重量/kg	1.25
绝缘子高度/mm	70
弓头的自由度（允许的旋转角度）/(°)	3
安装尺寸/mm	
纵向	1000 ± 1
横向	850 ± 1

2. 其他受流方式介绍

虽然架空接触网供电方式结构简单、技术成熟、具有非常成功的工程应用业绩，但其对城市的景观有一定的负面影响。为解决这一问题，除了对架空接触网进行景观设计，弱化其负面影响外，另有两种解决方案：方案一是将有轨电车沿线的供电设施设置于地面，采用沿地面敷设供电设施，并分段供电等方案；方案二是采用车载储能装置提供电能，代替实时受流，取消沿线架设的供电设施。下面对这两种方案做简要介绍。

（1）地面接触式供电　阿尔斯通APS系统是新型地面接触式供电的典型代表，它采用地面接触轨供电、钢轨回流制式。APS系统主要由接触轨、支架、直流配电单元、直流监控柜等组成，其结构如图2-4所示。

图 2-4　APS 供电系统基本构成示意图

APS 系统的工作原理：在地面两条走行轨中间埋设接触轨（第三轨），接触轨按一定长度敷设，两段之间设有绝缘节，电能从接触轨通过受电靴传送至列车，再经钢轨回流。沿接触轨每隔一段设置一个控制箱，当列车进入相应区段时，在接触轨控制箱内的控制单元接收到列车上发来的编码信号后向该区段接触轨供电；其余接触轨保持接地，以保证行人的安全。APS 系统消除了有轨电车沿线敷设带电接触轨的危险，由于其通电轨段仅限于车体下方并被车体包围，因此，其安全性能够得到有效保障。

（2）车载储能式供电　现代储能式有轨电车是现代电动汽车理念在有轨电车系统中的延伸与发展。现代储能技术，如超级电容、锂电池以及现代电力电子技术及其控制技术的发展，使储能式牵引供电技术有了跨越式发展。现代有轨电车基本采用交流传动系统，车辆的常用制动为再生制动，可将车辆的制动动能转换为电能并储存到车载储能装置中。采用车载储能装置进行列车的动力牵引，可解决局部区段不适合架设接触网的问题。

与传统有轨电车相比，储能式有轨电车除了增加车载储能介质外，还需在其主电路结构中增加储能装置的充电和放电回路及其相应的控制系统。如图 2-5 所示，图中虚框部分为储能装置的充、放电模块。常见的储能介质有蓄电池、超级电容或是蓄电池 + 超级电容的组合等。

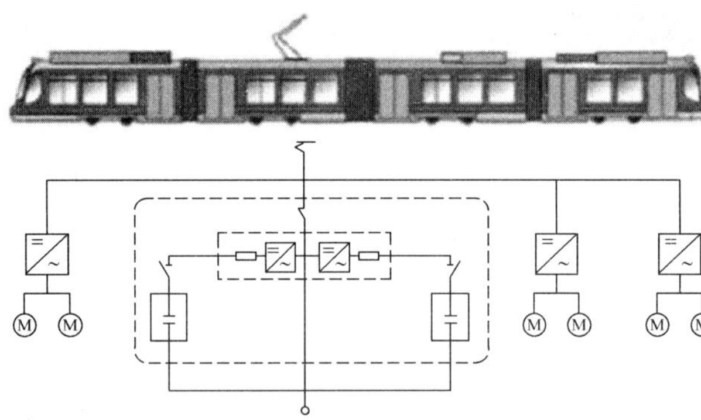

图 2-5　车载储能装置有轨电车主电路结构示意图

（三）避雷器

1. 避雷器的用途

避雷器通常设置在车辆主电路与大地之间，用以保护主电路设备免受过电压破坏。当主电路在正常工作电压下运行时，避雷器对地呈高阻态，可视为对地开路。在出现危及设备绝缘的大气过电压或操作过电压时，避雷器阻值急剧减小，即将主电路对地短路，以瞬间释放过电压能量，从而有效限制过电压对设备绝缘的侵害。当过电压消失时，避雷器又迅速恢复至高阻态，以保证系统的正常工作。

2. 避雷器的结构

避雷器的结构如图2-6所示，它主要由避雷器单元、FRP（Fiber Reinforced Polymer，纤维增强复合塑料）筒、弹簧、顶盖及法兰等组成。避雷器一般安装于列车顶部，一端与受流单元相连，另一端接地。避雷器单元主要由氧化锌压敏电阻构成，每块压敏电阻从制成时就有一定的开关电压，在正常的工作电压下，压敏电阻的阻值很大，相当于绝缘状态，但在冲击电压作用下，压敏电阻则呈低值被击穿，相当于短路状态（相当于稳压二极管的稳压特性）。然而压敏电阻的被击状态是可以恢复的，当高于压敏电压的电压撤销后，它又恢复到高阻状态。因此，当接触网受雷击时，雷电波的高电压使压敏电阻击穿，雷电流通过压敏电阻流入大地，将接触网线上的电压控制在安全范围内，从而保护了列车设备的安全。

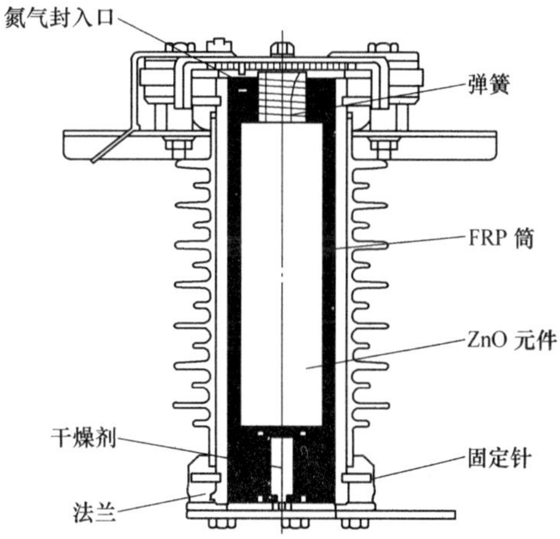

图2-6 复合外套氧化锌避雷器的结构

3. 避雷器的技术参数

苏州有轨电车1号线避雷器的主要技术参数见表2-3。

表2-3 避雷器的主要技术参数

额定电压/V	1000
持续操作电压/V	1000
额定放电电流/kA	10
高冲击电流（4/10μs）/kA	100
长时间的电流脉冲（2000μs）/kA	1200
可以承受的限压程度（0.2s）/kA	40
线路放电等级	4
在20kA闪电下的残压（8/20μs）/kV	2.62
在10kA闪电下的残压（8/20μs）/kV	2.4
爬电距离/mm	370

（四）高压箱

一般地铁列车的高压箱设置在动车底架上，采用铝合金材料，箱体防护满足IP65等级要求。高压箱设备包括高压转换开关（HVSS）、车间电源插座（WOS）、高速断路器（HSCB）、辅助二极管及辅助熔断器等。低地板有轨电车下部空间有限，因此将高压箱安装在转向架模块的车顶，高压箱内的设备包括高压连接器、牵引逆变器前端熔断器、辅助逆变器前端熔断器、电流传感器等。下面就高压箱内的主要设备做简要介绍。

1. 高速断路器

（1）高速断路器的用途　在列车牵引系统的电路出现严重干扰的情况下（如过电流、逆变器故障或线路短路），高速断路器（HSCB）能够将各牵引设备从受电弓线路上安全断开。每台 VVVF 逆变器都通过高速断路器（HSCB）连接到接触网上。有些牵引系统在高速断路器（HSCB）和受电弓之间还设置了刀开关（KS），必要时（如检修时）可以把高速断路器（HSCB）和受电弓的高压线断开，并用刀开关（KS）设置为接地。

（2）高速断路器的结构　高速断路器由主电路、闭合装置、脱扣装置、辅助触点、灭弧装置组成。其中主电路由上连接、动触点、下连接、框架、连杆叉、枢轴槽、引导机构、连接器、反向头螺杆、左连接、螺母等组成。

主电路零件由固体铜制成，触点传导铜焊 AgCdO 接触点，保证具有理想的导电性能。主电路的外部框架由硬玻璃纤维增强聚酯制成，其他部件组装在框架上。上连接和动触点接触表面是由银合金制成的。

主电路和闭合装置如图 2-7 所示。

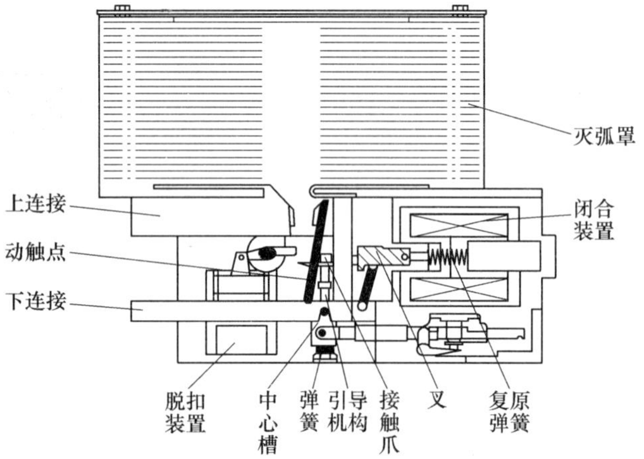

图 2-7　主电路和闭合装置示意图

（3）高速断路器的作用原理　弹簧作用在引导机构上的持久压力维持了动触点和下连接之间的机械及电气连接。闭合装置由磁电路组成，包括闭合线圈。为了闭合断路器，要给闭合线圈送一个电流脉冲，以形成一个吸引叉动作的磁场，从而闭合动触点。若磁场减弱，电路就会被断开。

如果主电路电流达到脱扣装置的预定值，叉会被迫向下运动，接触爪被释放，主触点断开。触点断开导致电弧通过主电路的磁场被吸入灭弧罩中，灭弧罩中的金属挡板将电弧分成许多串联的电弧，两个隔板之间的电压约为 40V。

（4）高速断路器的技术参数

1）高速断路器的一般技术参数见表 2-4。

表 2-4　高速断路器的一般技术参数

额定工作电流/A	560
电流设置范围/kA	1.2～2.4
开断电流/kA	3.7
线圈电压/V	DC110
电弧峰值电压/kV	DC4
开断时间/ms	40

2）机械反应时间。机械反应时间是从电流达到脱扣值的时刻到主触点断开的时间。该时间会随着电流上升速度（di/dt）函数而变化如图 2-8所示。

例如，机械反应时间（T_m）为 3ms 时，电流上升速度为 2×10^6A/s。

3）断路特征。高速断路器的断路特征如图 2-9所示。技术参数为：开断能力：$I_{cc}=30$kA；$\tau=15$ms。$U_{do}=1000$V。$I_{ds}=2000$A。

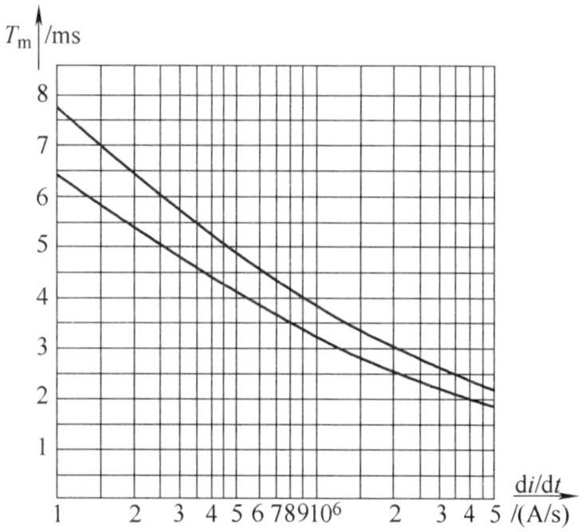

图 2-8　高速断路器机械反应时间

2. 高压连接器

高压连接器主要用于选择车辆供电电源。车间电源和受电弓共用一个连接器给车辆供电，由受电弓进行供电时，将来自受电弓的连接器插入；由车间电源供电时，将来自受电弓的连接器拔下，将车间电源连接器插入。当车间电源连接后，此信息将告知 VCU 且状态信息会在 IDD 上显示。此外，IDD 上一个闪烁的指示灯被激活，驾驶被封锁。高压连接器的结构如图 2-10 所示。

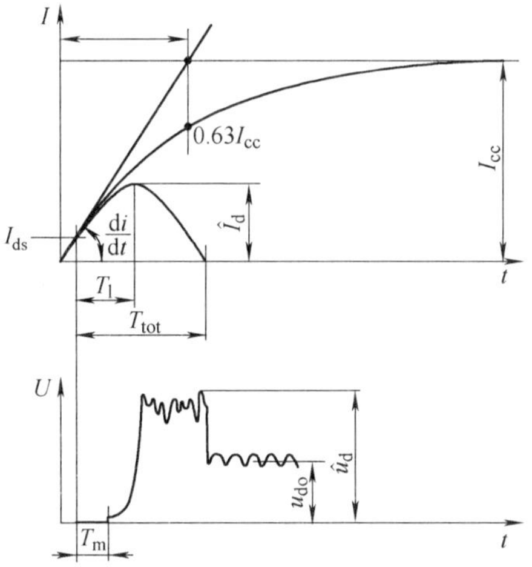

图 2-9　高速断路器的断路特征

I_{cc}—稳态短路电流　u_{do}—恢复电压　T_{tot}—总开断时间

I_{ds}—过电流释放的电流设置　$\hat{u}_d$—最高电弧电压

τ—短路时间常数　di/dt—电流升高的初始速率　T_m—机械反应时间

$\hat{I}_d$—开断电流　T_1—极限时间

图 2-10　高压连接器

3. 熔断器

高压箱内设有两个熔断器：一个是牵引逆变器前端熔断器，用于保护牵引逆变器（TC）及母线不被短路电流损坏；另一个是辅助逆变器前端熔断器，用于保护辅助逆变器（SIV）及母线不被短路电流损坏。熔断器的技术参数见表 2-5。

表 2-5　熔断器的技术参数

名　　称	牵引逆变器（TC）前端熔断器	辅助逆变器（SIV）前端熔断器
额定工作电压/V	1000	1200
额定工作电流/A	500	125
短路电流/kA	100L/R = 10ms	3（L/R = 15ms）
熔断器过电压等级	OV3	OV3
污染等级	PD3	PD3

（五）牵引变流器

有轨电车 VVVF 牵引变流器将 DC750V 转换为用于牵引电动机的三相交流电流输出（针对不同的速度和力矩，频率和振幅可变）。一般列车上，牵引变流器主要有车控与架控两种布置方式，对于进行车控布置的牵引逆变器（即 1C4M），每节动车配置一个牵引逆变器，逆变器输出同时连接 4 个牵引电动机，4 个牵引电动机分别布置在 4 个动轴上。而架控（即 1C2M）配置的列车，同一个动车的两个 VVVF 逆变器中的每一个都可为转向架上的两个牵引电动机供电。苏州有轨电车 1 号线车辆配置 2 台牵引逆变器、2 台制动电阻及冷却装置、4 台牵引电动机，牵引变流器采用双重逆变器模块，每个牵引逆变模块控制一台电动机。为牵引电动机供电的三根电源线直接连接到 VVVF 逆变器，无中性线。

1. 牵引变流器的组成

一个典型的有轨电车用牵引变流器主要由输入电路、逆变单元、牵引控制单元、传感器组成，除以上主要部件外，还包括各种辅助的电源供应、散热部件等，如图 2-11 所示。

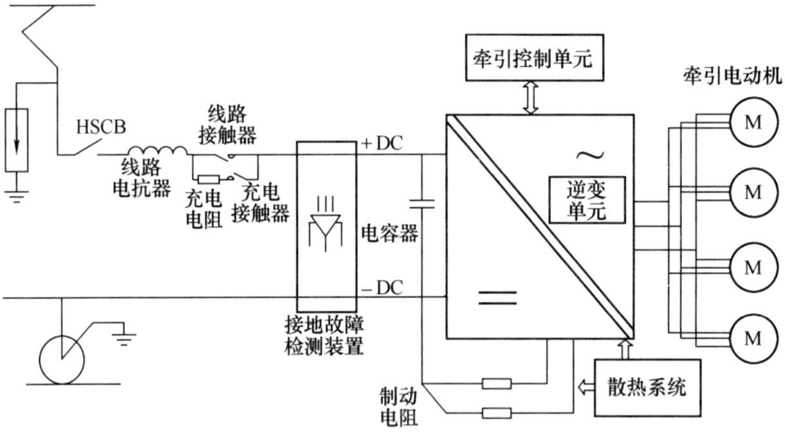

图 2-11　车控方式牵引变流器组成示意图

（1）输入电路　输入电路包括线路电抗器、线路接触器、线路电容器。线路滤波器包括线路电抗器和线路电容器。

牵引系统中的线路电感器与电容器组成 LC 滤波电路，其作用是减少线路电压的瞬变和谐波，稳定逆变单元的输入直流电压，保证逆变单元得到一个优质的直流电压。同时，线路电感器也起扼流作用，目的是防止电感器后端在发生接地短路或逆变单元故障产生瞬间浪涌电流时，起到扼制突变和平顺电流的作用。因此，线路电感器通常也称为平波电感器。每个逆变单元都有一个线路电感器，其安装位置根据牵引系统的设计进行总体考虑，一般的，安装在箱体外的电感器可以不用强迫风冷，利用列车行进时的自然对流便可以满足散热要求；安装在箱体内的电抗器需要采用冷却风机进行强迫风冷。线路电感器是铁心感应线圈。

（2）逆变单元　逆变器单元包括以下主要部件：

1）逆变器部分。PWM 逆变器由三相组成，每一相带两个开关，它们都使用 IGBT（或 GTO）模块。在输出端子上，它提供可变频率、可变振幅的三相电源，持续改变所连接牵引电动机的转速和转矩。它可以运行在牵引模式和电制动模式（再生电能）下。

2）制动斩波部分。逆变器配有两个或一个制动斩波器。外部制动电阻器与这两个制动斩波器相连，制动斩波器与制动电阻器一起构成制动电路。制动电路的功能：施加电制动时，牵引电动机作为发电机运行，它将列车动能转换为电能，如果线路能够吸收这部分能量（即未达到电压限制的上限），这部分能量就会通过逆变器重新生成电能进入供电网络；如果线路不能吸收这部分能量（已达到电压限制的上限），则制动斩波器将在控制单元的控制下接通。此时，制动能量在制动电阻器中被转换为热能，以阻止电压升高到上限以上，实现电阻制动。

（3）牵引控制单元　牵引控制单元实现对牵引变流器的控制和检测，每套牵引系统配备一个牵引控制单元。

牵引控制单元为微机控制系统。随着技术的发展和牵引控制理论的不断发展，早期在牵引控制单元完成的部分功能已经在列车控制单元中实现。牵引控制单元不但通过列车线与其他系统相连，同时在有多功能列车总线（MVB）的列车上，牵引系统与车辆控制系统的通信也由牵引控制单元来完成。

牵引控制单元可以实现下列主要功能：

1）对牵引电动机的控制功能。牵引控制单元将给定值和控制指令转换成牵引变流器用的控制信号，对牵引变流器和牵引电动机进行控制，包括调节、保护、逆变器脉冲模式的产生等。

2）对牵引变流器和牵引电动机的保护控制功能。牵引控制单元对牵引变流器所有的动作进行监测和保护，在检测到不可恢复的故障后，根据故障严重程度激活保护动作。牵引系统能在故障消失后自动重新起动。牵引控制单元能实现对逆变器的其他保护，如接触网到牵引逆变器输入过电流检测、牵引逆变器输出过电流检测、欠电压检测保护、过电压检测、牵引变流器过热保护、变流器相电流和线电压检测等。

3）电制动（ED-BRAKE）控制功能。对电制动（ED-BRAKE）进行调整、保护，实现再生制动和电阻制动之间的平滑过渡，同时实现对制动电阻的过热保护。

4）防空转/防滑保护控制功能。

5）列车加、减速冲击限制保护功能。

6）故障诊断功能等。

（4）传感器　传感器包括差动电流传感器、电流传感器和电压传感器、速度传感器等。电压、电流传感器的信号线均采用屏蔽线，对输入电源的极性有保护作用。

除以上介绍的牵引系统的主要部分外，牵引变流器在工作过程中，其部件本身的损耗会产生很大的热量，特别是功率元件。因此，牵引逆变器的冷却是一个非常重要的问题。一般冷却系统采用强迫风冷方式，冷却风机使用 AC380V 三相交流电动机。冷却系统能够保证牵引逆变器和牵引控制单元的稳定工作。

2. 牵引变流器的结构和工作原理

(1) 牵引变流器结构简介　以苏州有轨电车 1 号线为例，车辆牵引系统使用电压源型自变换变流器。VVVF 逆变系统采用 PWM 控制技术，逆变模块采用 IGBT 功率元件。

牵引变流器的主要部件为 IGBT- 双重逆变器模块、电源入口电路、滤波扼流圈和主冷却风扇。双重逆变器模块包括两个一起安装在共用冷却板上独立运转的电源部件，每个电源部件包括一个三相牵引逆变器和一个制动斩波器。

所有主要部件都是双重的。因此，两个牵引电动机和制动电阻可以独立于另一个单独运转。

设备通过一台主冷却风扇（外部气流）和两台内置风扇（内部气流）冷却。主冷却风扇由车载三相供电系统供电，内部风扇则由 24V 蓄电池电压供电。

双重牵引变流器单元包括 5 个隔箱，如图 2-12 所示。

中间是变流器模块隔间，它完全被本身的风冷变流器模块及其 2 个集成的驱动控制单元占据（2 个 DCU2）。

图 2-12　牵引变流器结构

变流器模块隔间的左侧是接触器隔间，隔间内有一个线路接触器、一个充电接触器、一个充电电阻、两个隔离接触器。

变流器模块隔间的右侧是控制隔间，包括以下部分：

1）接触器面板 A90，用于风扇控制和监测。

2）接线端子排 A70，用于外部接口到 DCU 的信号分配。

3）MVB 和 DCU 的数字输入- 输出。

4）带 8 个端口的以太网交换机。

变流器单元后部包括：滤波扼流圈（左侧的一个扼流圈带两个单独线圈，在一块共用的铁心上）；主冷却风扇（中间部分），用来冷却变流器模块和变流器壳体内部。

右后部隔间保持空置（放置隔音材料）。

所用部件都安装在一个铝合金的箱体内。该箱体的防护等级为 IP55，而电感器和风扇隔间的防护等级为 IP20。

变流器单元盖板包括两个集成的热交换器，用于内部冷却。主风扇通过该热交换器的外部散热片吸入旁路内的冷却空气，粘在内部的热交换器散热片形成与外部气流反方向的气流。安装在变流器盖板上的两台内置风扇从变流器模块上方吸进空气，并把吸进的空气通过该热交换器压入变流器模块隔间的前部。内部空气流通是闭合的，因此完全独立于外部。

(2) 牵引变流器的保护和监测功能　通过 MITRAC DCU/M 实现牵引变流器的保护和监测功能，主要是指：

1）对于温度敏感部位的保护，可采用温度测量（变流器模块、DCU）或热模型（制动电阻、滤波扼流圈）等实现超温保护。

2）通过监测输入电流、输出电流和输入电压进行过载保护。

如果 DC 环路处的电压升高到或爬升超过 900V，则制动斩波器激活触发脉冲。

如果 DC 环路电压爬升超过 1000V 且达到 1100V，则制动斩波器 IGBT 就会被永久接通，直到电压达到 1000V 以下。然后制动斩波器脉冲再次被激活。

如果电压达到 1100～1150V，则线路开关就会断开，变流器脉冲被封锁，滤波电容器将放电。

3）反馈监测主接触器和充电接触器，自动切除牵引变流器内部风扇电动机断路器。

4）监测 MVB 和预设的二进制数值的合理性。

5）通过自检进行过程导向的监测。

6）通过生命迹象计数器（监视器）对 CPU 进行相互监测。

（3）牵引变流器 EMC 屏蔽理念　EMC（Electro Magnetic Compatibility）即电磁兼容性，是指设备或系统在其电磁环境中符合要求运行，并不对其环境中的任何设备产生无法忍受的电磁干扰的能力。通过 EMC 设计，可确保轨道交通系统设备不会产生超过特定水平的电磁干扰，以免导致其他对电磁环境敏感的电子或电气设备不能正常运作；确保轨道交通系统设备具备特定水平的抗干扰能力，以保证其在运行的电磁环境下能正常运作。牵引变流器在设计时基于 EMC 主要采取了以下措施：

1）信号线和控制线尽可能地与 DC750V 网络线和 AC380V 网络线分开，以避免干扰。

2）模块的 DC 牵引回流线路是通过射电干扰抑制电容器 RF 短接到变流器箱体的，因此，通过最短的路径把通用模式的电流反馈到源电流，进而抑制噪声发射。

3）制动电阻线路与 DC750V 网络线路分开，以避免干扰。

（4）牵引变流器的技术参数　苏州有轨电车 1 号线牵引变流器的主要技术参数见表 2-6。

表 2-6　牵引变流器的主要技术参数

标称电压/V	750
接触网电压公差	-30%～20%
标称输入电流/A	2×120
最大输入电流/A	2×250
输出电压/V	0～545
输出频率/Hz	0～300
标称输出电流/A	2×220
最大输出电流（<10s）/A	2×450
制动斩波器标称电流/A	2×170
制动斩波器过电压门槛值/V	1100
外形尺寸/（mm×mm×mm）	1700×850×450
重量/kg	约 380×（±3%）

（六）牵引电动机

早期城市轨道交通列车牵引电机以直流牵引电动机为主，但直流电动机存在着结构复杂、体积重量大、消耗非铁金属多、故障率高及维护工作量大等缺点。近代，随着大功率电力电子技术及交流调速控制理论的不断进步与发展，交流传动技术在城市轨道交通中得到了广泛的应用。现在，城市轨道交通列车所用牵引电动机基本以交流电动机为主，交流牵引电动机具有结构简单、可靠性高、单位功率重量轻、维护工作量小等诸多优势。

城市轨道交通车辆所用交流牵引电动机有旋转电动机和直线电动机两种，旋转电动机用于驱动每个动车转向架的动车轮对，而直线电动机用于驱动安装电动机的转向架。下面以旋转电动机为主进行介绍。

1. 牵引电动机的结构及主要部件

以苏州有轨电车1号线为例，整车牵引系统安装了4台交流牵引电动机，电动机采用三相笼式感应电动机，最大功率为120kW。4台牵引电动机分布于前、后转向架模块，电动机及齿轮箱安装在转向架两侧。牵引电动机采用全悬架，齿轮箱为半悬架，电动机与齿轮箱通过螺旋齿轮连接，吸收一系悬架装置在各个方向的挠度。牵引电动机采用水循环冷却方式，由车顶设备箱供水。牵引电动机的结构如图2-13所示，按其运动状态可分为定子与转子两大部分。

图2-13 牵引电动机结构图

（1）定子 牵引电动机的定子外壳设计为同轴管，有冷却液通过蜿蜒的路线流过。在水连接箱上有冷却液的进、出口连接。排放塞用螺栓紧固在定子外壳护套的底侧。铁心由涂有涂层的电工钢层叠而成，通过两个侧边收缩连接为一体后，安装在机座内。铁心内表面开有电枢槽，用于定子绕组的安装。定子绕组由预成形的线圈组成，这些线圈从聚酰亚胺绝缘铜扁线缠绕起，另有线圈绝缘镶边，放置在有槽衬的槽内。定子线圈在驱动侧布线，所有连接点都是焊接的。定子绕组是绝缘的（真空压力渗透，有机硅树脂基渗透剂），绝缘等级为200。电动机定子的内、外部涂有涂层，其中底漆和中间涂层为环氧树脂漆；面漆为清漆，颜色为RAL9005（深黑，发亮）。电动机是通过保护类型为IP55的接线箱完成连接的。电缆接头螺纹为M25×1.5，用来接出连接电缆。在定子基座的接线箱附近，提供了其他接地保护导线的连接。

（2）转子 电动机转子的主轴设计为全轴锥形支座，由电气绝缘钢片（镀膜的电工钢）叠层而成的铁心组件被冷缩装配到由高强度热处理钢制成的转子轴上，并沿轴向保持压在两侧的转子压力圈上。由硬铜制成的短路棒用短路环焊接到了两侧。铜制转子线排位于铁心组件的槽中，它们与在D端和N端以铜焊连接的短路环一起构成笼式绕组。

固定轴承是作为电动机非驱动侧端部支座NE绝缘槽中球轴承来布置的，就像绝缘的圆柱滚珠轴承。驱动侧放松轴承位于电动机端部支架DE内。两种轴承用油脂进行润滑，是非接触迷宫式润滑，它们可以重复润滑，而无需拆卸电动机。

转动速度和方向由安装在非驱动侧的脉冲发生器系统记录。直径为190.5 mm的冠状齿轮有125个齿，评估脉冲率为125次/r。

2. 牵引电动机的技术参数

以苏州有轨电车1号线为例，牵引电动机的技术参数见表2-7。

表 2-7　牵引电动机的技术参数

型　　号	MITRAC TM 530W（4WBA 2252）
功率（S2 60min）/kW	120
牵引时的峰值功率/kW	152.8
常用制动时的峰值功率/kW	400
额定电压/V	438
额定电流/A	212
额定频率/Hz	90
额定转速/(r/min)	2672
最大转速/(r/min)	6200
极数	4P
绝缘等级	C 级（200 级）
重量/kg	305×(1±5%)
冷却方式	水冷
冷却液流量/(L/min)	15
轴承润滑	油脂润滑
齿轮传动比	7.88
防护等级	IP55
功率因数	0.798

（七）制动电阻及再冷却单元

1. 制动电阻及再冷却单元的作用

在电制动过程中，VVVF 逆变器能将列车上减速时产生的能量回馈给供电网，条件是供电系统能够吸收这种能量。如果在电制动过程中由牵引电动机（M）产生的电能不能馈入供电系统（在这种模式下，牵引电动机被用做发电机），则电流将被馈入制动电阻（BR）并被转化为热能。当再生能量吸收系统不能完全或部分吸收能量时，制动电阻（BR）用来消散制动能量。以苏州有轨电车 1 号线车辆为例，其制动电阻及再冷却单元有三个作用：一是吸收制动过程中产生的电能，并将其转化为热能；二是冷却制动电阻；三是冷却牵引电动机。

2. 制动电阻及再冷却单元的结构

制动电阻根据 IEC60322 进行设计，它具有抗振动、抗冲击能力。制动电阻的安装位置位于车顶，避开车体上敷设的电缆及邻近设备，以防止过热；敷设在制动电阻附近的线缆需采取隔热保护，以防止线缆受热老化。制动电阻以最大功率工作时，不影响客室环境温度。制动电阻元件的绝缘层设计根据 IEC60433 绝缘体的规范进行。如果制动过程中生成的能量不能反馈给高架线，则使用制动电阻将该能量转换为热能。制动电阻设备箱内还包括用于冷却制动电阻以及牵引电动机的装置。制动电阻热交换器组件（BR-RCU）带有强制风冷。制动电阻及再冷却单元的结构如图2-14所示。

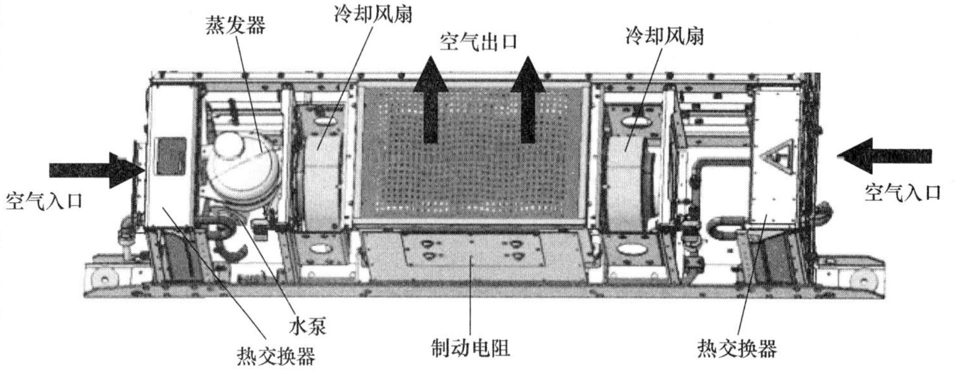

图2-14 制动电阻及再冷却单元结构示意图

制动电阻再冷却单元的主要部件有制动电阻热交换器、冷却风扇、水泵、蒸发器（膨胀箱）、冷却水管路冷却水流量表和冷却水温度传感器、设备箱底部的温度传感器。

制动电阻热交换器负责牵引电动机冷却水的散热，交换器共有两组，经冷却水泵串联连接。热交换器内部为多排铜管，铜管内为循环的冷却水，为增加散热面积，在铜管外部套有散热片。冷却水泵由低压24V冷却水泵电动机驱动，使冷却水在系统管路内循环流动。

制动电阻箱既是安装电阻元件的基础，又是冷却空气循环的通道，在结构上既要保证电阻元件安装得牢固稳定，有良好的耐振性能，又要有足够的电气间隙和爬电距离；电阻带须排列合理、装卸方便，既能有效利用空间，又要使电阻带均匀地受到通风冷却，保证散热性能良好。为保证制动电阻及冷却水的散热，在单元内有两台冷却风扇加强空气的循环，带走制动电阻及冷却水的热量，冷却风扇由两台中压380V冷却风扇电动机驱动。

3. 制动电阻及牵引电动机冷却液的冷却

制动电阻模块为风冷，而牵引电动机则通过风冷热交换器进行水冷。

（1）空气再冷却　制动电阻热交换器的两侧各配有一台热交换器，每个热交换器配有一台下游安装的风扇，同时保证制动电阻的通风。外界空气通过两侧热交换器被风扇吸进，对热交换器铜管内的循环水进行冷却，完成牵引电动机的散热；被吸入的空气再进入制动电阻底部的区域并经过制动电阻，对制动电阻进行冷却后，然后通过一个抗挤压的出口隔栅被向上吹出。

（2）水再冷却　在设备箱的每侧都有一个带快速动作耦接头的水进出口。在右侧，由牵引电动机加热的冷却水通过快速动作耦接头进入第一台热交换器进行冷却，通过软管和一个管路，导入到箱体的左侧。在此处，水泵把冷却水泵到第二台热交换器中进行进一步冷却。通过快速动作耦接头，冷却水进入转向架内串联牵引电动机的进入点，自此，被加热的冷却水进入制动电阻再冷却单元，循环重新开始。

4. 制动电阻及再冷却单元的技术参数

以苏州有轨电车1号线为例，制动电阻及再冷却单元的技术参数见表2-8。

表 2-8 制动电阻及再冷却单元的技术参数

标称电阻值(600℃)/Ω	2×(2×2.2)(7%~-5%)
持续制动功率/kW	2×50
峰值制动功率/kW	2×240
标称电压/V	750
工作电压范围/V	900~1100
封锁电压/V	1150
测试电压/kV	3.5
防护等级	IP20
工作环境温度/℃	-30~45
最大电阻温度/℃	700
外部二次冷却	强迫风冷
内部初级冷却(牵引电动机)	水冷
冷却能力/kW	18
冷却液流量/(5L/min)	1
噪声等级(50Hz 时)/dB	88
重量/kg	263
尺寸/(mm×mm×mm)	1700 × 560×480

三、牵引系统的控制模式

(一) 概述

牵引系统通过司机（或信号系统）给出的指令，以及列车给出的状态信息、牵引系统自身反馈的信息进行相关的计算，然后通过牵引系统控制单元的计算，这个计算包括输入值设定、速度测量、电动机控制、脉冲发生器、能量反馈等各环节。或者说，就是通过各个环节的计算最终算出逆变器单元应该如何开通功率部件，以便把 DC750V 电压源逆变输出为满足要求的三相电压供牵引电动机使用，通过牵引电动机的驱动能力驱动列车。这个复杂的计算过程需要通过建立相应的数学模型来完成，数学模型建立得越精确、越接近整个系统的实际情况，最终的计算结果就越准确，列车的牵引制动就越接近理想的状态，越能提供更为舒服的乘车环境和更为精确的停车精度。在人们追求完美牵引控制方式的过程中，出现了不同的控制理论，包括矢量控制和直接转矩控制等。

异步牵引电动机控制方法经历了转差-电流控制、磁场定向控制和直接转矩控制三个发展阶段，其间又派生了许多发展分支。早期的转差-电流控制方法基于异步电动机的稳态数学模型，其动态性能远不能与直流调速系统相媲美；然后出现了磁场定向控制，它基于直流调速系统的控制思想对异步电动机进行矢量解耦，实现磁链、转矩独立的调节，达到了与直流调速系统同样的动态响应，同时也带来了新的难题——转子参数及变化规律难以测定；最新的直接转矩控制基于定子磁场定向，其数学模型简单，定子参数及变化规律易于测定，有更优良的动态响应，并且针对各种变流系统派生出各种控制策略，完善了控制思想，也体现了其发展潜力。

（二）矢量控制（VC）

异步电动机的动态数学模型是一个高阶、非线性、强耦合的多变量系统。20 世纪 70 年代，西门子公司的工程师 F. Blaschke 首先提出了用异步电动机矢量控制理论来解决交流电动机转矩的控制问题。矢量控制实现的基本原理是通过测量和控制异步电动机定子电流矢量，根据磁场定向原理分别对异步电动机的励磁电流和转矩电流进行控制，从而达到控制异步电动机转矩的目的。具体是将异步电动机的定子电流矢量分解为产生磁场的电流分量（励磁电流）和产生转矩的电流分量（转矩电流）分别加以控制，并同时控制两分量间的幅值和相位，即控制定子电流矢量，所以称这种控制方式为矢量控制方式。简单地说，矢量控制就是将磁链与转矩解耦，有利于分别设计两者的调节器，以实现对交流电动机的高性能调速。矢量控制方式又有基于转差频率控制的矢量控制方式、无速度传感器矢量控制方式和有速度传感器的矢量控制方式等。这样就可以将一台三相异步电动机等效为直流电动机来控制，从而获得与直流调速系统同样的静、动态性能。

采用矢量控制方式的通用变频器不仅可在调速范围上与直流电动机相匹配，而且可以控制异步电动机产生的转矩。由于矢量控制方式所依据的是准确的被控异步电动机的参数，因此，有的通用变频器在使用时需要准确地输入异步电动机的参数，有的通用变频器需要使用速度传感器和编码器。目前，新型矢量控制通用变频器中已经具备异步电动机参数自动检测、自动辨识、自适应功能，带有这种功能的通用变频器在驱动异步电动机进行正常运转之前，可以自动对异步电动机的参数进行辨识，并根据辨识结果调整控制算法中的有关参数，从而对普通的异步电动机进行有效的矢量控制。矢量控制根据不同的控制特点，分为转差频率矢量控制、无速度传感器矢量控制、间接矢量控制等类型，目前国内有轨电车车辆的牵引系统控制主要采用转差频率矢量控制、无速度传感器矢量控制以及非矢量控制的直接转矩控制。

（三）直接转矩控制

德国的 Depenbrock 教授于 1985 年提出直接转矩控制理论，其思路是把电动机和逆变器看成一个整体，采用空间电压矢量分析方法在定子坐标系中进行磁通、转矩计算，通过跟踪型 PWM 逆变器的开关状态直接控制转矩。因此，无需对定子电流进行解耦，免去了矢量变换的复杂计算过程，控制结构简单。广义而言，直接转矩控制也属于磁场定向控制的范畴。它是在静止坐标系下对异步电动机的定子磁链实行定向控制的同时，直接控制电磁转矩。基于不同技术背景，先后有 Depenbrock 提出的直接自控制、ISAO TAKAHASHI 提出的新型快速响应控制方法、THOMASG. HABELTER 研究的直接转矩控制策略等。国内许多学者将这些方法统称为直接转矩控制。在电力牵引领域，直接自控制法最为成功，已体现出了优越的性能。

直接转矩控制技术是利用空间矢量、定子磁场定向的分析方法，直接在定子坐标系中分析异步电动机的数学模型，计算与控制异步电动机的磁链和转矩，采用离散的两点式调节器（Band—Band 控制），对转矩检测值与转矩给定值作比较，将转矩波动限制在一定的容差范围内，容差的大小由频率调节器来控制，并产生 PWM 脉宽调制信号，直接对逆变器的开关状态进行控制，以获得高动态性能的转矩输出。它的控制效果不取决于异步电动机的数学模型是否能够简化，而取决于转矩的实际状况，它不需要将交流电动机与直流电动机作比较、等效、转化，即不需要模仿直流电动机的控制。由于它省掉了矢量变换方式的坐标变换与计算以及为解耦而简化的异步电动机数学模型，没有通常的 PWM 脉宽调制信号发生器，所以它的控制结构简单、控制信号处理的物理概念明确、系统的转矩响应迅速且无超调，是一种具有高静、动态性能的交流调速控制方式。

第二节　有轨电车网络控制系统

一、车辆网络控制系统的基本功能

目前，有轨电车已经快速向自动化列车方向发展，需要列车能够做到自动化控制、自动化检测，自动化诊断保护等。随着列车智能化要求的不断提高及计算机网络技术的不断发展，列车网络控制已取代继电器逻辑控制，列车控制通信网络系统已经成为轨道车辆的必备技术之一。

列车网络控制的主要作用有：

1）实现列车间的自动重联控制。

2）实现全列车的信息共享和统筹控制。

3）实现全列车的自检、故障诊断及安全保护控制。

这些任务是由各种不同的计算机控制单元完成的。这些单元的功能各不相同，各自独立地完成一定的功能，有些负责检测某些参数，有些负责控制某一个设备，同时也要相互协调来完成整车的控制任务。根据不同的功能，各单元需要遍布在列车的不同位置上，这就需要有一个具有长距离覆盖能力的网络系统将各单元连接起来，使各单元间能够进行必要的信息交换，从而控制列车的正常运行。

列车通信网络的主要任务和功能：将分布于列车不同位置具有不同功能的控制节点以一定的规则用通信介质连接起来，形成信息通道，在一定的计算机软、硬件的支持下，为连接于其上的节点提供稳定、可靠的通信服务。用于控制和诊断的列车通信网的结构、介质、信号编码、数据格式、容错技术、通信控制及协议等均应适应现代列车对控制、诊断等的要求。

二、TCMS 的构成

TCMS（Train Control and Management System，列车控制和管理系统）支持车辆控制、故障诊断、数据记录、车辆数据无线下载等功能。

以苏州有轨电车 1 号线为例，TCMS 主要由中央控制单元（VCU-C）、移动通信网关（MCG-C）、模拟量输入/输出单元（CC MIO-AX）、数字输入/输出单元（CCMIO-DX）、司机室智能显示器（IDD）等组成。

（一）TCMS 系统拓扑

车辆主干网及车辆网络采用 MVB 总线，涉及车辆安全的重要车载设备，如牵引、制动设备等，通过 MVB 总线与 TCMS 主干网络相连，实现部分子系统与 TCMS 之间的数据传输。多功能车辆总线（MVB）通过总线连接器或 I/O 接口与各子系统连接，传递控制数据、信息数据等，控制各子系统完成相应的功能。此外，MVB 总线系统还可以传递过程数据和通信数据。

以太网总线采用 IP 通信协议，具有完善的状态监控、故障诊断、信息显示和信息储存功能，以满足对车辆运行状态及故障分析判断的需要。

TCMS 以太网主要连接涉及车辆非安全的车载设备，如车门、空调和乘客信息系统设备，实现部分子系统与 TCMS 之间的数据传输。此外，TCMS 以太网还可以用于对所有微机控制子系统存储信息的下载和实现对牵引、辅助、网络系统的调试和在线测试。在司机室的

IP 维护端口上，可以对整车牵引系统进行维护，通过便携式测试单元 PTU 软件与一个外部 PC 机连接。TCMS 系统拓扑结构如图 2-15 所示。

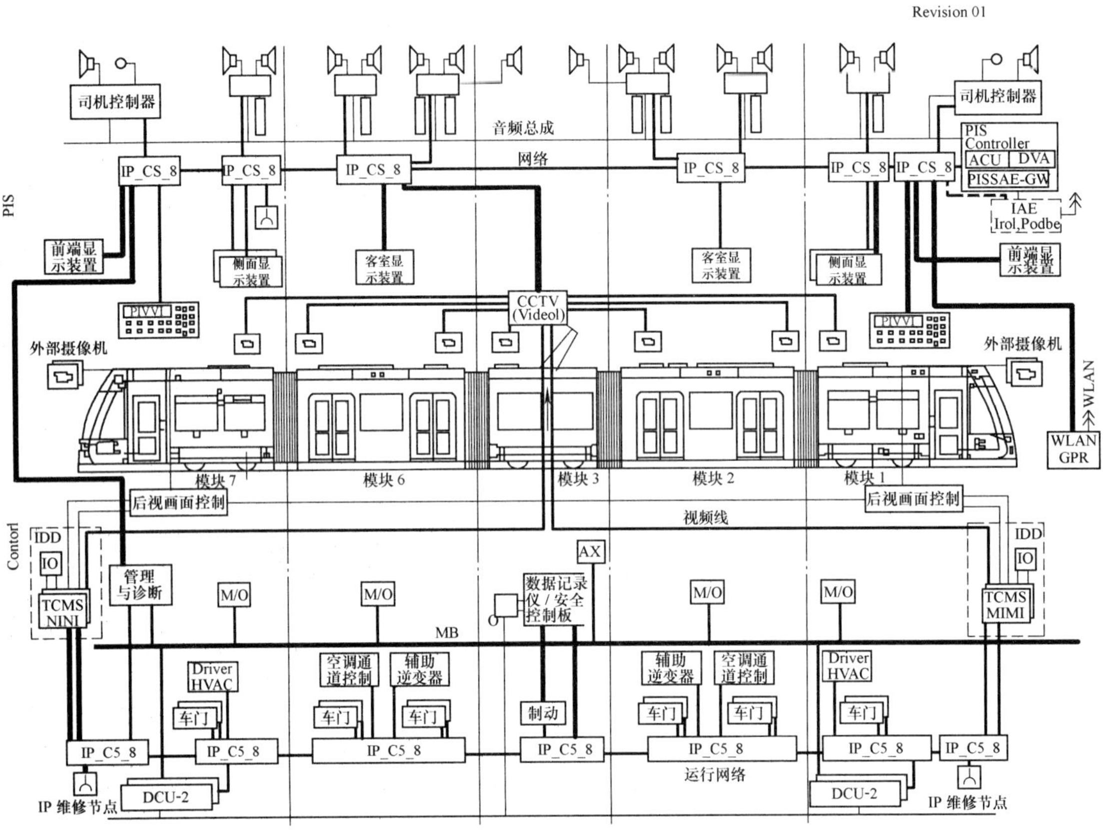

图 2-15　TCMS 系统拓扑结构

TCMS 系统设备配置方案见表 2-9。

表 2-9　TCMS 系统设备配置方案

设　备	车型/数量						
	CM1	BM1	SM2	BM3	SM6	BM7	CM7
车辆控制单元（VCU-C）							1
智能显示器（IDD）	1						1
数字量输入/输出模块（DX4）	1	1		1		1	1
数字量输入/输出模块（DX3）		2				2	
数字量输入/输出模块（DX2）			1		1		
模拟量输入/输出模块（AX）				1			
安全数据记录仪（SDR）				1			
以太网交换机（IP-CS-8）	1	1	1	1	1	1	1
WLAN 路由器（GPR-WLAN）	1						

（二）TCMS 设备

1. 车辆控制单元（VCU-C）

每辆车配置一台车辆控制单元（VCU），它作为中央计算机，运行 TCMS 的各控制命令，实现车辆的控制、管理、故障诊断和显示功能。

（1）VCU 的外形结构　VCU 的外形结构如图 2-16 所示。

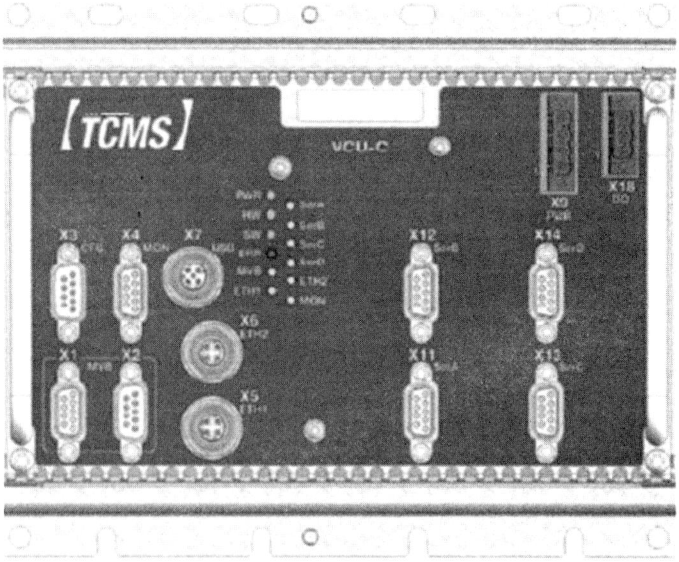

图 2-16　VCU 的外形结构

（2）VCU 的技术数据　VCU 的技术数据见 2-10。

表 2-10　VCU 的技术数据

技术数据	单　位	参　数
型号		DCY 1550A
处理器		Freescale MPC5200
时钟频率	MHz	400
程序内存（SDRAM）	MB	128
数据内存（SRAM）	MB	4
闪存	MB	32
集成闪存	GB	2
高度	mm	177
宽度	mm	219
深度	mm	131.5
重量	kg	1.8
电源	V	DC16.8 ~ 150
功耗	W	<12
MTBF	h	666666

(3) VCU 的接口

1) 电源接口（正常工作电压为 DC24V)。

2) MVB 网络接口。

3) 12 个 LED 状态指示灯，其作用是为维修人员提供诊断信息（用于指示电源状态、软/硬件状态、设备状态、MVB 通信状态、以太网通信状态、串口通信状态等)。

4) 串行端口。

5) USB 接口。

6) 以太网接口。

7) 延时报警接口。

2. 模式/蓄电池地址单元（MOBAD)

MOBAD 用于 IP 和 MVB 地址的配置。它有一个 D-SUB9 连接器插入 VCU-C 中，并且使用串行接口。在起动时，读取来自 MOBAD 的配置数据，并用来配置设备的地址。

MOBAD 配蓄电池，用于缓冲存储在 VCU-C 的 RAM 中的数据，如车载数据库系统中的数据。用图形用户界面的软件工具可以很容易地改变 MOBAD 自身的设置。

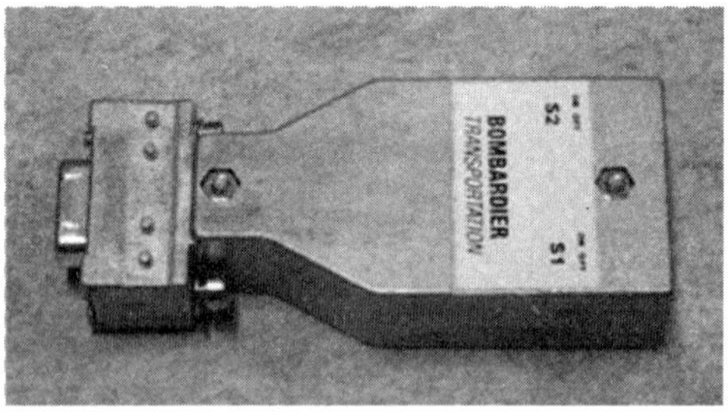

图 2-17　MOBAD 的外形结构

(1) MOBAD 的外形结构　MOBAD 的外形结构如图 2-17 所示。

(2) MOBAD 的技术数据　MOBAD 的技术数据见表 2-11。

表 2-11　MOBAD 的技术数据

技术数据	单　位	参　数
型号		DCA 0030A
蓄电池类型		3.6V 锂电池
电源电压	V	PR01：DC 4.5 ~5.5 PR02：DC 2.5 ~5.5
蓄电池额定容量	A·h	1
剩余容量（25℃，10 年不充电的情况下)	A·h	0.7
长度	mm	89.5
宽度	mm	36
重量	kg	0.11
MTBF	h	1666666

3. 智能司机显示器（IDD)

在每个司机室的控制台上设两台可调节亮度的彩色液晶显示器（IDD)，它提供友好的人机界面。显示器通过以太网与车辆控制单元及其他微机控制系统交换信息。车辆状态信息、过程数据和车辆故障信息由车辆控制单元传送给显示器，显示器上设置的控制命令则从显示器传送给车辆控制单元。

在各个司机室，安装于车顶外部的 I/O 盒连接至两个 IDD 上。由 IDD 对 I/O 盒的数字与模拟信号进行可视控制，并且可以直接触发常规车辆电气设备。

显示器的操作界面将驾驶和检修分开。显示器的显示采用中文和英文两种语言，可由操作人员进行选择。人机界面简明、易懂，除了文字还用一些简单的图形。

智能司机显示器（IDD）显示车辆的基本运行数据、故障信息，以及车辆状态信息。

（1）IDD 的外形结构　IDD 的外形结构如图 2-18 所示。

图 2-18　IDD 的外形结构

（2）IDD 应具备的性能

1）机械要求。符合标准 EN 50155 中对振动和冲击的相关要求。设备自然通风，不考虑由电驱动风扇来强制通风。使用合适的固态内存用于大容量内存（程序内存、配置变量内存），不使用旋转硬盘。

2）抗化学物质的影响。IDD 是抗含盐工业气体的，用户界面是防水的，且抗油、抗酸或碱的清洁产品。

3）防污物及灰尘。触摸屏前面是防尘的，以便不影响屏幕的可视性。后侧的通风孔如果有灰尘渗透，灰尘将不会接触到触摸屏区域，以免影响其功能。

4）功耗小。IDD 和外部输入/输出盒的功率损耗范围分别小于 70W 和 100W。

5）环境兼容性。在使用期间，触摸屏终端不会因为噪声、气味、有毒气体或电击使用户暴露于任何有危害或风险的状态。

6）对操作者的保护。使用触摸屏终端和在其附近的人士不会受到健康威胁。

4. 模拟输入/输出单元（AX）和模块化输入/输出单元（MIO-DX）

模拟输入/输出单元（AX）和模块化输入/输出单元（MIO-DX）都是 TCMS 中的标准单元，分别用于模拟信号和数字信号与 MVB 中报文之间的转换。其中，数字信号包括一些 110 V 列车线控制信号，如列车方向、快制指令、紧制指令、开关门指令等；而模拟信号包括列车速度、网压、主风缸气压等。

（1）模拟输入/输出单元（AX）　模拟输入/输出单元（AX）有 4 条模拟输入通道和 2

条模拟输出通道。另外，有一条输入通道是用于测量蓄电池电压的。此设备也可用于测量电流、电压及温度（用传感器）。这个单元的特点是有延时报警回路。

AX 的外形结构如图 2-19 所示。

（2）模块化输入/输出单元（MIO-DX） 每辆车将配置足够数量的输入/输出模块，以满足整车的要求。每辆车的输入/输出模块有其独立的电源，这样，当一个输入/输出模块或通过它输入、输出的分系统出现短路故障时，只会引起本节车厢故障，而不会引起整车故障。

MIO-DX 有 4 个大小不同的配置，即 MIO-DX1，MIO-DX2，MIO-DX3 和 MIO-DX4。各种 MIO-DX 的结构均采用模块化设计，可以独立进行安装。该单元包括箱体、控制模块和几个 I/O 模块（1、2、3 或 4），未来一个或几个模块的扩展将非常简单。

每个模块包含 12 个数字量输入通道和 6 个数字量输出通道。MIO-DX 作为分布式单元可连接到 MVB 上，并且传输输入、输出信号到 VCU 或从 VCU 接收信号。

1）MIO-DX 的外形结构如图 2-20 所示。

图 2-19 模拟输入/输出单元（AX）外形结构图

图 2-20 MIO-DX 的外形结构

2）MIO-DX 主要具有下列电气接口：

① 电源接口（正常工作电压为 DC24V）。

② MVB 网络接口。

③ 延时报警接口。

④ 数字量输入接口（包含 12 个数字量输入信号和电源）。

⑤ 数字量输出接口（包含 6 个数字量输出信号和电源）。

5. 安全数据记录仪（SDR）

（1）安全数据记录仪的作用 每辆车配置一台安全数据记录仪，它位于中间转向架模块，用于车辆数据的采集和记录，这为故障诊断和事故分析提供了依据。安全数据记录仪可以识别提供的控制信息在事故或其他特殊事件发生时，其他系统的状态和车辆的反应。通过记录的数据，可精确地重现和分析事件及事件前后的环境。数据记录仪一方面采集来自各控制回路的硬线信号，另一方面通过 MVB 接口接收来自 TCMS 的数据。

（2）安全数据记录仪的技术要求 事件记录基于信号改变时的记录，并且所有信号按照定义的周期一次性记录。数据记录仪提供足够的信号输入（二进制和模拟量）用来记录所有要求的数据。数据记录仪也配有不同的输入和输出信号，用于输出状态信息和触发间隔及外部功能。

数据记录仪主要具有以下接口：

1）MVB 接口。

2）16 个二进制输入（+24V 激活）。

3）4 个模拟输入（0～10V/0～20mA/4～20mA）。

4）2 个模拟输出（0～20mA/4～20mA）。

5）2 个频率输入（0～20kHz）。

6）2 个状态/信息输出。

7）2 个状态输出的 LED 状态。

8）1 个距离脉冲输出（可配置，如 1 或 2 脉冲/m）。

6. 以太网交换机（IP-CS-8）

每个模块配置一台以太网交换机，它具有数据存储转发、多点传送、限制带宽、数据诊听功能，并支持 SNMP（简单网络管理协议）和简单 WEB 接口来实现以太网管理功能。

（1）外形结构　以太交换机的外形结构如图 2-21所示。

（2）以太网交换机的接口

1）电源接口（工作电压为 DC12～60V，通过 DC24V 独立电源供电）。

2）8 个 M12 以太网接口。

3）1 个维护接口。

4）状态诊断 LED 指示灯（用来指示连接特性、数据传输、传输速度）。

图 2-21　以太网交换机的外形结构

（三）TCMS 总线组成

1. MVB 总线

MVB 总线主要连接涉及车辆安全的重要车载设备，如牵引、制动设备和安全数据记录仪等，实现部分子系统与 TCMS 之间的数据传输。多功能车辆总线（MVB）通过总线连接器或 I/O 接口与各子系统连接，传递控制数据、信息数据等，控制各子系统完成相应的功能。此外，MVB 总线系统还可以传递过程数据和通信数据。

MVB 总线的主要特征如下：

所采用标准：IEC 61375-1（列车通信网络标准）。

传输距离：电气中距离传输（EMD），最远可传输距离为 200m。

MVB 等级：≥2 级。

传输速率：1.5Mbits/s。

编码类型：曼彻斯特编码。

最大结点数：32 个（不使用中继器的情况下）。

传输介质：屏蔽双绞线。

2. 以太网总线

以太网总线采用IP通信协议，具有完善的状态监控、故障诊断、信息显示和信息储存功能，以满足对车辆运行状态及故障分析判断的需要。

TCMS以太网主要连接涉及车辆的非安全车载设备，如辅助供电、车门、空调和乘客信息系统设备，实现部分子系统与TCMS之间的数据传输。此外，TCMS以太网还可以用于对所有微机控制子系统存储信息的下载、调试和在线测试。在司机室的IP维护端口上可以对整车牵引系统进行维护，通过便携式测试单元PTU软件与一个外部PC连接。

以太网总线的主要特征如下：

所采用标准：IEEE 802.3/802.3u。

传输距离：最远为100m（使用超5类屏蔽双绞线）。

传输速率：10Mbits/s或100Mbits/s。

传输介质：超5类屏蔽双绞线。

总线阻抗：100Ω。

编码类型：曼彻斯特编码。

3. TCMS冗余方案

（1）MVB总线冗余　车辆网络采用了符合IEC 61375-1列车通信网络标准的双线路冗余MVB总线，MVB中的单点故障不会导致车辆停止运行。设备端的MVB连接器接口如图2-22所示。

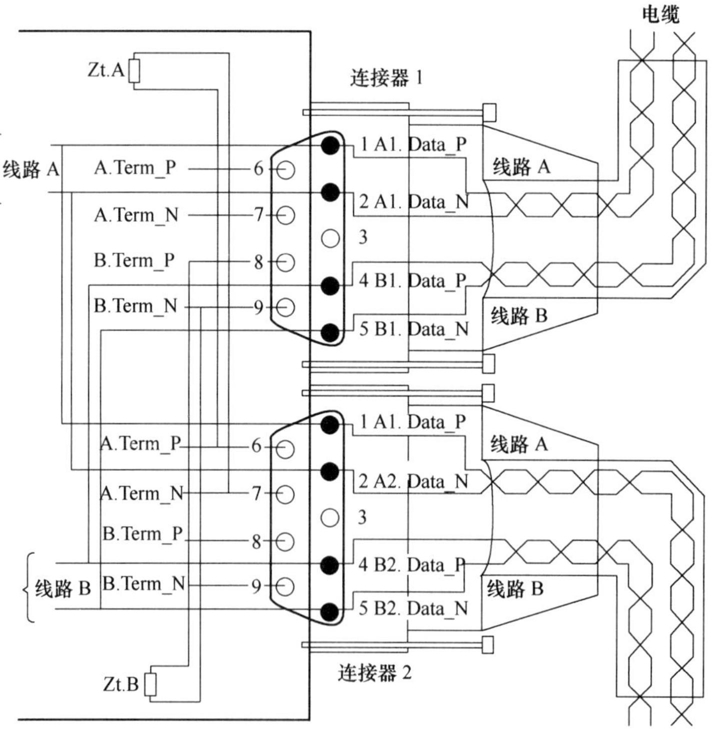

图2-22　MVB连接器接口

使用冗余的线路A和线路B进行独立的MVB数据传输，一条线路的故障不会引起另外一条线路的故障，设备能够通过任意一条线路收发数据。

（2）I/O 信号冗余　为了提高系统的可靠性，某些重要的 I/O 信号连接到不同的 DX 模块，以便具有冗余性。例如，牵引指令和制动指令分别同时输入每个车辆模块上的 DX 模块进行监控，VCU 通过 DX 模块监控牵引列车线、常用制动列车线、危害制动列车线、强迫制动列车线和安全制动列车线，同时通过 DX 模块监控强迫制动接触器和安全制动接触器的状态，以确保司机发出的相应指令在一定的时间内得到响应。

（3）关键设备冗余　为了保证车辆的可用性，智能司机显示器（IDD）采用冗余配置，每个司机室配有两台独立的 IDD。在任意一台 IDD 出现故障的情况下，IDD 的基本功能可以在另一台 IDD 上完成。

在司机室顶篷内，外置两个输入/输出盒（NSR 和 SR），由 IDD 直接可视和控制的数字和模拟输入/输出（安全相关的信号/非安全相关的信号）都在外置输入/输出盒内。通过两条独立的母线，外置输入/输出盒连接到两个 IDD 上。因此，在外置输入/输出盒中执行的控制信号可使 IDD 控制的信号在紧急牵引模式下（如 TCMS 发生故障）也可使用。

（4）车辆控制冗余　关键性的车辆控制具有冗余措施，即当与安全有关的控制由中央控制单元和车辆通信网络来完成时，另有同样功能的硬件电路做备用。车辆控制级配备紧急牵引模式，通过硬线传输紧急牵引指令、牵引/制动指令和运行方向指令，以保证在 VCU 发生故障时车辆仍能驶回车辆段。

每辆车的司机室模块配置一套无线设备，用于故障数据车地无线传输，也可以通过位于两端司机室的以太网维护接口下载车辆故障数据。

三、TCMS 的功能

（一）车辆管理系统

1. 车辆管理系统功能概述

车辆管理系统负责车辆的控制、监控和诊断，它是一个完整的集成控制系统。该系统为车辆各子控制系统和模块提供各种实时信号。

MITRAC TCMS 系统是低地板有轨电车的控制和通信系统。它的设计用于执行与有轨电车车辆控制相关的一切任务，其功能和特点如下：

1）车辆逻辑的处理。

2）预防性和纠正性维护故障诊断。

3）可视化。

4）通信。

车辆的控制单元（VCU-C）是车辆控制的主处理单元，用于整辆车的控制和通信。VCU-C 通过 MVB（多功能车辆总线）和以太网处理发往和来自不同输入和输出设备的信号。如果 VCU 的电源关闭，为缓冲数据且保留实时时钟，可将 MOBAD（模式/蓄电池地址单元）连接到 VCU-C 上。

车辆上所有具有微机控制单元的设备将与网络连接，主要包含的微机系统如下：

1）牵引系统。

2）辅助供电系统。

3）制动系统。

4）车门系统。

5）空调系统。

6）乘客信息系统。

非微机控制单元的设备通过远程输入/输出单元（AX 和 DX）与 TCMS 系统相连接，可以有效地将整车关键设备的状态信息报与司机或维护人员。

TCMS 系统中集成了车辆诊断系统 TDS（Train Diagnosis System），车辆控制单元（VCU-C）收集和存储事件、故障、车辆状态等信息，并将这些信息存储在故障记录仪中。故障信息显示在智能司机显示器（IDD）上，这些信息可以被下载下来进行分析，还可以长期存储在服务系统中供离线分析。

2. 车辆控制单元（VCU）的功能

1）执行 TCMS 应用软件来实现车辆控制功能。

2）执行 TCMS 系统底层软件。

3）车辆配置以及从 DX、AX 获取数据。

4）完成 TCMS 与车辆网络中所有设备之间的周期性数据交换。

5）具有自我监控功能，并能在故障处理完后自动定义重新起动。

6）牵引封锁保护功能。

7）故障诊断、存储、下载功能。

8）日期/时间管理功能。

9）总线管理器功能。

3. 日期/时间管理

VCU-C 接收来自智能司机显示器（IDD）手动输入的日期/时间，将其存储起来并更新内部时钟。

VCU-C 将日期/时间数据提供给所有车载微机控制设备，对于接入 MVB 网络和以太网的微机控制设备，VCU-C 通过广播数据将日期/时间发送至各微机控制设备。

（二）故障诊断系统

1. 故障诊断系统功能综述

车辆故障诊断功能由车辆控制单元（VCU）集中完成。每个 VCU 都具有专用的 32 位微处理器，用于故障数据的处理，所有诊断信息以及车辆故障信息将自动提供给整组车辆。在该系统中，对于每个连接到 TCMS 系统上的子系统控制单元，可诊断到最小可更换故障单元。VCU 通过车辆总线控制系统接收从各子系统传来的故障信息，并附带相关的环境数据和相应的时间。

在整车子系统部件单个故障发生时，故障诊断系统能够根据整车车辆的故障情况以及该子系统部件故障对整车运营的影响程度，对故障进行综合评估，并给出合适的应急指引。

车辆控制单元收集各子系统的状态数据和故障信息并进行分析，根据故障对车辆的子系统或车辆的性能及安全性的影响划分为不同的故障等级。故障分级原则如下：

A 级：严重故障，无法驾驶。

B 级：车辆在最近一站停靠、疏散乘客，空车返回基地。

C 级：车辆维持完成运行图规定的本次交路后，再返回基地。

D 级：车辆完成运行图规定的全天运行交路后，再返回基地。

车辆控制单元在其存储器内记录故障评估结果和其他故障信息，按先进先出的顺序存储。故障信息包括故障码、故障名称、故障等级、车号、故障设备名称、故障发生的日期和时间、故障消失的日期和时间等。

同类故障统计数、公里数及相关的环境数据可通过智能司机显示器在车间诊断模式下读取。用以储存故障信息的储存容量为2G。一些关键性的车辆状态也作为故障进行储存（如安全制动、乘客紧急制动等）。此外，车辆事件及其环境变量还可以保存在数据记录仪内。

TCMS将经过分级评估的故障信息发送到智能司机显示器上进行显示，便于司机及时掌握车辆运行状态和故障信息，并为司机提供相应的故障处理建议，同时发出警报提醒司机注意。

2. 故障下载及车地传输

TCMS在司机室提供快速以太网维护接口（M12-RJ45）与便携式测试单元PTU进行通信，PTU通过MVB总线或以太网可访问车辆任何子控制系统的状态信息（包括各功能模块的输入/输出波形）和故障信息，并实现相应的控制功能。所有接口均为统一的标准接口，不设置软件狗，并为这些标准的便携式测试单元PTU提供合适的工具软件及专家分析软件。所有的软件能在WIN XP操作系统下运行，且均可安装在任何一部PTU中。

此外，维修人员可以通过位于司机室的以太网维护接口用便携式测试单元PTU将车辆总线控制系统的数据通信情况记录在PTU的硬盘上，以检测车辆总线控制系统间及总线控制系统与挂在总线上的各微机控制单元间的通信是否正常。

当车辆进入车辆段后，利用无线局域网，可通过CM1模块的WLAN路由器和天线将车载数据传输至车辆段地面接收设备，便于运营调度和车辆检修人员快速下载车辆数据。车辆故障数据车地传输过程如图2-23所示。

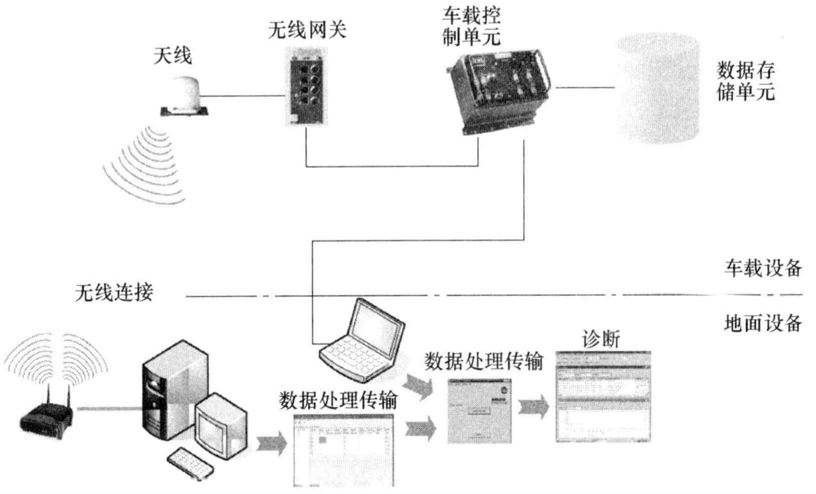

图2-23 车辆故障数据车地传输过程示意图

（三）车辆监控系统

1. 车辆监控系统功能综述

车辆监控系统是一个信息采集、记录和显示系统，用于对车辆主要设备的运行状态和故障进行自动信息采集、记录和显示并兼有对车辆辅助设备的控制功能。

车辆监控系统的监控对象包括牵引系统、辅助供电系统、制动系统、车门系统、空调系统、车辆广播设备和乘客信息系统、照明系统、司机控制器及其他控制信号、紧急报警信号。

车辆监控系统的功能如下：

1）控制车辆辅助设备的起动和停止。

2）监视车辆主要设备的工作状态。

3）记录所监控对象的故障信息并通过智能司机显示器（IDD）显示。

4）具有里程计、时钟、日历功能。

5）具有监控及信息收集、显示功能。

6）具有对车辆设备测试和故障检测、记录功能。

2. 对各子系统的监控及控制

（1）牵引系统　低地板有轨电车的高压供电来自于BM3模块的受电弓，通过受电弓向整车的牵引逆变器及辅助逆变器提供高压电。正常情况下，牵引逆变器主要通过MVB总线与TCMS实时通信，一方面接收TCMS的控制命令，另一方面将自身的状态及故障信息发送给TCMS；TCMS通过MVB总线发送牵引制动指令、车辆速度、牵引允许、牵引切除等指令给牵引系统。电液混合制动由牵引系统和制动系统通过MVB总线共同完成。

在正常模式下，TCMS通过DX模块收集来自司机主控器的格雷码信号，根据该信号计算出牵引/制动参考力值，并将其提供给牵引及制动系统。在TCMS发生故障以及紧急牵引的情况下，牵引逆变器与TCMS的通信中断，接收来自司控器的硬线指令。

TCMS通过AX模块采集牵引系统的能耗信号，用于在车间模式下，在智能司机显示器上显示车辆的能耗情况。

TCMS通过DX模块监视和控制牵引系统电路，根据收集到的牵引系统监控信号，在智能司机显示器上显示网压和受电弓的状态，牵引逆变器的工作状态（正常、故障、未知状态）也会显示在IDD上。

（2）辅助供电系统　辅助供电系统设备主要包括辅助逆变器、蓄电池充电机、蓄电池等。在正常情况下，辅助逆变器主要通过以太网与TCMS实时通信，一方面接收TCMS的控制命令，另一方面将自身的状态及故障信息发送给TCMS。在TCMS发生故障以及紧急牵引的情况下，辅助供电系统与TCMS之间的通信中断，辅助逆变器独立起动，并且自动进行频率设置。

TCMS通过DX模块监视和控制辅助供电系统电路，根据收集到的辅助供电系统监控信号，在智能司机显示器上显示蓄电池电压，辅助逆变器的工作状态（正常、故障、未知状态）也会显示在智能司机显示器上。

（3）制动系统　正常情况下，制动系统主要通过MVB总线与TCMS实时通信，一方面接收TCMS的控制命令（如牵引/制动力参考值、牵引/制动指令等），另一方面将自身的状态及故障信息（如制动施加/缓解状态、压力低状态、速度传感器故障等）发送给TCMS。在TCMS发生故障以及紧急牵引的情况下，制动控制单元与TCMS的通信中断，接收来自司控器的硬线指令。

正常运行模式下，撒砂请求独立于车辆总线，由VCU发出控制指令；在降级模式下，由司机手动激活撒砂装置。

撒砂装置有三种激活方式：

手动激活：司机台设有撒砂开关，司机可以根据自己的需要来手动激活撒砂装置。

紧急制动：在紧急制动模式下，通过车辆控制单元激活撒砂装置。

滑行或空转：防滑系统与撒砂装置联锁，检测到滑行或空转时，撒砂装置将自动激活。

砂箱安装有砂量指示器，TCMS 通过 DX 模块监测砂箱中的砂量，当砂箱中的砂量低于一定程度时，通过司机室的智能司机显示器提醒司机加砂。

轮缘润滑系统通过时间控制装置自动起动，由车辆控制单元生成信号。如果车辆为静止状态，轮缘润滑系统将不可用，轮缘润滑系统不设置手动停止功能。

TCMS 通过 DX 模块监视和控制制动系统电路，根据收集到的制动系统监控信号，在智能司机显示器上显示弹簧制动的施加/缓解状态，制动系统的工作状态（正常、故障、未知状态）也会在 IDD 上显示。

（4）车门系统　车门系统通过以太网接口与 TCMS 相连，一方面接收 TCMS 的指令（如开/关门时间参数、开/关门延时时间参数、再关门次数、关门时的压紧力、检测到障碍物后的开门宽度等），另一方面将自身的状态及故障信息（如开/关门列车线状态、门释放列车线状态、车门紧急解锁请求、门位置传感器故障、诊断内存故障等）发送给 TCMS。

TCMS 通过 DX 模块监视和控制车门系统电路，根据收集到的车门系统监控信号，在智能司机显示器上显示左侧车门/右侧车门预选状态、车门释放状态、集中开门、集中关门、乘客停车请求以及车门安全回路的状态，车门系统的工作状态（正常、故障、未知状态）也会在 IDD 上显示。

（5）空调系统　空调系统（司机室空调和客室空调）通过以太网接口与 TCMS 相连，一方面接收 TCMS 的指令（如 ON/OFF 信号、通风模式、自动模式等），另一方面将自身的状态及故障信息（如客室温度、外部温度、空调压缩机运行时间、自检故障、机组故障、空调压缩机故障、冷凝机故障等）发送给 TCMS。

通过司机室的空调总开关可以进行整车空调系统的开关控制，通过智能司机显示器上的司机室空调关闭软按钮（触屏按钮）可以关闭司机室空调系统，空调系统的关闭状态会显示在 IDD 上；空调系统的工作状态（正常、故障、未知状态）也会在 IDD 上显示。

在智能司机显示器上集成了司机室空调控制软按钮，可以进行司机室空调运行模式的选择：自动模式、手动模式、通风模式、停机模式；也可以通过集成在 IDD 上的软按钮进行司机室温度和通风量的调节。另外，在 IDD 上集成了客室温度调节菜单，可以对客室温度进行调节，并能显示客室目标温度值。

（6）乘客信息系统　乘客信息系统通过以太网接口与 TCMS 相连，一方面接收 TCMS 的指令（如车辆速度、线路号、开门侧信号等），另一方面将自身的状态及故障信息（如乘客紧急报警器激活状态、动态地图故障、客室摄像头故障等）发送给 TCMS。

TCMS 通过 DX 模块监视和控制乘客信息系统电路，根据收集到的乘客信息系统监控信号，在智能司机显示器上显示乘客紧急制动状态、乘客紧急报警状态、CCTV 监控录像的画面和后视系统的监控画面。此外，乘客信息系统的工作状态（正常、故障、未知状态）也会在 IDD 上显示。

IDD 上集成了视频监控记录按钮，可以对 CCTV 系统摄像头监控的画面进行记录，记录的录像不会被覆盖；IDD 上也集成了后视镜选择按钮，司机可选择不同的后视画面；另外，

IDD 上还集成了后视摄像头加热软按钮，用于对后视摄像头进行加热；同时，IDD 上还集成了 PIS 广播操作按钮，司机可以对 PIS 系统进行操作，选择内部广播、外部广播、对讲接听、对讲取消等功能。

（7）照明系统　TCMS 通过 DX 模块监视和控制照明系统电路，根据采集到的照明系统监控信号，在 IDD 上显示照明开启/关闭状态，照明系统的工作状态（正常、故障、未知状态）会在 IDD 上显示。

IDD 上集成了客室紧急照明开关、客室正常照明开关和司机室照明开关，通过 IDD 上的软按钮可以控制客室紧急照明的开启和关闭、客室正常照明的开启和关闭以及司机室照明的开启和关闭；IDD 上还集成了转向灯控制按钮，司机可以通过 IDD 上的软按钮控制左侧转向灯或右侧转向灯的开启和关闭。

（8）车辆驾驶系统　车辆驾驶系统与 TCMS 之间没有直接相连的串行接口，TCMS 通过 DX 模块监视和控制车辆驾驶系统，根据收集到的车辆驾驶系统监控信号，在 IDD 上显示警惕按钮状态、数据记录仪工作状态、紧急牵引激活状态以及车辆速度限制等车辆运行状态信息。

此外，IDD 上还集成了刮水器控制软按钮，用于控制刮水器的工作模式。刮水器的工作模式如下：

1）低速档。

2）高速档。

3）刮水器间隔 1（6s）。

4）刮水器间隔 2（4s）。

5）刮水器间隔 3（2s）。

6）喷水模式。

7）刮水器关闭。

（四）安全数据记录仪

1. 数据记录仪功能综述

安全数据记录仪安装在 BM3 车上，是一个车辆信息采集和记录系统，用于通过车辆网络和车辆硬线对车辆主要设备的运行状态、故障和司机的操作相关信息进行自动采集和记录。

数据记录仪与 TCMS 的接口为 MVB 接口。为了提供故障分析数据，TCMS 按照预先设置好的触发条件记录重要的车辆数据，并通过 MVB 总线发送给数据记录仪；同时，数据记录仪将自身的状态及故障信息发送给 TCMS。

数据记录仪具有以下功能：

1）数据记录。

2）控制速度计和里程表。

3）数据记录仪的安全控制板上还集成了以下车辆安全功能：

① 提供车辆零速信号。

② 司机监督（警惕功能）。

③ 速度监控。

④ 反转监控。

⑤ 乘客紧急制动旁路。

⑥ 轮径参考值设置。

速度计和里程表集成在 IDD 上，相应的控制信号由数据记录仪提供。数据记录仪为司机、乘客以及车辆外的其他交通系统提供一定的声音警示信号。

司机室内的大部分指示灯都集成在 IDD 上。除了车门功能、车辆故障报警和停放制动系统的电气紧急缓解指示灯，其他指示灯都集成在硬线开关或按钮中。

2. 数据记录仪/安全控制板的控制和监控

（1）数据记录仪/安全控制板旁路　如果数据记录仪/安全控制板发生故障，可以由司机通过带铅封的数据记录仪旁路开关旁路其功能。动作了数据记录仪旁路开关后，IDD 上会显示一条旁路信息，同时，故障诊断系统会记录此信息。另外，IDD 上的旁路激活指示灯会亮起。

当旁路数据记录仪/安全控制板时，零速信号也被旁路，以允许车门在所有的情况下均可开启。同时，反转监测信号也将被旁路。

（2）数据记录仪内存切换开关　发生事故之后，司机可以操作位于 BM3 车上带铅封的数据记录仪内存切换开关，将数据记录仪存储器切换到第二个内存区域，以防止之前记录的数据被覆盖。同时，该信息会通过 MVB 发送到 VCU，IDD 上会显示一条状态信息，故障诊断系统也会记录此信息。

（3）数据记录仪/安全控制板监控　VCU 通过一个数字输入从数据记录仪/安全控制板收集其故障信号。如果“数据记录仪/安全控制板正常”信号被复位，或通过 MVB 报告了一条集中的错误信息，或 MVB 通信故障，则 IDD 上会显示一条故障信息，同时，故障诊断系统会记录此信息。

在这种情况下，司机需要操作带铅封的旋转开关旁路数据记录仪。

只要 MVB 通信没有出现故障，数据记录仪/安全控制板将持续传送额外的详细信息到 VCU，以供将其存储于诊断系统中。

3. 数据记录仪/安全控制板的功能

（1）数据记录　数据记录仪/安全控制板主要用于不断地记录重要的车辆状态及故障数据，用于重建事故发生时的情况。

数据记录仪通过硬线记录以下信号：

1）常用制动。

2）危害制动。

3）安全制动。

4）磁轨制动。

5）乘客紧急制动。

6）牵引指令。

7）转向灯。

8）喇叭。

9）撒砂系统方向。

10）紧急牵引。

11）车门安全联锁回路。

12）车门释放。

同时，安全控制板通过硬线记录以下安全信号，并存储和记录在数据记录仪内部：

1）警惕按钮。

2）驾驶方向。

3）司机室激活。

4）乘客紧急制动旁路。

此外，数据记录仪通过 MVB 接口与 TCMS 相连，进行数据传输，如速度、牵引/制动力、集中开门、集中关门等。

VCU 通过广播的方式向数据记录仪发送日期和时间。

（2）速度计和里程表控制　在每个司机室的智能司机显示器上集成了速度计和里程表，用于显示车辆的速度和已经运行的距离。集成在 IDD 上的速度计通过硬线从 SDR 的安全控制板上接收车辆速度，这个速度信号是电流信号。同时，IDD 上当前的速度信号返回到 SDR 的安全控制板。安全控制板执行一个真实性检查程序检验这两个当前信号的真实性，如果发现发送和接受的速度信号不匹配，SDR 将通过 MVB 向 VCU 发送一个故障信号。

车辆的里程信号由 SDR 的安全控制板通过 MVB 发送到车辆控制单元（VCU），VCU 再通过以太网将其发送到 IDD 上进行显示。车辆的里程信号以数值的形式显示在 IDD 上。当车辆工作在紧急牵引模式的时候，车辆的里程信号将不能显示。

4. 安全控制板的功能

（1）零速信号　车辆速度通过独立的速度传感器记录在 SDR 的安全控制板上。当车辆速度低于预定值（1.5km/h）时，数据记录仪的安全控制板发送一个零速信号激活车辆零速列车线；当车辆速度大于预定值（2km/h）时，零速信号将被重置。SDR 发送的零速信号将进一步用于车辆控制和车门控制。

（2）司机监控（警惕功能）　司机监控（警惕功能）是由 SDR 安全控制板上的司机监控功能完成的。警惕功能包括提供给司机相应的可视信息和声音信号作为警示，同时触发强迫制动。

（3）速度监控　安全控制板最多可以监控三个预先定义的速度值：一个速度值监控正常运行过程中最高的车辆允许速度；其他两个速度值可以根据项目的情况进行定义。在特殊情形下，可以禁止速度监控功能。

通过速度监控功能，SDR 的安全控制板可将车辆速度限制为一个预定义的速度（如 75km/h）。

如果速度监控功能被激活，安全板将检查车辆速度是否超过了预定义的速度值。一旦超过最大的允许速度，车辆将会施加强迫制动，直到停车。当车辆获得零速信号后，强迫制动会自动复位。

（4）反转监控　如果车辆在运行过程中发生反转或者车辆的状态未经授权而发生移动，SDR 的安全控制板将会监控反转状态并触发弹簧制动。

弹簧制动将会在下列条件下触发：

1）在司机室已经激活，并且已经选择驾驶方向的情况下发生与驾驶方向相反的滚动。

2）在没有激活司机室的情况下发生未经授权的移动。

3）在没有选择驾驶方向或两个驾驶方向同时被选择的情况下发生未经授权的移动。

动车转向架和拖车转向架上的弹簧制动由 SDR 的安全控制板控制施加。同时，已处于紧急释放状态的弹簧制动器将被再一次施加。

一个已经触发的反转监控信号只有在车辆获得零速后才能被重置。

(5) 轮径参考值设置　拖车转向架上两个轴的轮径参考值的设置将通过服务 PC 配置到 SDR 的安全控制板上。轮径参考值用于与速度相关的功能和控制速度计。此外，这些数值将通过 MVB 发送到 VCU 做进一步的处理。例如，用于动车转向架车轮直径的调整。

5. 声音信号

(1) 司机室声音信号　司机通过司机室内的声音报警器接收以下声音信号，见表 2-12。

表 2-12　司机室声音信号

名　称	来　源
司机监督警示	安全控制板
车门安全回路关闭	VCU
乘客紧急制动	VCU
IDD 上有新的故障消息	VCU
备用信号 (1)	N/A
备用信号 (2)	N/A

司机室来源于 IDD 的声音信号见表 2-13。

表 2-13　IDD 的声音信号

名　称	来　源
转向灯/故障报警指示灯	IDD

(2) 车辆外部的声音信号　以下车辆外部声音信号用于警示行人和其他交通车辆，见表 2-14。

表 2-14　外部声音信号

名　称	来　源
喇叭	喇叭按钮/安全制动/危害制动/VCU

(3) 客室内部声音信号　客室内部的声音信号用于警示乘客，见表 2-15。

表 2-15　客室内部声音信号

名　称	来　源
开门过程中的车门提示音（每个车门）	各自的门控器
关门之前/关门过程中的车门提示音（每个车门）	各自的门控器

第三章 制动系统

第一节 制动的基本概念及原理

一、制动的基本概念

制动是指人为施加外力，使运动的物体减速或阻止其加速，以及使静止的物体保持静止状态不变的作用。制动效能的大小和制动施加的时机由人为掌控。使列车减速或阻止其加速的力称为制动力，而产生并控制这个制动力的装置叫做制动机，也称制动装置。运行的列车从司机施行制动（将司机控制手柄推拉至制动位）的瞬间起，到其速度降为零的瞬间为止所驶过的距离，称为列车“制动距离”。它是综合反映列车制动装置性能和实际制动效果的主要技术指标。

二、现代有轨电车车辆的制动方式

按照制动时列车动能的转移方式不同，现代有轨电车车辆的制动主要可以分为摩擦制动和电制动。

1. 摩擦制动

摩擦制动是指通过摩擦副的摩擦将列车运动的动能转变为热能，逸散于大气中，从而产生制动作用。现代有轨电车车辆常用的摩擦制动方式主要有闸瓦制动、盘形制动和轨道电磁制动。

（1）闸瓦制动　闸瓦制动又称为踏面制动，它是最常用的一种制动方式，如图 3-1 所示。制动时，闸瓦压紧车轮，轮、瓦间产生摩擦，将列车运动的动能通过轮、瓦间的摩擦转变为热能，逸散于空气中。

在采用闸瓦制动时，对制动功率要有所限制。

（2）盘形制动　盘形制动如图 3-2 所示，它又有轴盘式和轮盘式之分。一般采用轴盘式，当轮对中间由于牵引电动机等设备导致制动盘的安装存在困难时，可采用轮盘式。制动时，制动缸通过制动夹钳使闸片夹紧制动盘，使闸片与制动盘间产生摩擦，把列车的动能转变为热能，热能通过制动盘与闸片逸散于大气中。

盘形制动方式能选择高性能的摩擦副材料和良好的散热结构，可以获得比闸瓦制动大得

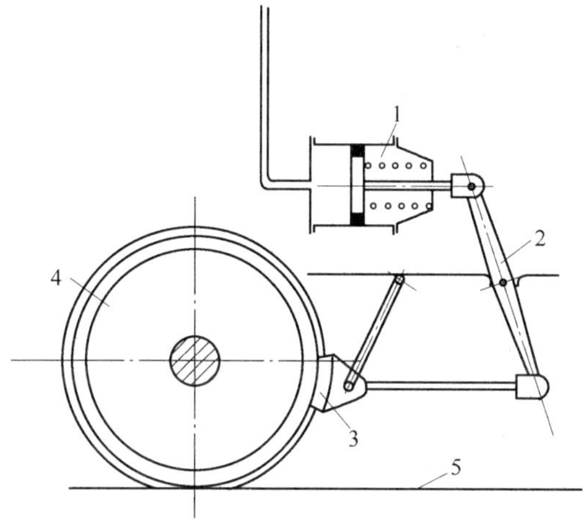

图 3-1 闸瓦制动

1—制动缸 2—基础制动装置 3—闸瓦 4—车轮 5—钢轨

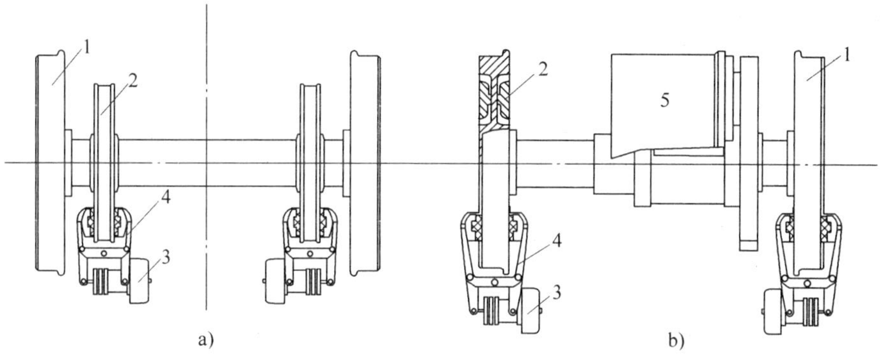

图 3-2 盘形制动

a）轴盘式 b）轮盘式

1—轮对 2—制动盘 3—单元制动缸 4—制动夹钳 5—牵引电动机

多的制动功率。

（3）轨道电磁制动 轨道电磁制动也叫磁轨制动，如图 3-3 所示。它是一种传统的制动方式，这种制动方式是在转向架前、后轮对之间的侧梁下设置升降装置，装置顶端装有两个电磁铁，电磁铁包括电磁铁靴和磨耗板，电磁铁悬挂安装在距轨面适当高度处，制动时电磁铁落下，并接通励磁电源使之产生电磁吸力，电磁铁吸附在钢轨上，列车的动能通过磨耗板与钢轨间的摩擦转化为热能，逸散于大气中。轨道电磁制动能得到较大的制动力，因此常被用作紧急制动时的一种补充制动手段。这种制动不受轮轨间黏着系数的限制，能在保证旅客舒适性的条件下有效地缩短制动距离。其不足之处是磨耗板与轨道间摩擦产生的热量很多，对钢轨的磨损很严重。但因为其制动距离短，而结构又简单可靠，所以这种装置在有轨电车和轻轨上使用较多，主要用于紧急制动。磁轨制动应用得最多的还是高速列车和磁悬浮列车。

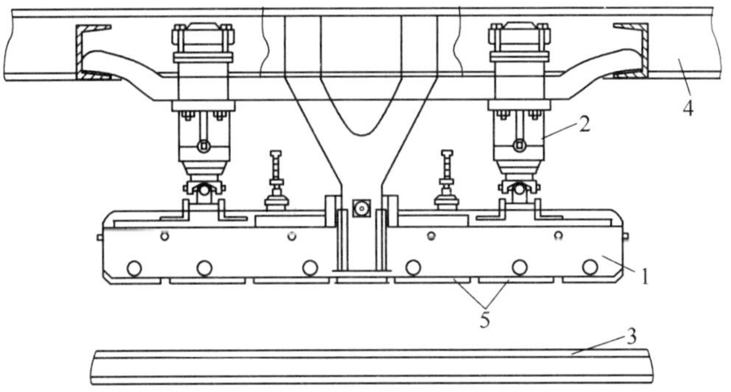

图 3-3　磁轨制动

1—电磁铁　2—升降风缸　3—钢轨　4—转向架侧梁　5—磨耗板

2. 电制动

为了减少机械摩擦，应尽量采用无污染的制动方式，目前最好的方法是使用电制动。

在各种形式的制动中，电制动是一种较理想的制动方式，它是建立在电动机的工作是可逆性的基础上的。在牵引工况时，电动机从接触网吸收电能，将电能转换为机械能，产生牵引力，使列车加速或在上坡的线路上以一定的速度运行；在制动工况时，列车停止从接触网受电，电动机变为发电机工况，将列车运行的机械动能转换为电能，从而使列车减速或在下坡线路上以一定的速度运行，此为电制动。

在制动过程中，由牵引电动机转化而来的电能再通过直接反馈给供电触网或消耗在电阻器上这两种方式将电能消耗掉。通过转换电路和受流器（受电弓）将电能反馈给供电触网，提供给本车作为辅助电源或给同一电网中相邻运行的列车使用的方式，就是再生制动，又称为反馈制动。如果由于触网电压太高，不能接受电能进行反馈，电能只能通过列车上的电阻器发热消耗，转变成热能散发到大气中去，这种方式就是电阻制动，又称为能耗制动。

现代有轨电车车辆在正常制动过程中应优先采用动力制动，尽量发挥动力制动的再生作用，以减少摩擦制动产生的热量和粉尘。车辆进行电制动时，首先应该采用再生制动，即向供电电网反馈电能，如果接触网电压过高或同一供电区段无其他车辆吸收反馈能量，则电路转为电阻制动，把能量消耗在电阻器上。电制动还具有独立的滑行保护和载荷校正功能。

第二节　有轨电车制动系统概述

有轨电车制动系统包括电制动（再生制动和电阻制动）、液压摩擦制动和磁轨制动。其中电制动优先级最高，其次是液压摩擦制动，磁轨制动优先级最低。在选用制动方式时，应优先采用电制动直到车辆停止，以减少基础制动装置的磨耗，不足部分将由拖车或动车上的液压制动进行补充。

以苏州有轨电车 1 号线车辆的电液制动系统为例，它能够实现常用制动、紧急制动、安全制动、保持制动、停放制动、车轮防滑保护（仅拖车 BM3 转向架）、降级模式等功能。

一、主要制动性能

主要制动性能见表 3-1。

表 3-1 主要制动性能

序号	制动性能	参数
1	平均常用制动减速度（0～70km/h，包括响应时间）	≥1.2m/s²
2	常用制动冲动极限	≤1.5m/s³
3	平均安全制动减速度（0～70km/h，包括响应时间）	≥1.5m/s²
4	安全制动冲动极限	≤4m/s³
5	平均最大紧急制动减速度（0～70km/h，不包括响应时间）	≥2.8 m/s²

制动相关术语和缩略词见表 3-2。

表 3-2 制动相关术语和缩略词

术语和缩略词	解释	术语和缩略词	解释
BCU	制动控制单元	HCM	液压控制模块
DCU	驾驶控制单元	PSM	油泵控制模块
ED	电制动	MG/MTB	磁轨制动
EH	液压制动	WSP	车轮防滑保护
EHU	电液控制单元	VCU	车辆控制单元

二、制动设备的布置

有轨电车车辆配置了两个动车转向架（MB）和一个拖车转向架（TB）。通过动车转向架上的牵引电动机的制动来进行电动制动，通过电液压盘式制动来施加机械制动。根据制动请求，自动施加磁轨制动。

车辆配置了各自独立的三种制动系统，见表 3-3。

1）电制动（ED-制动）。带车轮防滑保护的无级可控电制动，用于再生和/或电阻运行，采用独立的运行控制系统。

2）机械制动。拖车转向架采用电液压弹簧驱动被动盘式制动，为带车轮防滑保护的无级可控液压制动，它有独立的运行控制单元（BCU）。动车转向架采用电液压弹簧驱动被动盘式制动，为三级可控液压制动。

3）磁轨制动（MT-制动）。吸引力是固定的，每个制动为 75kN；每个转向架一对，由低压系统提供 DC24V 电源。

表 3-3 制动设备在转向架上的布置

安装位置	动车转向架 1（MB1）	动车转向架 2（MB7）	拖车转向架（TB3）
电制动	2	2	0
机械制动	2	2	4
磁轨制动	2	2	2

在考虑到故障假设的同时，要求在所有载荷和运行条件下都能够安全地停车和保持车辆

稳定。

三、制动类型概述

通过车辆三个制动系统的混用，根据制动需求实现不同的制动类型，见表3-4。

表3-4 制动类型概述

制动类型	触发条件	包含的制动系统
安全制动	安全制动按钮（蘑菇按钮）； 丢失司机室激活信号	MB的EH制动（紧急制动阀）+TB的EH制动（紧急制动阀）+磁轨制动
危害制动 （紧急制动3）	牵引/制动手柄	ED制动+TB的EH制动+磁轨制动
强迫制动 （紧急制动1+2）	警惕按钮触发：司机离开警惕按钮	ED制动+TB的EH制动
	乘客紧急手柄触发：乘客紧急制动手柄	ED制动+TB的EH制动
	网络监控触发（如门安全回路断开、超速、牵引指令错误、溜车等）	ED制动+TB的EH制动
常用制动	牵引/制动手柄	ED制动（0~100%）
保持制动	速度<3~5km/h	ED制动（不断减少）+MB的EH制动+TB的EH制动
停放制动	回库或列车关断时	MB的EH制动+TB的EH制动

安全制动、危害制动和强迫制动通过硬线传给制动系统。制动类型的优先级顺序依次为安全制动、危害制动、强迫制动、常用制动。当几种制动同时发出时，优先级最高的制动类型将被最先执行。其中，紧急制动1和2、安全制动在执行过程中不可撤销，直到列车停止。

1. 常用制动

司机控制器输出常用制动指令和制动力。通过司机操纵主控制器，可以启动常用制动，常用制动可以随时被取消。常用制动用于常规减速，常规条件下所有常用制动过程由电制动完成，直到停车为止，并可以在低速下联合液压摩擦制动精确可靠地使车辆停止。车辆最大可能地利用电制动力，若需要停车，则摩擦制动在速度低于5km/h左右时开始补偿。

2. 紧急制动

紧急制动通过施加动车转向架上的电制动、拖车转向架上的机械制动，以及根据不同紧急制动减速度的要求激活磁轨制动器，以达到制动指令所要求的减速度。

3. 安全制动

安全制动由车辆控制系统启动。根据故障导向安全的原则，通过打开安全回路实现安全制动。激活转向架上基于弹簧的制动夹钳，安全回路可以通过司机动作打开，按钮位于司机室。如果安全制动回路打开，电液控制单元中的安全制动阀失电，从而给所有转向架施加一个设定的制动力，安全制动时，所有动车的电制动不参与制动作用，而是通过所有转向架上的液压摩擦制动系统和磁轨制动系统完成。安全制动一旦触发，在车辆完全停止前不能被取消。

4. 保持制动

制动系统具有保持制动功能，保证车辆在本线路最大坡道起动时不溜车。

5. 停放制动

车辆停止时，若收到停放制动指令或车辆断开 DC24V 电源，液泵电动机关闭，此时电液控制单元内的比例阀失电，制动夹钳中的压力通过比例阀卸载，弹簧力完全施加，车辆施加停放制动。停放制动采用弹簧进行制动，并通过液压装置进行缓解。停放制动能通过网络触发，同时拖车上的 BCU 检测到有零速制动激活后，会自动在拖车上施加停放制动。此外，当没有方向选择时，停放制动会被 VCU 和硬线同时触发并且可以在车辆两侧人工逐个进行缓解。停放制动装置可使任何载荷工况下的有轨电车在本线线路的最大坡度上和各种天气条件下保持静止。

6. 防滑保护

车轮防滑保护装置由电气系统自动监控和操作，能够最大程度避免车辆滑动，液压制动和车轮防滑控制同时工作。拖车转向架配备两个速度传感器和两个测速齿轮记录车轮速度，它们产生速度信号并传递给拖车制动控制单元进行车轮防滑保护。制动控制单元的车轮防滑控制逻辑激活电液控制单元中的模拟转换阀，调整制动压力，使制动在一个合理的滑动范围内发生，以减小车轮擦伤的风险。恢复制动力时车辆平稳减速，对车辆的冲击不超过冲动极限值。电制动和拖车液压制动均有防滑功能，动车液压制动不具有防滑功能。防滑系统与撒砂系统联锁，检测到滑行或空转时，撒砂系统将自动激活。

7. 降级模式

在任何速度下制动时，如果 ED 零部件发生故障，则 EH 制动将实施替代制动。如果在制动命令之前发生故障或者诊断系统探测到故障，例如，当动车转向架（ED）制动故障、动车转向架 EH 制动电路故障（隔离）、动车转向架的 EH 或制动电路故障（隔离）时，许用的最大速度较低。

在运行期间，可能会发生对制动系统有影响的故障。但是，制动理念是该故障不能导致制动系统全部丢失，至少可以采用安全制动停止车辆。

第三节 有轨电车液压制动系统的组成

一、概述

动车转向架配备了被动式、阶段式控制的液压摩擦制动，拖车转向架配备了被动式、模拟式控制的液压摩擦制动。两种形式的转向架均安装了一对刚性低悬架磁轨制动器。拖车转向架上的液压制动系统提供车轮防滑控制，动车转向架上的液压制动系统不提供车轮防滑控制，由车辆控制电制动实现防滑。所有转向架上的机械制动装置用于常用制动、紧急制动、安全制动和保持制动。

动车和拖车转向架上的被动式摩擦制动是基于弹簧施加的原则（故障导向安全），因此，具有停放制动的功能，能够使满载列车在静止状态下停放在斜度为60‰的坡道上。停放制动通过弹簧实现施加，通过液压油实现缓解。

有轨电车采用的液压制动系统设备按照功能划分为动车转向架（两个）、拖车转向架（一个）的液压制动系统和磁轨制动，如图3-4所示。

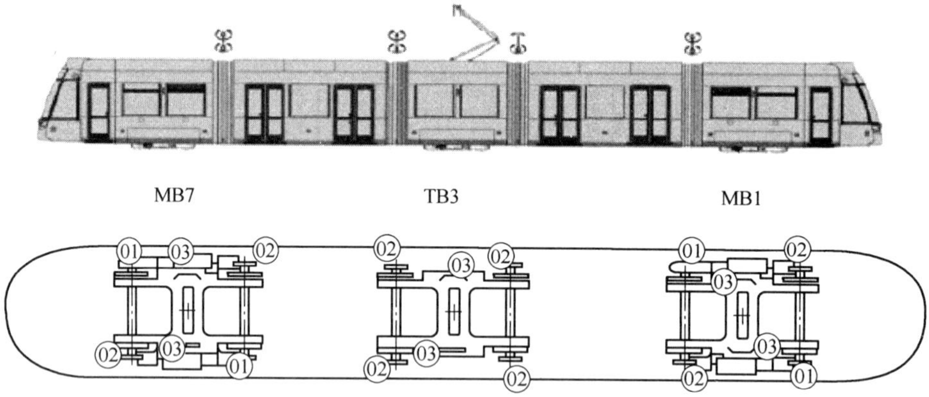

图3-4　系统布置示意图

01—电制动　02—液压制动　03—磁轨制动　MB—动车转向架　TB—拖车转向架

动车和拖车转向架都配备了被动式电液制动系统，主要由制动控制单元（HCM）、电液控制单元（EHU）、油泵控制模块（PSM）、蓄能器、液压辅助缓解单元、车轮防滑保护设备、被动式带弹簧的制动夹钳和磁轨制动器组成。

二、系统的设备配置

苏州有轨电车1号线采用的液压制动系统包括动车转向架液压制动设备和拖车转向架液压制动设备。

1. 动车转向架液压制动设备

（1）制动控制单元　制动控制单元（HCM）处理列车控制单元（VCU）发送的制动请求，从而将相应的控制命令传输给电液控制单元（EHU），用来控制电液控制单元中的阀和油泵。同时监测来自电液控制单元中用于控制的制动压力信息。制动控制模块具有硬线接口，能够接收/传输硬线信号。

根据摩擦制动系统的实际工作状态，制动控制单元将“制动缓解”“制动施加”和“主要故障”等信号发给列车控制单元用于诊断，制动控制单元可以通过装置前端的LED灯显示事件实时状态（无事件、实际事件或短暂事件）。事件的详细信息可以通过将维护终端连接到装置的RS232接口后读出。

（2）电液控制单元　电液控制单元具有制动控制、制动施加及缓解、安全制动和停放制动等功能，主要由两部分组成：压力供给部分和压力控制部分。

压力供给部分主要包括泵（P/M，带PC24V电动机）、油箱（带气阀和油面观察镜）、油过滤器（带旁路）、限压阀和单向阀等。压力控制部分主要包括控制阀、压力传感器、安全阀和压力限制阀等，如图3-5所示。

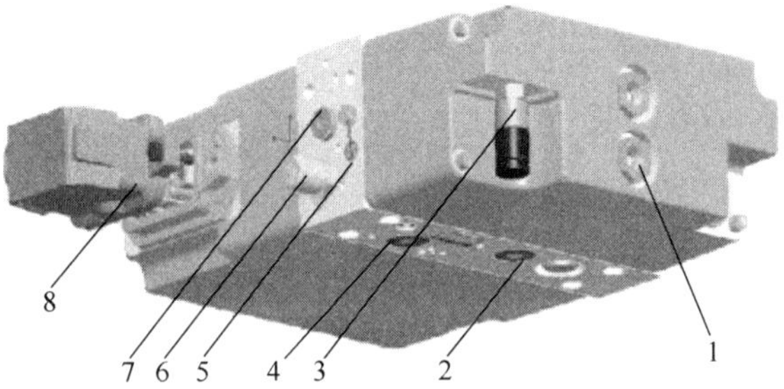

图 3-5 动车电液控制单元

1—油面观察镜 2—供油过滤螺塞 3—油过滤器 4—回油过滤螺塞
5—接地 6—测试端口 7—液压端口 8—连接器组件

每个动车转向架上的两个制动夹钳均供有必要的缓解压力，动车电液控制单元用于缓解制动夹钳，并实施对制动作用力的三步控制：中间阶段 1（可调，一般约为 20%）；中间阶段 2（可调，一般约为 60%）；最大的制动作用力。三个制动步骤的激活通过制动控制模块（HCM）实施，并受车辆控制。

HCM 从 VCU 接收到输入信息后进行不同模式的制动，制动模式和制动指令由列车线提供。例如切断电源，第三步的制动将自动施加（最大的制动力），如图 3-6 所示。制动施加/缓解弹簧压力的大小由控制阀（A）管理。缓解制动时，控制阀（A）得电，获得最大的缓解压力，若压力传感器（BP）检测到压力低于设定的最小缓解压力，则控制器使电动机（M）油泵（P）工作，直到缓解压力达到要求。若电动机持续工作超过设定运行时间，则控制器将识别该状态为故障状态，并同时切断电动机。动车转向架的制动控制单元没有车轮防滑保护和载荷补偿功能。

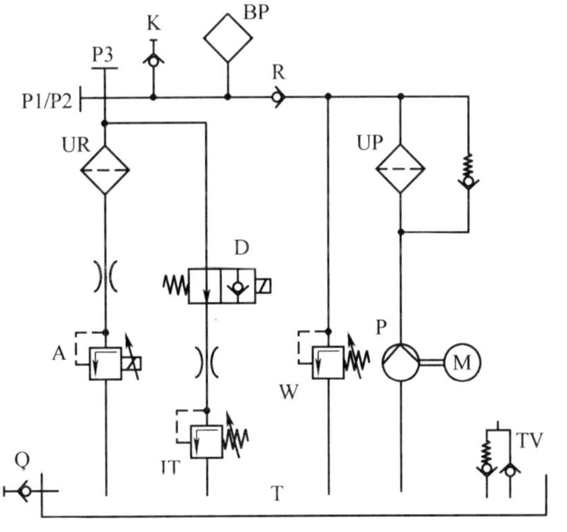

图 3-6 动车电液控制单元原理图

安全制动通过安全制动阀（D）和限压阀（IT）设定安全制动等级。安全制动阀（D）通过列车线上的继电器来操作，继电器通过断合控制电流来开关安全制动阀（D）。

停放制动是当电动机（M）关闭时，控制阀（A）失电。制动夹钳中的压力通过控制阀（A）卸载，弹簧力完全施加。被动式制动回路中的压力通过压力传感器得到。

（3）液压泵控制模块　液压泵控制模块（PSM）起着直流电动机继电器的作用。根据压力信息，相关的制动控制单元（HCM）通过液压泵控制模块控制电液控制单元（EHU）中电动机的开关。当 EHU 中的电动机开始起动时，液压泵控制模块可以使起动电流平缓上升，避免冲击电流对电动机造成伤害，如图 3-7 所示。

（4）辅助缓解装置　拖车转向架和动车转向架均配有辅助缓解装置，从而可在制动控制单元、电液控制单元等发生故障时缓解制动，但是不能对其进行调节。辅助缓解单元不用于永久性用途。每个转向架均配备了自己的辅助缓解装置。动车转向架和拖车转向架上的辅助缓解装置的压力开关（LF）不同。若车辆需移动或回送，则辅助缓解单元液压泵由 DC24V 供电，并缓解弹簧制动力，如图 3-8 和图 3-9 所示。

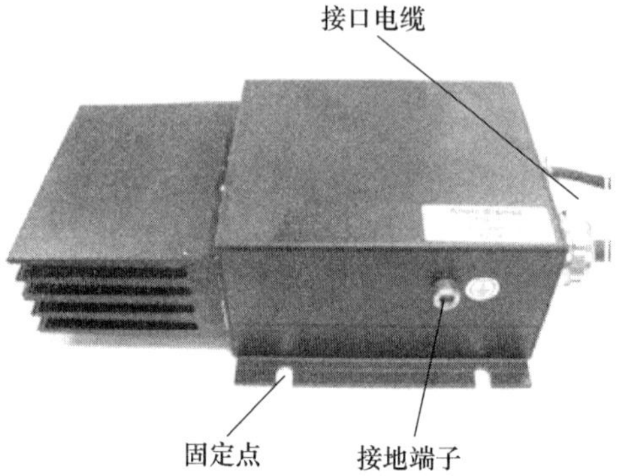

图 3-7　液压泵控制模块

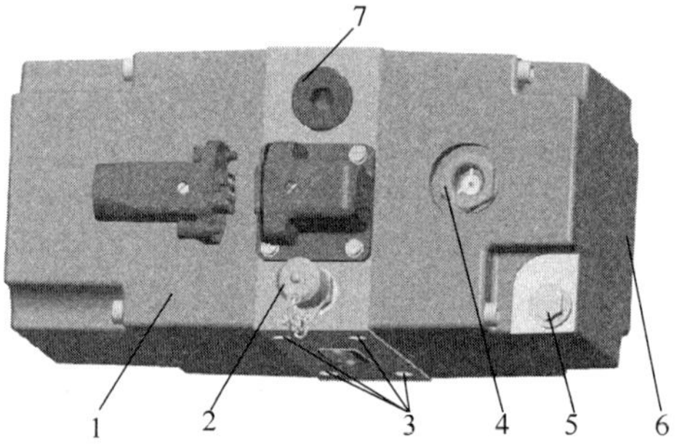

图 3-8　辅助缓解装置

1—控制单元外壳　2—测试端口　3—安装孔
4—油面观察镜　5—放油塞　6—油箱　7—供油过滤螺塞

（5）基础制动单元　制动机械执行部件用于制动力的产生和传递，主要包括制动夹钳、制动闸片和制动盘。

动车转向架采用被动式制动夹钳，其作用力由液压装置的压力控制，通过制动盘每侧的闸片将生成的作用力传输到制动盘。每个制动夹钳有一个松紧调节装置，当制动夹钳打开时，通过该装置保证制动盘和闸片之间的距离不变。

动车转向架配备了两个整体式制动盘，尺寸为 364mm × 60mm，每个制动盘均配置了防磨标志，以确定制动盘的最小厚度。制动盘的设计应采取有效的散热方式，提高散热系数和降低泵风效应。制动闸片采用有机摩擦材料制成，摩擦面积为 140cm^2，闸片易于更换，并配置磨损标志。

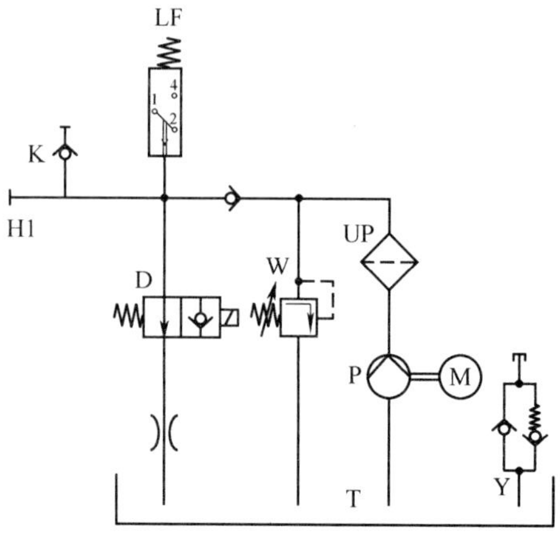

图 3-9　辅助缓解装置原理图

2. 拖车转向架液压制动设备

(1) 制动控制单元 制动控制模块 (KBGM-H) 处理列车控制单元 (VCU) 发送的制动请求，从而将相应的控制命令传输给电液控制单元 (EHU)，用来控制电液控制单元中的阀和液压泵，同时监测来自电液控制单元中用于控制的制动压力信息。

不同的电路板安装在一个箱子里，通过前面板上的连接器与电气接口相连。所有输入的控制信号在电池电压下工作，同时免受高达 750V 电压的干扰。带有微处理器单元包含了制动控制用的电气部件、拖车转向架的车轮防滑保护装置。

制动控制模块 (KBGM-H) 具有 MVB 和硬线接口，可以通过 MVB 总线与列车控制单元进行通信，同时也能接收/传输硬线信号，如图 3-10 所示。

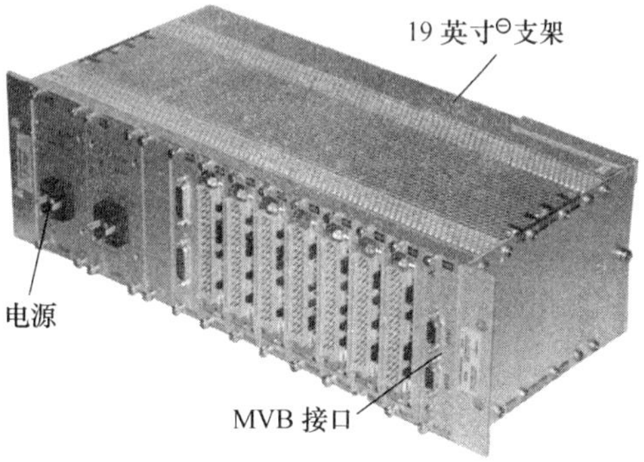

图 3-10 拖车制动控制单元

根据摩擦制动系统的实际工作状态，制动控制模块 (KBGM-H) 将“制动缓解”“制动施加”和“主要故障”等信号发给列车控制单元 (VCU) 用于诊断，制动控制模块 (HCM) 可以通过装置前端的 LED 灯显示事件实时状态 (无事件、实际事件或短暂事件)。

(2) 电液控制单元

1) 组成。电液控制单元 (EHU) 主要由两部分组成：压力供给部分和压力控制部分。其中压力供给部分主要包括液压泵 (P/M，带 DC24V 电动机)、油箱 (带气阀和油面观察镜)、油过滤器 (带旁路)、限压阀、单向阀、蓄能器压力传感器和维护用手动阀等。压力控制部分主要包括制动压力控制阀 AS、AT，压力传感器，安全制动阀和压力限制阀等，如图 3-11 所示。

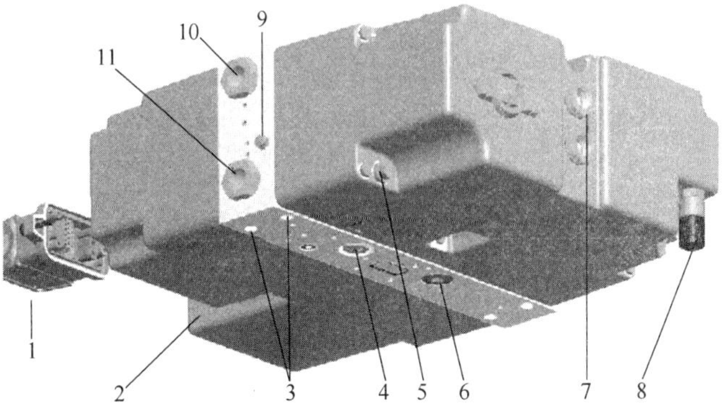

图 3-11 拖车电液控制单元

1—连接器组件 2—控制单元外壳 3—安装孔 4—手动阀螺塞 5—放油堵 6—回油过滤螺塞 7—油面观察镜 8—油过滤器 9—接地 10—蓄能器接口 11—被动制动接口

㊀ 1 英寸 = 25.4mm

2）基本功能。电液控制单元（EHU）主要有压力产生控制、常用制动、安全制动、停放制动、电动机液压泵控制、车轮防滑控制、液压制动装置诊断和维护等功能。

① 压力产生控制功能。压力的维护通过电液控制单元完成，电液控制单元控制电动机（M）的起停周期，并检测液压泵补充蓄能器时是否超时。电液控制单元检测液压油的供给压力。液压油从油箱抽出，经过油泵的作用后加压，然后通过过滤器（UP，为了防止过滤器堵塞，同时设有旁路）、单向阀（RS）保持供给回路压力。油箱同时带有通气阀连接到大气中，可避免在制动过程中油箱过压。液压泵给蓄能器供油，蓄能器作为一个能量存储装置，保证了液压泵低的工作周期。限压阀（W）用于电动机控制故障后的管路内过压，限压阀承受的最大供给压力大约为17MPa，如图3-12所示。

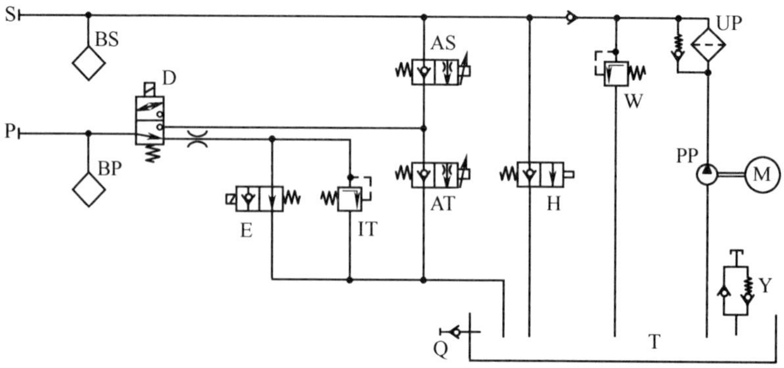

图3-12　拖车电液控制单元原理图

② 常用制动控制。EHU处理输入信息并结合车轮防滑建立相应的制动压力。制动指令与压力传感器BP的反馈值相比较，若反馈值与制动指令不符，则制动控制器通过PWM信号控制阀AS和AT的得电、失电，从而满足相应的制动指令。系统能快速地提高或降低压力来响应车轮防滑保护的修复，同时也能在冲击限制条件下精确地控制常用制动压力。液压油从液压泵到蓄能器，EHU通过控制阀AS、AT调整制动力的大小，压力传感器BP反馈施加压力的大小。EHU将油充到制动夹钳中。拖车转向架为被动式制动，阀AS充油缓解制动，阀AT放油施加制动。在正常运行过程中，安全制动阀D常得电，停放制动阀E在拖车转向架正常模式下常得电。

③ 安全制动功能。安全制动力由安全制动阀D和限压阀IT保证。正常操作过程中，液压油通过阀D通向制动夹钳，阀D通过列车线上的继电器操作。关闭通向阀D的电源，旁路控制电流。缩孔用于控制油的排放速率，限压阀IT用于限制最大施加压力。IT阈值（预设值为3.4MPa）可以预设并控制安全制动力，动车转向架和拖车转向架上的D阀动作是不进行防滑控制的。

④ 停放制动控制功能。除了D阀，E阀也失电后，液压回路中的油全部缓解所有的弹簧制动力，即停放制动通过D阀和E阀失电实现。

（3）液压泵控制模块　与动车液压泵控制模块相同。

（4）蓄能器　蓄能器通过弹性模板分为两个腔，一个腔充满预设压力的氮气，氮气被另一个腔的液压油压缩或膨胀。氮气腔在保护帽下有一个螺栓作为气阀，如图3-13所示。蓄能器用于能量存储并节约液压泵能力，当液压泵出现故障后，也可作为能量缸使用。蓄能器的工作压力范围为 12 ~15MPa。从 0MPa 到泵工作压力的时间少于 60s，从 12MPa 开始的工作时间为 10 ~15s。

（5）基础制动单元 拖车转向架配备了四个整体式制动盘，尺寸为 364mm×60mm。每个制动盘均配置了防磨标志，以确定制动盘的最小厚度。制动盘采取有效的散热方式，以提高散热系数和降低了泵风效应。

（6）车轮防滑保护设备 液压制动和车轮防滑控制同时工作。转向架配备两个速度传感器（G01）和两个测速齿轮（G02）记录车轮速度，信号由它们产生，并传递给制动控制单元进行车轮防滑保护。制动控制单元的车轮防滑控制逻辑激活电液控制单元（EHU）中的模拟转化阀，调整制动压力，使制动在一个合理的滑动范围内，以降低车轮擦伤的风险。

（7）磁轨制动器 每个转向架上装备了一对横向安装的磁轨制动装置，电磁阀采用 DC24V 电压，由蓄电池供电。制动器对磁轨制动工作进行监控，向司机提示系统中的所有故障。通过弹簧将磁轨制动器安装到转向架构架上，如图 3-14 所示，闸瓦和轨道之间的间隙为 2 ~16mm。磁轨制动器是防水、易于更换的，且其高度便于调节。在所需的最大速度下，磁轨制动器适于运行，通过安装支架，将制动力传递给转向架构架。

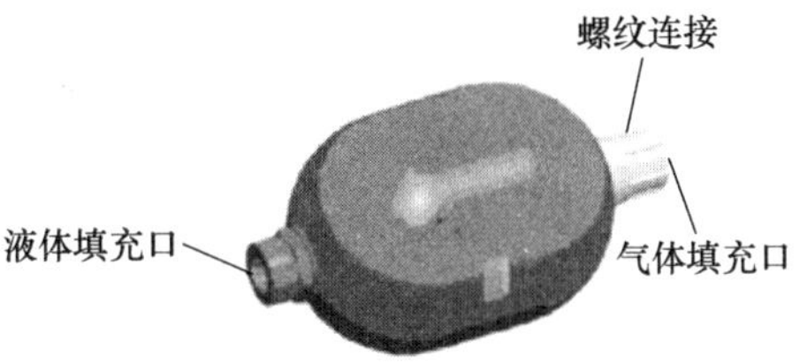

图 3-13 蓄能器

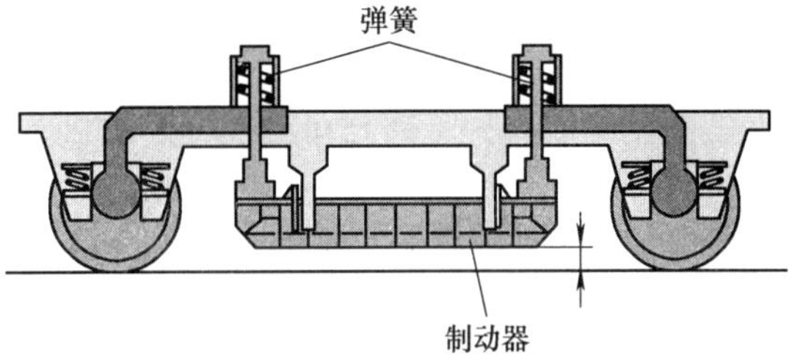

图 3-14 磁轨制动示意图

第四节 制动系统电气控制

一、制动控制

1. 常用制动

一般情况下，制动过程是由 ED 制动执行到接近零速。在列车接近零速时，机械制动会取代电制动（即保持制动，MB 上 0.5 级和 1 级的机械制动 + TB 上的机械制动）。电气-机械制动所转换速度为在 3 ~5km/h。

如果接触网能够接收能量，则制动能量会反馈给接触网，接触网接收的这部分能量能够继续给其他车辆使用。如果接触网不能接收能量，则制动能量将通过车顶的制动电阻转化为热能散发。

当牵引/制动手柄移动到“制动”区域时，常用制动即触发。制动命令将通过手柄的数据电缆通知给 VCU。另外，VCU 也会读取由牵引/制动手柄发出的“制动 NOT”列车线状态。这根列车线也送给驾驶控制单元（DCUs）和制动控制单元（BCU）。

同时，根据牵引/制动手柄的位移，会编译成相应的格雷码，该格雷码会传送给 VCU，从而产生相应的制动力。在常用制动期间，牵引箱中的主接触器保持闭合状态。

如果 ED 制动失败，制动系统将会触发 TB 上的 EH 制动。制动命令和制动力将通过 MVB 传送给 BCU，控制 TB 上的 EH 制动。

当速度大于 20km/h 的时候，如果车辆发生多次滑行，则 VCU 将触发每个 MB 上的磁轨制动。在防滑期间，VCU 会自动触发撒砂系统，直到数据记录仪检测到零速信号。

2. 危害制动（紧急制动 3）

当牵引/制动手柄移动到超过“制动”区域到达危害制动位置时，危害制动将被触发。“危害制动 NOT”和“制动 NOT”列车线的信号将发送给 DCUs、BCU 和 VCU。危害制动的 ED 制动力值在 DCUs 中已经设置好了；另外，TB 上的 EH 制动值也在 BCU 内设置好。这时的力比常用制动时大，此时，磁轨制动是由 VCU 激活并通过硬线控制的。

危害制动可由牵引/制动手柄取消。如果危害制动直到列车停止，ED 制动和机械制动（保持制动）在列车停止前会有一个切换。危害制动的状态会在 IDD 上显示出来。

危害制动期间，DCUs 会控制主接触器打开，用来切除牵引力；硬线信号会激活自动撒砂系统，直到列车停止；在激活司机室，警铃会工作，直到列车停止。

3. 安全制动

安全制动通过按压司机室的蘑菇按钮（EMPB）触发，丢失司机室激活信号也能触发。之后“安全制动 NOT”列车线将失电，列车施加安全制动。

安全制动期间，下列制动系统将激活并执行：

1）MB 上的 EH 制动（通过安全制动阀的硬线控制）。

2）TB 上的 EH 制动（通过安全制动阀的硬线控制）。

3）所有转向架上的磁轨制动（只要蘑菇按钮按下就执行，硬线、VCU 同时控制）。

4）牵引箱的主接触器断开（硬线控制）。

5）ED 制动关断（DCUs 内部）。

6）撒砂系统（蘑菇按钮锁住即触发，硬线控制）。

7）激活司机室的警铃动作（蘑菇按钮锁住即触发）。

8）MB 或 TB 上机械制动的紧急缓解被阻止（硬线控制）。

IDD 上将显示安全制动状态，同时安全制动信息将被存储下来，安全制动不可逆，直到列车停止。列车停止后，旋转蘑菇按钮使其复位，才能撤销安全制动指令。之后，所有制动系统、撒砂系统和警铃才能撤销。相对于危害制动或者其他制动，安全制动具有最大的优先权。安全制动没有冲击极限。

4. 强迫制动（紧急制动 1+2）

强迫制动由监控系统自动触发，它可由以下条件激活：

1）警惕按钮（数据记录仪的安全板监控）。

2）超速（安全板）。

3）门安全环路断开。

4）乘客紧急制动。

5）VCU 触发的机械制动故障（MB 或 TB 的 EH 制动意外施加或接收到缓解指令后无法缓解）。

6）牵引/制动手柄故障（VCU 监控、牵引/制动指令同时出现，或者惰行时出现力值等）。

7）列车运行期间移动了司控器（VCU 触发，包括改变方向等）。

列车设有“强迫制动 NOT”列车线，DCUs 和 BCU 都会接收这根列车线的状态信息。

在强迫制动过程中，ED 制动和 TB 上的 EH 制动将会激活，ED 制动力和 EH 制动力分别已在 DCUs 和 BCU 内设置好。IDD 上将会显示强迫制动的状态。在强迫制动过程中，如果有更高等级的制动触发或更大制动力的制动触发，将优先发生其他制动。

强迫制动无法撤销，直到列车停止。如果是 VCU 触发的强迫制动，在强迫制动结束并且需要发出牵引指令时，需要先把牵引/制动手柄打到 0 位。在发生多次滑行的情况下，如果速度大于 20km/h（具体数值在调试期间确定），则 VCU 会触发 MB 上的磁轨制动。

在必要情况下，司机可通过操作铅封开关——“强迫制动旁路开关”（FBBS），旁路所有的强迫制动指令。此时，IDD 上会显示旁路信息，并将其储存下来。此时也不允许乘客紧急制动。另外，IDD 上面的“旁路激活”指示灯也会通过硬线点亮。

对于所有触发强迫制动的条件，如门环路断开、乘客紧急制动等，列车的反应如下：

（1）有隧道的情况

1）零速时：封锁牵引信号。

2）开始运行时：列车开始运行的 8s 内，将施加强迫制动直到列车停止（在零速和门释放重置以后）。

3）列车高速运行时：强迫制动命令被安全板旁路；根据 IDD 上的信息，司机根据具体情况决定是否停车。

（2）无隧道的情况

1）零速时：封锁牵引信号。

2）开始运行/列车高速运行时：列车将施加强迫制动直到停止（在零速和门释放重置以后）。

5. 保持制动

当列车施加制动时，MB 上的 ED 制动在速度接近于 0（3～5km/h）时会被机械制动取代。此时，紧跟在 1 级机械制动后的 0.5 级机械制动会作为保持制动，直到列车达到零速。在每个 MB 上的 0.5 级、1 级制动时，通过 VCU 触发的“机械制动 0.5 级 NOT”和“机械制动 1 级 NOT”低电压信号来激活。

如果“保持制动缓解”硬线信号缓解，同时 MVB 信号“保持制动”在 VCU 内施加，则 BCU 会同时激活 TB 上的机械制动和 MB 上的机械制动。TB 上的保持制动力值是定义好的。

如果列车已经施加制动，而 VCU 激活保持制动的指令还没释放，则 TB 上的 BCU 会在低速（这个速度比 VCU 的设定值稍低）情况下一直施加保持制动。

当 VCU 故障后，列车将进入紧急牵引模式，此时 MB 上的机械制动将由 DCUs 激活。

MB 和 TB 上施加的机械制动会通过硬线信号传送给司机室，并在 IDD 上出现“至少一个机械制动施加”的指示。在至少一个机械制动没有缓解的时候，这个指示灯会在 IDD 上同步显示；当所有机械制动都缓解时，这个指示灯才熄灭。

6. 停放制动

MB 上的 2 级机械制动跟随保持制动，被 VCU 激活并作为停放制动（速度为 0.5～0.75km/h）。每个 MB 上的 2 级机械制动是通过“2 级机械制动 NOT”低电压信号来控制的。当 BCU 检测到有零速同时制动激活后，会自动在 TB 上施加停放制动。此外，当没有方向选择时，停放制动会被 VCU 和硬线同时发出。在惰行时（牵引/制动手柄在 0 位），列车速度为 0.5 ~0.75km/h 的情况下，会立即施加停放制动以达到停车的目的。在紧急牵引模式下，MB 上的停放制动由 DCUs 激活。

7. 机械制动缓解

如果牵引力值超过定义值，则 MB 和 TB 上的机械制动通过 VCU 缓解。紧急牵引模式下，通过 DCUs 缓解制动。如果出现了安全故障或者机械制动提前缓解，则安全板会做好列车保护。

8. 磁轨制动

在每个转向架上配有两套磁轨制动。磁轨制动可由下列条件激活：

1）危害制动。

2）紧急制动。

3）磁轨制动开关。

4）发生多次滑行，MB 上的速度大于 20km/h（速度在调试期间定义）。

5）紧急牵引模式下 DCUs 发出请求。

磁轨制动可由硬线或软件激活，高电压有效。磁轨制动也可由列车线“磁轨制动 ON”激活，此时列车上所有磁轨制动同时激活。这根列车线可由下列条件激活：

1）操作“磁轨制动施加”（RBS）开关。

2）司机把牵引/制动手柄拉到危害制动区域。

3）拍蘑菇按钮。

只要司机执行了上述相应的操作，磁轨制动就会保持激活状态，磁轨制动信息会通过数字量接口报告给 VCU。另一方面，VCU 通过数字量输出单独控制每个转向架上的磁轨制动：

1）防滑期间。

2）DCUs 发出制动请求。

3）危害制动（与硬线信号触发互不干扰）。

4）紧急制动（与硬线信号触发互不干扰）。

二、制动系统监控

1. 安全制动监控

安全制动按钮（EMPB）是自锁式的蘑菇按钮，不同车辆上的安全制动接触器都会被监控。安全制动按钮应该每天操作一次（列车零速的时候）进行测试，司机手册中有明确提示。

在没有安全制动触发条件的时候，列车不能施加安全制动。如果监控到无效的安全制动指令，则 IDD 上会显示错误，同时存储这个故障。

2. 磁轨制动监控

VCU 通过光耦控制器和数字量输入来监控磁轨制动回路。电源回路的监控用来检测常规问题（如电路断开），这时在磁轨制动激活之前就可以检测到故障并报告给 VCU。

关于磁轨制动的监控，左、右侧的光耦控制器状态会和每个转向架上的磁轨制动命令进行比较，并将比较的结果通知给 VCU。列车所有磁轨制动的硬线请求（危害制动、紧急制动）是读取了列车线“磁轨制动 ON”的状态。司机请求危害制动或紧急制动后一段时间，VCU 会确认磁轨制动是否激活。如果没有任何磁轨制动激活的反馈，VCU 将会判断硬线控制故障，IDD 上也会显示故障信息。

此外，磁轨制动断路器状态也将被监控。一旦 VCU 检测到故障断路器，所有磁轨制动都会报告失败，IDD 会生成故障信息并存储起来，同时会有速度限制。

3. MB 上的机械制动监控

每个 MB 上都有一个液压控制单元（HCM module）控制机械制动。VCU 和 HCM 之间通过数字量输入/输出实现通信。每个转向架上的机械制动 0.5/1/2 级通过“机械制动 0.5 级 NOT”“机械制动 1 级 NOT”“机械制动 2 级 NOT”单独控制。

列车刚开始运行时，如果有足够的牵引力（通过 DCUs 的反馈体现），则 MB 机械制动的是由 VCU 通知每个 MB 上的 HCM 来缓解的。

每个 HCM 会通过“至少有一个制动缓解”“所有制动施加”和“HCM OK”硬线指令向 VCU 报告制动状态。如果检测到 HCM 故障，IDD 上会显示并存储故障信息。该故障信息也会导致 HCM 的“至少有一个制动缓解”信号重置。

通过以上各种信号，每个 MB 上机械制动的施加和缓解状态都将被监控。通过监控可发现以下两种故障情况：

1）如果有牵引指令发出，由此会有一个机械制动缓解命令，但是经过一段时间后，机械制动并没有缓解，此时 IDD 会显示并存储故障信息。

2）如果有机械制动请求，经过一段时间后仍有缓解压力报告给 VCU，则 IDD 上会显示并存储该故障信息。

如果机械制动全部电气紧急缓解，则 VCU 的上述两个监控功能将封锁。如果上述两个监控有一条触发，牵引将封锁，同时施加强迫制动直到列车停止。IDD 上会显示故障信息，并告知司机对之后的机械制动执行电气紧急缓解。在司机能再次动车之前，制动必须已经紧急缓解。

4. TB 上的机械制动监控

TB 上的机械制动是由 BCU 控制的。VCU 和 BCU 之间通过 MVB 进行通信。同时，列车线“危害制动 NOT”“制动 NOT”“紧急制动 NOT”“缓解保持制动”“强迫制动 NOT”和“紧急牵引”将送给 BCU。上述制动都是低电压有效。

TB 上的机械制动是无级的，并具有防滑保护。常用制动期间，该制动力通过 VCU 修正，用以补充电制动的不足部分。在危害制动、安全制动和强迫制动期间，制动力值是在 BCU 内设置好的。列车刚开始运行时，在有足够的牵引力时，TB 上的机械制动是通过 VCU 的“缓解保持制动”指令来缓解的。BCU 通过 MVB 向 VCU 报告缓解力。

当存在“缓解力有效”信号时，TB 上的制动缓解/施加状态将被监控。通过监控可发现以下两种故障情况：

1）如果有牵引指令发出，由此会有一个机械制动缓解命令，但是经过一段时间后机械制动并没有缓解，则 IDD 会显示并储存故障信息。

2）如果有机械制动请求，经过一段时间后仍有缓解压力报告给 VCU，则 IDD 上会显示并存储该故障信息。

如果机械制动全部电气紧急缓解，VCU 的上述两个监控功能将封锁。如果上述两个监控有一条触发，牵引将封锁，同时施加强迫制动直到列车停止。IDD 上会显示故障信息，并告知司机对之后的机械制动执行电气紧急缓解。在司机能再次动车之前，制动必须已经紧急缓解。

此外，VCU 会监控 BCU 发过来的一些信号（包括 DCUs 执行的一些监控）。其中一项监控就是检查 BCU 发送给 VCU 的状态信号（如强迫制动、安全制动、危害制动等），以及从车辆读取的硬线信号。

BCU 故障信息通过 MVB 传送给 VCU，并且可以通过数字量输入信号读取。当 BCU 发生重大故障时，IDD 上会显示相应信息，同时存储该信息，列车也会限速运行。轻微故障仅作为故障信息存储。这两种情况下，BCU 的故障信息都会存储下来并在随后进行故障分析。

5. ED 制动监控

DCUs 和 VCU 都会监控 ED 制动。ED 制动在如下情况下判断为故障：

1）DCU 未准备好，但司机已经把牵引/制动手柄打到“牵引”位。

2）请求的制动力和实际制动力不同。

3）和 DCU 的 MVB 通信有误。

4）DCU/VCU 的监控报告错误。

VCU 会监控 DCUs 发过来的一些信号（包括 DCUs 执行的一些监控）。其中一项监控就是检查 DCUs 发送给 VCU 的状态信号（如牵引方向、牵引指令、常用制动、强迫制动、危害制动等），以及从车辆读取的硬线信号。

如果上述监控的功能发生故障，则 DCU 也会相应地判断为故障，IDD 上会显示并存储故障信息。司机会接收到所有牵引故障信息，每个故障信息是单独存储的。

6. 退行检测

如果列车发生了退行或意外移动，安全板会通过硬线信号自动触发机械制动。如果列车发生与选择方向相反方向的移动，或是列车非自主移动，安全板会检测到退行状态，并且激活机械制动。

在如下情况下列车移动时，安全板将会激活机械制动：

1）有方向选择时，列车向反方向移动。

2）没有方向选择。

3）两个方向都被选择。

4）没有司机室激活。

上述检测都是由安全板执行的。当列车达到零速后，退行检测会自动重置。

三、故障说明

1. 机械制动的电气紧急缓解

如果发生机械制动故障，每个转向架上的机械制动可以从司控台进行电气紧急缓解。电气紧急缓解系统的液压单元独立于一般制动控制的液压单元。通过万转开关——“紧急缓解选择开关”（ERS）以及“紧急缓解按钮”（ERPB），可以在激活司机室电气紧急缓解机械制动。通过操作紧急缓解选择开关（ERS），有如下几个档位：

1）MB1：可紧急缓解 MB1 的机械制动。

2）MB7：可紧急缓解 MB7 的机械制动。

3）TB3：可紧急缓解 TB3 的机械制动。

4）所有 MB + TB：可紧急缓解所有 MB、TB 上的机械制动。

操作了紧急缓解开关后，再按压紧急缓解按钮（ERPB），才可以激活电气紧急缓解。

在机械制动电气紧急缓解之前，列车有退行保护。

电气紧急缓解状态是通过紧急缓解单元的压力开关来监控的，并报告给 VCU。司机可以在 IDD 上读取每个机械制动的电气紧急缓解状态。如果已经存在电气紧急缓解的请求，但是经过一段时间后并没有有效的电气紧急缓解反馈，则 IDD 上会显示故障信息，同时会显示要求机械紧急缓解的请示。

当电气紧急缓解成功后，列车运行时将会受到速度限制。电气紧急缓解在如下情况将重置：

1）司机室关断。

2）列车休眠。

3）紧急制动。

4）紧急缓解开关置于 0 位。

5）退行检测。

电气紧急缓解不受其他制动请求的影响。

VCU 会监控电气紧急缓解列车线的状态。如果没有紧急缓解被激活，列车线上不会存在任何电压。这是为了保证在没有操作紧急缓解按钮（ERPB）的情况下，即使重新选择紧急缓解开关档位，紧急缓解列车线也不会激活。如果发生错误，IDD 上会显示并存储故障信息。

2. 机械制动的机械紧急缓解

维护人员可以对每个转向架上的机械制动进行机械紧急缓解。

VCU 不接收机械紧急缓解的任何信息。司机操作手册将说明正线运营时不能对机械制动进行机械紧急缓解，在进行机械紧急缓解的时候，列车不能退行或前进。反复地激活和关断电气紧急缓解，可以重置机械紧急缓解。

3. 制动转换

如果 ED 制动失败，MB 和 TB 上的机械制动会代替 ED 制动。如果牵引失败，IDD 上会显示并存储该故障。一个或几个制动系统出现故障时，将会进行限速运行。

4. VCU 或 MVB 故障

如果 VCU 或 MVB 发生故障，则 VCU 所有的输出都将关断。VCU 输出给每个 MB 上机械制动的列车线连接到一个警报继电器上，这个警报继电器在 VCU 或 MVB 出现故障时，会将每个 MB 上的机械制动控制列车线关断，并控制“制动 NOT”列车线。此时，只有当司机把牵引/制动手柄转到“制动”区域时，列车才制动。此时，MB 上的 2 级机械制动将启用，TB 上会启用预设好的常用制动值。如果司机激活了危害制动、磁轨制动和 ED 制动，将通过硬线触发制动。

当列车制动至零速时，应该操作紧急牵引开关进入紧急牵引模式。此时司机应该清客，并运行回库。

5. VCU-BCU 总线通信故障（TB）

如果在 TB 上的 VCU 和 BCU 数据通信故障，硬线信号“制动 NOT”“危害制动 NOT”

“紧急制动 NOT”和“强迫制动 NOT”对于 BCU 仍然有效，BCU 将会使用预设好的值代替常用制动。对于危害制动、安全制动和强迫制动，BCU 内也存储了默认值。

此时 BCU 的制动反馈已经无效，VCU 会报其故障。IDD 上会显示并存储重大故障，同时会提醒司机进行电气紧急缓解。在电气紧急缓解过程中，列车将限速。此时 MB 上的 ED 和 EH 制动仍然有效，因为 VCU 和 DCU、VCU 和 HCM 的通信仍然有效。

6. 24V 故障

如果列车 DC24V 供电故障（辅逆和蓄电池故障），则整个列车控制系统都将关断。此时，停放制动阀将被隔离，MB 和 TB 上都将施加最大的机械制动力（与停放制动大小相同）。

7. 紧急牵引模式

如果 VCU 或列车母线故障，列车可进入紧急牵引模式。旋转紧急牵引模式开关至“EO”位，即可激活紧急牵引模式。紧急牵引模式下，列车将限速运行，司机应清客并将列车驶入库中，然后退出运营。

列车紧急牵引模式有如下特性：

1）VCU 关断；列车网络控制无效；牵引、制动、机械制动缓解和撒砂系统由 DCUs 控制。

2）DCUs 和 TB 上的 BCU 直接从驾驶/制动手柄上接收“牵引”“制动 NOT”和“危害制动 NOT”指令。

3）DCUs 预设好了牵引和制动值。

4）牵引方向通过硬线信号送给 DCUs。

5）对于激活司机室来说，只能向前运行。

6）列车以限速 30km/h 运行。

8. 列车解编

如果在列车惰行期间突然发生解编情况，则所有车都将施加制动直到列车停止。当检测到列车解编时，所有车的机械制动都会通过硬线信号激活。此时，IDD 上会显示并存储该故障。

第四章 辅助系统

有轨电车的辅助系统主要由列车辅助供电系统、撒砂装置、轮缘润滑系统等组成。

一、列车辅助供电系统

列车辅助供电系统主要由辅助逆变器、蓄电池、AC380V 三相四线母线、DC24V 母线组成，为车辆提供三相 AC380V、AC220V、DC24V 电源，详细配置见表 4-1。

表 4-1 辅助设备配置

名称	BM7（CM7）	SM6	BM3	SM2	BM1（CM1）
辅助逆变器		辅助逆变器		辅助逆变器（含充电机）	
中压母线	AC 380V 母线				
蓄电池					1 组
低压母线	永久母线 BAT +				
	正常供电母线 WG +				
	负母线 BAT—				

车辆设置两台辅助逆变器，分别安装在 SM2 和 SM6 模块的车顶；设置一台蓄电池箱，安装在 BM1 模块的车顶。辅助供电系统的输出能满足车辆各种负载工况的用电要求，单台辅助逆变器的容量为 75kV · A，DC/DC 的容量为 12kW，当一台辅助逆变器发生故障时，不影响车辆的正常运营。蓄电池采用镍-镉结构，为 DC24V，其容量可满足车辆 30min 紧急供电。电池箱为玻璃钢制作。车辆设有三条 DC24V 低压正母线，其中两条由蓄电池输出开关控制，另一条由主控制器钥匙开关控制，所有的负载根据需要分别由这三条母线供电。

（一）辅助逆变器

辅助逆变器（AUX）将接触网 DC750V 电压变换为 AC380V 和 DC24V 输出电压，给车辆上的所有交流和直流负载供电。辅助逆变器采用微机控制并具有自诊断功能。

车载供电由两个辅助逆变器提供，它安装在模块 2 和模块 6 的车顶。辅助逆变器的 DC24V 控制直流电由蓄电池提供。如果蓄电池亏电，则人工升弓后，辅助逆变器内的紧急起动模块将接触网的 DC750V 直流电转换为起动内部控制的 DC24V 直流电。辅助逆变器的容量为 AC 输出 75kV · A，DC 输出 12kW。

每个辅助逆变器有自己的控制单元。VCU 软件的一部分负责辅助逆变器的控制，在控制逻辑上有优先级，辅助逆变器的内部故障会报告给 VCU。由辅助逆变器报告的接触网电源和蓄电池电压显示在 IDD 上。VCU 与辅助逆变器通信，获得辅助逆变器状态后，能实现以下三种功能：释放交流和直流负载；停止辅助逆变器（如在休眠过程期间）；在 IDD 上显示已标示的故障信息和电压值，并在诊断系统中保存这些信息。

1. 起动辅助逆变器

只要具备蓄电池的 DC24V 或接触网电压，就能起动辅助逆变器控制。如果蓄电池完全放电，则人工升起受电弓，辅助逆变器内紧急起动单元能将接触网电源转换为用来起动内部控制的 24V 直流电，充电机正常工作后为蓄电池充电。

2. 停止辅助逆变器

降弓时，为了避免产生电弧，VCU 停止辅助逆变器工作。

如果辅助逆变器已经停机，则会停止交流和直流输出。只要蓄电池提供 DC24V，辅助逆变器的内部控制逻辑就保持激活。如果辅助逆变器的输入电压（接触网电压）超出有效范围，则其将自动停止交流和直流输出电压供电。一旦输入电压再次在有效范围内，交流和直流电压就会自动供电。

3. 辅助逆变器状态显示

辅助逆变器通过以太网将其运行状态信息报告给 VCU。每个辅助逆变器报告 AC 和 DC 输出，输入电压值（接触网电压），其当前的交流频率、直流和交流输出电压及电流等信号，这些信号用于 VCU 执行指定功能（如负载释放信号）。辅助逆变器通过以太网将故障状态的详细信息提供给 VCU，在 IDD 上通过每个辅助逆变器收集的信息，将故障显示给司机且在诊断系统中保存。

（二）蓄电池

在 BM1 模块车顶安装一个容量为 145A・h 的蓄电池，由安装在 SM2 顶部的辅助逆变器内部充电机为其充电。在所有充电机都出现故障时，故障信息会显示在 IDD 上，车辆须清客返回车辆段。此时，为节约蓄电池的容量，VCU 会切断一部分直流负载，如客室正常照明，蓄电池可保证其余直流负载工作 30min 后能施加一次磁轨制动。蓄电池箱内设置有一个温度传感器，用于将箱体内的温度信息传输给充电机，充电机按照蓄电池的充电要求对充电电压进行温度补偿（温度补偿系数为 3mV/℃/cell）。

（三）DC24V 系统

DC24V 系统配置了 3 条母线，包括 2 条正母线和 1 条负母线，正母线分别为永久母线 BAT + 、车辆正常供电母线 WG + 。只要蓄电池有电，母线 BAT + 就带电；母线 WG + 仅在车辆激活后，蓄电池接触器接通后才可用。

1. 蓄电池接触器控制

只要车辆激活，旋转司机室的运营模式开关离开“0”位，蓄电池接触器闭合，然后蓄电池就为母线 WG + 提供 DC24V。在正常工作期间，为了允许执行车辆的关闭程序（关闭程序通常持续 2min，最多不超过 3min，以确保电动机冷却设备和加热系统的剩余热量消散），VCU 延迟蓄电池接触器打开。如果车辆在关闭程序完成前再次起动，则蓄电池接触器就不会打开。在紧急牵引情况下，当车辆关闭时，由于 VCU 未激活，蓄电池接触器将立即打开。

2. 负载分配

按照负载级别的高低，将负载分为三级负载。

（1）1 级负载　永久电源由蓄电池提供，只要蓄电池有电就总带电。1 级负载包括联挂和解钩控制部分供电、唤醒控制部分供电。

（2）2 级负载　受蓄电池供电接触器控制，而蓄电池供电接触器受列车唤醒按钮控制。2 级负载包括辅助变流器控制电源、牵引变流器控制电源、制动系统控制电源、车门控制单元、司机显示单元、客室紧急照明、客室空调控制单元、乘客信息系统、无线电控制单元等。

（3）3 级负载　受钥匙控制，是指除 1 级负载、2 级负载外的所有负载。

直流负载的详细分配如图 4-1 所示。母线 BAT + 与蓄电池正极输出直接相连，与其相连设备在任何需要使用的情况下都能获得直流电。

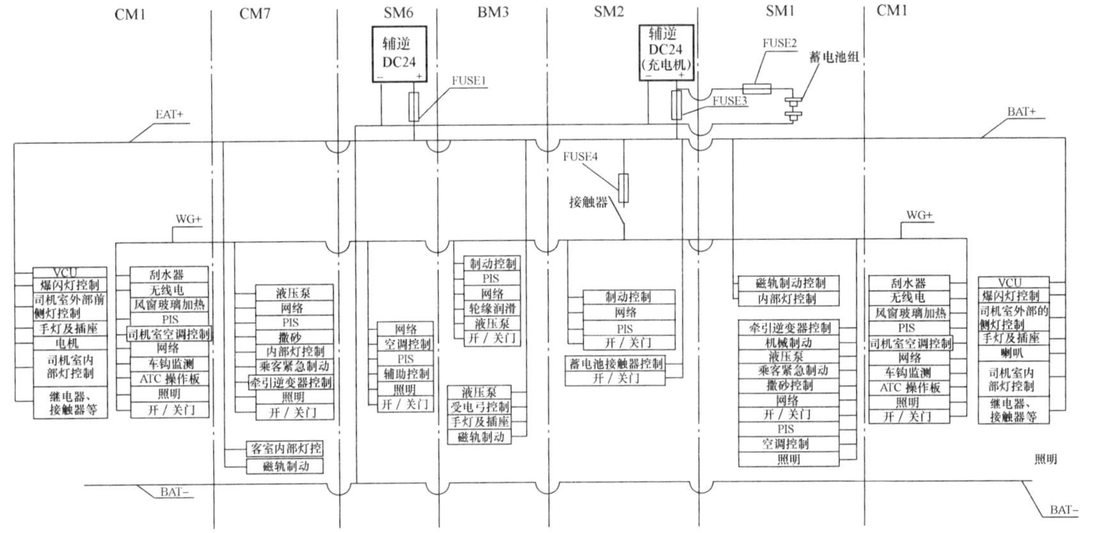

图 4-1　直流负载的分配

3. DC24V 供电控制

每列车设两台辅助逆变器，但仅 SM2 车顶的辅助逆变器为布置在 BM1 车顶的蓄电池充电，只要有一个辅助逆变器内的充电机是可用的，VCU 就会释放指定的负载（如正常照明）。蓄电池和充电机输出正端到母线 BAT + 间各设置一个熔断器，在母线 BAT + 与 WG + 间也设置一个熔断器，用来实现过电流和短路保护。

（1）一个充电机故障　两个辅助逆变器中的一个充电机出现故障时，剩余的充电机和蓄电池自动地负责 DC24V 分配，充电机的故障信息在 IDD 上显示且保存在诊断系统中；如负责给蓄电池充电的辅助逆变器出现故障，蓄电池则不再被充电。以上两种情况下，可正常运营直到当天结束。

（2）两个充电机故障　当两台辅助逆变器的充电机都出现故障时，故障信息会在 IDD 上显示并保存在诊断系统中，此时由蓄电池给直流负载供电，VCU 会切断客室正常照明。在这种情况下，蓄电池电压能保证紧急负载工作，车辆须清客并返回车辆段。

（四）AC380V/AC230V 系统

1. 供电要求

辅助逆变器的额定交流输出电压为 AC380V ±5%，50Hz ±1%。

2. 中压负载分配

每列车设有两台辅助逆变器，每个辅助逆变模块将 DC750V 逆变后，输出一路三相四线的 AC380V/50Hz 电源。全车设置一路三相四线中压母线，两台辅助逆变器交流输出并联给中压母线供电，其中任一相与中线构成 AC220V 电源，为方便插座供电。两台辅助逆变器的交流输出可实现同步，不需要 VCU 介入。中压负载的详细分配如图 4-2 所示。AC380V 负载有 BM1 和 BM7 车顶的牵引逆变器冷却风机、BM1 和 BM7 车的司机室空调、SM2 和 SM6 车顶的客室空调。

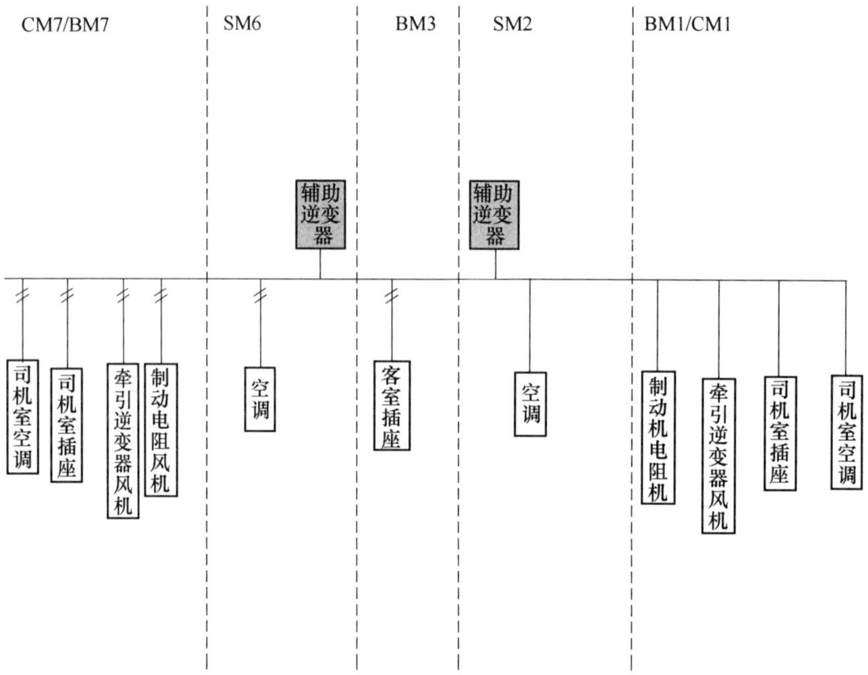

图 4-2　中压负载的详细分配

AC220V 负载为布置在 CM1、BM3、CM7 中的方便插座。

3. 交流供电控制

（1）AC380V 供电　每列车配置两台辅助逆变器，两台辅助逆变器同步提供 AC380V 电源，只要两个辅助逆变器到 VCU 的信号说明交流输出模块可用，VCU 就释放交流负载（空调）。

（2）AC220V 供电　在 CM1、BM3、CM7 客室内设置有 AC220V 插座。

（3）一台辅助逆变器交流模块故障　如果一台辅助逆变器的交流输出模块出现故障，故障信息将通过硬件数字输入报告给 VCU，并会在 IDD 上显示，且保存在诊断系统中。空调等交流负载正常工作，车辆可一直正常运营到当天结束。

（4）两台辅助逆变器交流模块故障　如果两台辅助逆变器的交流输出模块都出现故障，每个辅助逆变器的交流输出将被复位，车辆失去交流供电电源，因牵引逆变器风机无法正常运行，车辆必须等待救援。故障信息会在 IDD 上显示，并保存在诊断系统中。

（5）紧急牵引时的交流供电　紧急牵引期间，不能和 VCU 进行通信。辅助逆变器独立起动，用 AC380V/50Hz 给交流负载供电。司机室的空调单元仍保持激活且切换到自动模式，温度为默认设定温度，可以进行加热、制冷和通风。客室空调机组关闭所有的加热/制冷功能单元，仅可以通风。如果一个辅助逆变器的交流供电模块出现故障，车辆能够驾驶直到当天运营结束，没有进一步限制，但是这种情况下没有 IDD 报告或 VCU 不能提供输入到诊断系统。

（五）辅助系统与车辆电路接口 I/O 信号清单

辅助系统与车辆电路接口 I/O 信号清单见表 4-2。

表 4-2 I/O 信号清单

网络设备	输入/输出	信号名称（监控位置）	信号类型	有效值	期望的功能
DX2	输出	蓄电池接触器闭合 1	持续	高电压有效	闭合蓄电池输出接触器，给 WG + 母线供电
DX2	输出	蓄电池接触器闭合 2	持续	高电压有效	闭合蓄电池输出接触器，给 WG + 母线供电
DX2	输入	蓄电池接触器已闭合	持续	高电压有效	监视到蓄电池输出接触器已闭合
DX2	输入	辅助逆变器交流输出正常	持续	高电压有效	监视辅逆交流输出正常
DX2	输入	辅助逆变器直流输出正常	持续	高电压有效	监视辅逆直流输出正常
DX2	输入	SM2 车空调交流供电断路器闭合	持续	高电压有效	监视到 SM2 车空调交流供电断路器闭合
DX2	输入	SM6 车空调交流供电断路器闭合	持续	高电压有效	监视到 SM6 车空调交流供电断路器闭合
DX2	输入	SM2 车 AC380V 供电断路器闭合	持续	高电压有效	监视到 SM2 车 AC380V 供电断路器闭合
DX2	输入	SM6 车 AC380V 供电断路器闭合	持续	高电压有效	监视到 SM6 车 AC380V 供电断路器闭合
DX2	输入	SM2 车永久母线供电断路器闭合	持续	高电压有效	监视到 SM2 车永久母线供电断路器闭合

二、撒砂系统

（一）概述

苏州有轨电车 1 号线的所有动车转向架都配备了撒砂装置，因此该车上一共有 8 个撒砂装置，撒砂软管安装在行进方向的前轮上，撒砂装置根据车辆行进方向，对动车转向架的前轴轮轨间进行撒砂。因此在每次行进中，全列车有 4 个撒砂装置处于工作状态，如图 4-3 所示。

车辆通常使用撒砂装置来提高驱动车轮和钢轨之间的黏着；同时根据需要，制动时在轮轨间撒砂，使车辆减速度达到运营要求。

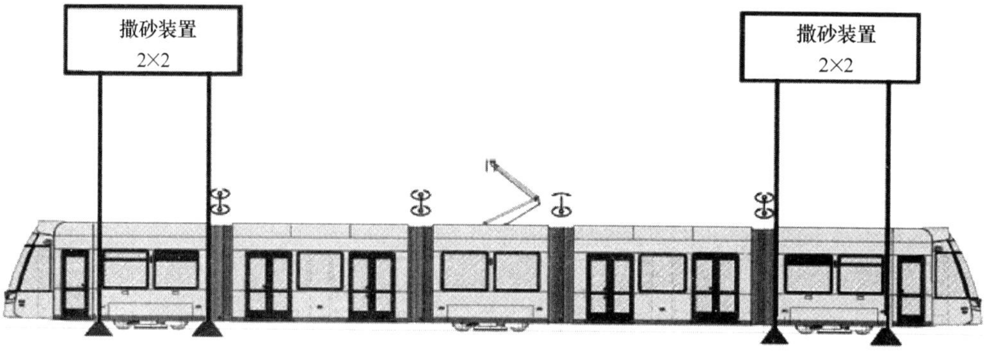

图 4-3　撒砂系统布置图

撒砂系统由砂箱、排放单元、压缩机单元、输送管、填充瓣阀、电量指示器、加热装置及撒砂喷嘴组成，如图 4-4 所示。

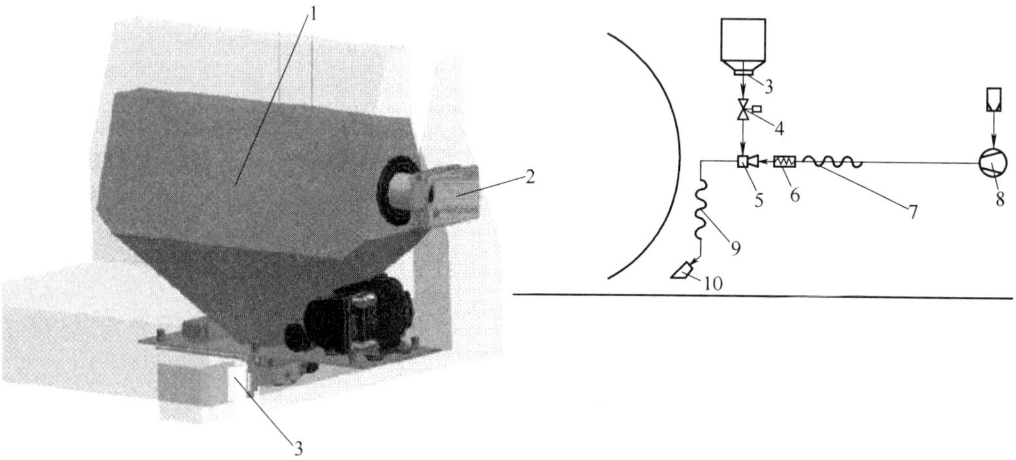

图 4-4　撒砂系统的组成

1—撒砂箱　2—填充瓣阀　3—砂箱出口　4—撒砂配量和关闭设备　5—喷砂器　6—止回阀
7—压力柔性管　8—空气压缩机　9—进砂软管　10—撒砂管

(二) 撒砂系统的优点

1）能够喷撒低容量的砂（300g/min）。

2）撒砂量可以轻松调节（300～1800g/min）。

3）喷砂软管的喷砂角度小于 30°。

4）结构简单，维护成本低。

5）空气压缩机模块为免维护设计。

6）具有撒砂后吹功能，保证了撒砂系统工作可靠与稳定。

(三) 安装及使用

撒砂系统的储藏、排放、配量、装填部件采用模块化设计，作为整体预装单元通过螺栓安装至乘客座椅后方，撒砂模块在乘客座椅处设置有四方锁，以防止乘客的误操作。撒砂装置的砂量填充口通过在车体侧墙上开孔而安装在侧墙上，并配有四方钥匙，因此可以轻松地在车侧实现加砂，如图 4-5 所示。

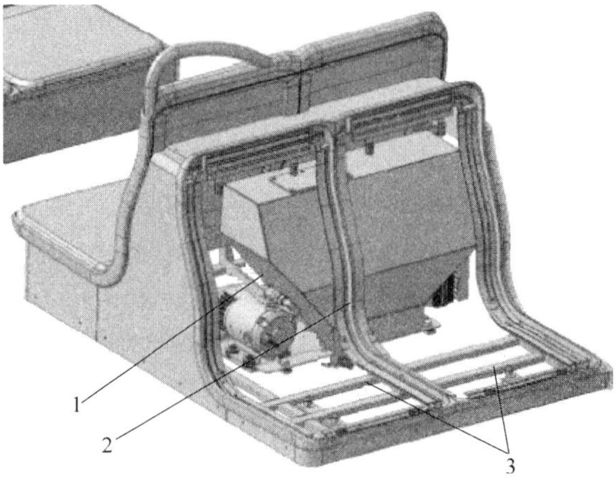

图 4-5 撒砂系统安装图

1—压缩机 2—配量单元 3—座椅骨架

撒砂系统带有压缩空气，通过小尺寸的压缩机实现。压缩机不仅实现了撒砂功能，并在撒砂完成后提供后吹功能，保证了撒砂系统内部的清洁畅通。压缩机与砂箱一起安装至座位后方的安装盒内，安装盒有效降低了撒砂装置所产生的噪声。压缩机通过端子排实现电气连接，方便后期的维护保养。

（四）撒砂装置的激活方式

撒砂装置有三种激活方式。

1. 手动激活

司控台设有撒砂开关，司机可以根据自己的需要手动激活撒砂装置。

2. 紧急制动

在紧急制动模式下，通过车辆控制激活撒砂装置。

3. 滑行或空转

防滑系统与撒砂装置联锁，检测到滑行或空转时，撒砂装置将自动激活。

撒砂装置激活时，气动阀（车辆侧）以及配砂关闭设备同时激活，可以放砂。通过填充功能将砂石吸入空气中，然后通过砂石软管输送至轮缘间隙。

输砂的气流为时间控制类型，输砂结束后，气流吹动持续数秒，以吹走输送管中的砂石及灰尘。

砂箱上安装了砂量指示器，可以监测砂箱中的砂量，当砂量不足时，可通过 MVB 网络将信息反馈至司机室的 IDD 上。

三、轮缘润滑系统

列车行经小半径曲线时，车轮凸缘会与轨道接触，使轨道与车轮之间产生摩擦，继而磨损凸缘，产生噪声。为了避免此现象，拖车转向架上配备了一套轮缘润滑系统。独立的车轮凸缘润滑装置配备有一台空气压缩机和油脂泵，从侧壁的活盖处往润滑油箱（6L）中注油，通过油箱上安装的液位指示器可以看出加注的油位，此外司机操纵台也能显示油箱的油位。轮缘润滑装置的运行电压为 DC24V。当车速大于 5km/h 时，从车辆生成信号，轮缘润滑装置通过 VCU 自动起动。每间隔 120 ~ 300s 喷洒一次，每次喷洒持续 6s。如果车辆为静止状态，则轮缘润滑装置为不可用状态。

第五章 车内环境控制设备

有轨电车车内环境控制设备主要有空调装置、室内照明与室外指示照明系统以及为乘客服务的广播系统和乘客信息显示系统。

第一节 空调装置

一、概述

有轨电车车辆空调系统一般由两台司机室空调机组和两台客室空调机组构成，安置于车辆顶部，空调控制盘安装在空调机组内部。

（一）设计技术参数

车外空气参数：室外计算干球温度为34.6℃，湿球温度为28.2℃。

车内空气参数：室内干球温度为26℃，相对湿度为40%~65%。

（二）有轨电车空调系统的组成

顶置式单元空调机组由蒸汽压缩式制冷系统、室内通风系统、废排装置、排水装置、空调控制盘和紧急逆变器等组成。在夏季，车内的热、湿负荷由空调机组内的制冷系统排出车外，保持车内空气温度在26℃左右，相对湿度在65%左右。在冬季，由列车空调机组内的电加热器或热泵制热系统对车内补偿热量，以保持车内温度在18℃左右。电车各模块空调系统的配置见表5-1。

表5-1 空调系统配置表

设备 \ 车型	CM	BM	SM
空调机组	1台	—	1台
送风道	1套	1套	1套
回风道	1套	—	1套
废排装置	1套	1套	—
排水装置	1套	1套	1套

二、客室单元式空调机组的结构与工作原理

（一）顶置式空调机组的结构

客室顶置式空调机组的主要部件包括不锈钢壳体、滤网、空气净化装置、压缩机、蒸发器、冷凝器、通风机、冷凝风机、干燥过滤器、视液镜（带湿度指示）、温度传感器、节流装置、电加热或四通换向阀和保护元件等。客室空调装置的基本技术参数见表 5-2。

表 5-2　客室空调装置的技术参数

项　　目	技 术 参 数
制冷量	45kW
制热量	18kW（2×9kW）
送回风方式	下送下回
额定送风量	$5000m^3/h$
新风量	$1500m^3/h$
机外静压	约 200Pa
制冷剂	R407C
质量	≤830kg
外形尺寸（长×宽×高）	3300mm×1600mm×575mm
主回路输入电压	3P，AC380V，50Hz
控制回路输入电压	DC 24V
通风机功率	2×0.98kW
冷凝风机功率	2×1.5kW
压缩机功率	名义制冷量：2×7.58kW；高温工况：2×9.9kW
额定制冷量消耗功率	20.2kW
最大功耗功率（冷凝器吸入温度为45℃时）	24kW

（二）顶置式空调机的工作原理

空调制冷系统是一种将低温热源的热量转移到高温热源中去的装置。为了连续不断地制冷，需用压缩机将已汽化的低压蒸汽从蒸发器中吸出，并对其做功，压缩成高压的过热蒸汽，再排入冷凝器中（提高压力是为了使制冷剂蒸汽容易在常温下放出热量而冷凝成液体）。在冷凝器中利用空气进行冷却，将高压的过热蒸汽冷凝成液体并带走热量，制冷剂液体又从冷凝器排出，通过节流元件节流降压后送入蒸发器内进行汽化，吸收车内的热、湿负荷，使车内的温度与湿度维持在规定的范围内，满足乘客的舒适性要求。

（三）压缩机

空调制冷系统的压缩机为全封闭立式涡旋压缩机或变频压缩机，其结构如图 5-1 所示，压缩机是制冷系统的唯一动力机械，起到了“心脏”的作用，它由电动机带动，压缩和推动制冷剂气体，把制冷剂蒸汽从低压状态压缩至高压状态，创造了制冷剂液体在蒸发器中低温汽化制冷和在冷凝器中常温液化的条件。涡旋式压缩机的结构如图 5-2 所示。压缩机电动机及其控制系统设有过热、短路、过载、断相保护，并设有低压和高压压力保护。压缩机通过橡胶减振器安装在空调机组箱体内，可以降低列车运行过程中产生的振动。全封闭立式涡旋压缩机具有性能安全可靠、噪声低等优点，其工作寿命大于 50000h，期间无需大修。

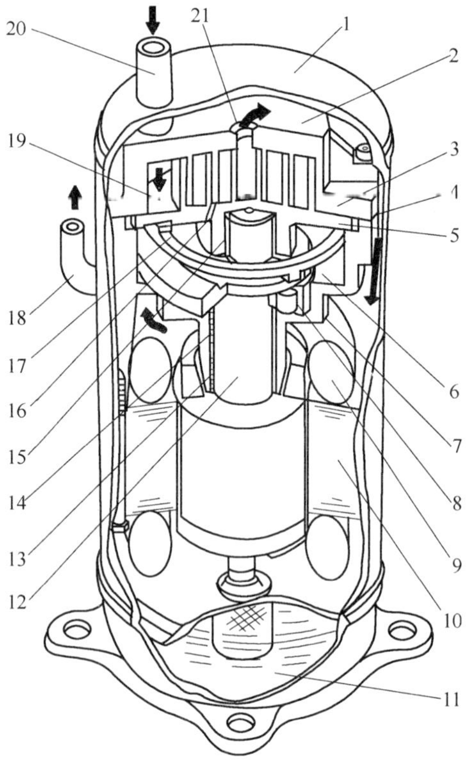

图 5-1　空调用涡旋式压缩机结构图

1—外壳　2—排气室　3—涡线定子　4—排气通路　5—涡线转子　6—中间压力腔　7—电动机室　8—机座
9—电机绕组　10—内置电动机　11—润滑油　12—偏心轴　13—轴承　14—密封　15—滚珠轴承
16—中间压力孔　17—十字联轴环　18—排出管　19—吸气室　20—吸气管　21—排气口

（四）空气冷却式冷凝器

空调制冷系统的冷凝器是一个制冷剂向外放热的热交换器。自压缩机排气口经油分离器来的高温高压制冷剂蒸汽进入冷凝器后，将热量传递给周围介质（空气或水等），其自身因受介质的冷却凝结为液体。空气冷却式冷凝器是用空气作为冷却介质来冷却制冷剂过热蒸气的设备。其结构形式多为蛇形盘管式，因为空气侧的换热系数小，所以在蛇形盘管外加翅片，以增强传热。制冷剂过热蒸汽在管内冷凝放热，空气在管外流动将热量带走。有轨电车用空调机组的冷凝器采用内螺纹铜管套亲水膜铝翅片，如图 5-3 所示，它具有足够的强度和刚度，易于清洗，下面有落水盘，以保证雨水排放顺畅。

制冷时，来自压缩机排出的高温高压 R407C 制冷剂气体通过冷凝器时，在外界空气的强制对流冷却下，变成常温（约 50℃）高压的冷媒液体，进入节流元件。

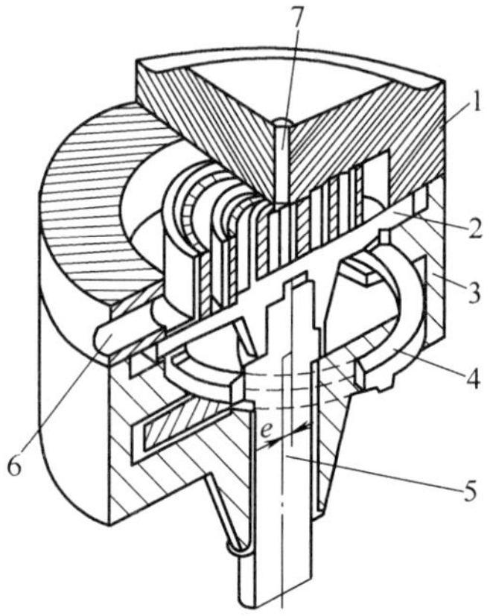

图 5-2　涡旋式压缩机结构

1—动盘　2—静盘　3—机体
4—防自转环　5—偏心轴
6—进气口　7—排气口

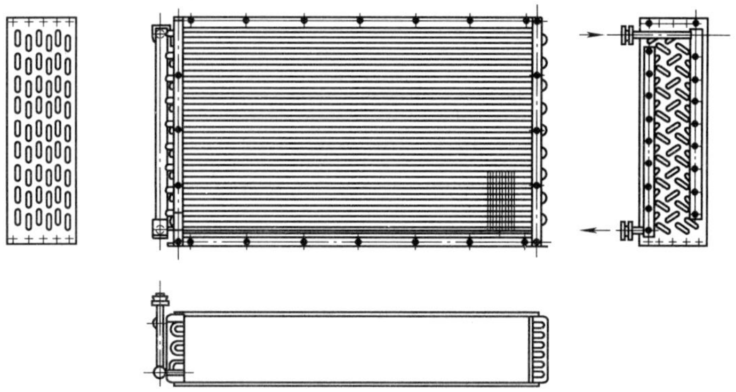

图5-3　空气冷却式冷凝器

强迫对流空气冷却式冷凝器一侧设置轴流风机或离心风机来加速空气流动，风机用电动机驱动。冷凝器的盘管一般用 ϕ10mm × 1mm ~ ϕ16mm × 1mm 的纯铜管制成，管外使用套片式翅片。翅片厚0.2 ~0.6mm，片间距在2 ~4mm。空气在风机的作用下，以2 ~3m/s 的迎面速度横掠肋管束，吸收并带走盘管内制冷剂冷凝时释放的热量。

冷凝器框架采用具有足够强度及刚度的耐蚀铝合金结构。冷凝风机电动机为3相AC380V/50Hz 交流电动机。电动机防护等级为IP56，绝缘等级为F级，适合在湿热环境下工作。风机电动机的控制系统具有过热、过载、短路和缺相保护。压缩机设正联锁，冷凝风机不运转时，压缩机不能起动。

（五）冷却空气的蒸发器

冷却空气的蒸发器都是制冷剂在管内蒸发直接冷却空气，在这种蒸发器中，制冷剂在管内蒸发，空气在风机的作用下从管外流过。图5-4所示为冷却空气的蒸发器构造示意图。它的外形和结构都与空气冷却式冷凝器相似。蒸发器采用 ϕ10 ~ ϕ18mm 的内螺纹铜管套0.2mm 厚的亲水膜铝翅片结构，翅片的形状及间隔使蒸发器易于清洗，凝结水排放顺利，低温、低压的气液混合冷媒在蒸发器内蒸发，循环空气的热量与湿量被蒸发器内的冷媒吸收，温度降低。当蒸发器用于空调时，肋距为2 ~4min；风机蒸发器的传热系数小，当迎面风速为2 ~3m/s 时，其传热系数为29 ~35W/(m^2 · K)。

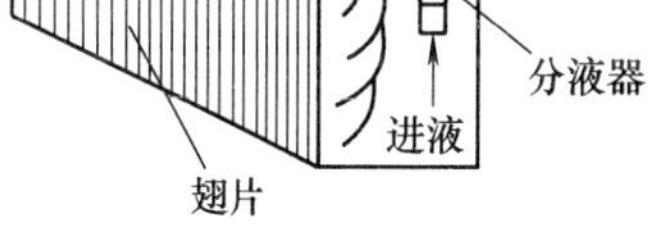

图5-4　冷却空气的蒸发器

蒸发器框架采用具有足够强度及刚度的耐蚀铝合金结构，风机电动机为3相AC380V/50Hz 交流电动机。电动机防护等级不低于IP54，绝缘等级为F级，适合在湿热环境下工作，具有效率高、噪声低、运转平稳等优点。风机电动机的控制系统具有过热、过载、短路和缺相保护。通风机和压缩机设正联锁，通风机不运转时，压缩机不能起动。

（六）节流装置

有轨电车空调制冷系统的节流装置有两种形式：一种是采用内径为0.5 ~2mm，长度为

1～4m 的纯铜管作为毛细管，另一种是与变频压缩机配套的电子膨胀阀。节流是压缩式制冷循环不可缺少的四个主要工作过程之一。节流机构的作用是将从冷凝器中出来的高压液体制冷剂节流降压为蒸发压力。其基本原理是使高压液态制冷剂受迫流过一个小过流截面，如图 5-5所示，产生合适的局部阻力损失（或沿程损失），使制冷剂压力骤降，与此同时一部分液态制冷剂汽化，吸收潜热，使节流后的制冷剂成为低压低温状态。毛细管的优点是无运动件，不会磨损、不易泄漏、制造容易、价格便宜、安装方便；其缺点是流量小，不能随时随意进行人为调整。

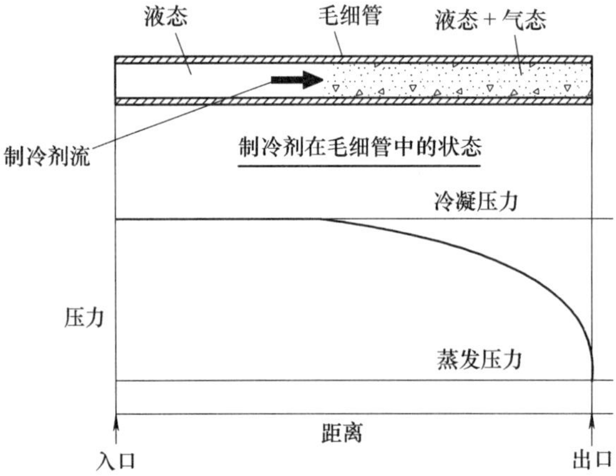

图 5-5　毛细管中制冷剂压力及状态变化

电子膨胀阀（图 5-6）应用在智能控制的变频式空调系统中，它利用被调节参数产生的电信号，控制施加于膨胀阀上的电压或电流，进而达到调节供液量的目的。电子膨胀阀的优点是流量调节范围大、控制精度高、适用于智能控制，能适应高效率制冷剂流量的快速变化。

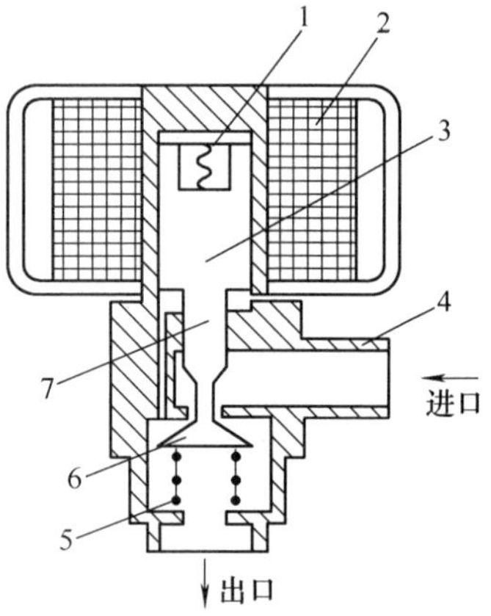

图 5-6　电磁式电子膨胀阀

1—柱塞弹簧　2—线圈　3—柱塞
4—阀座　5—弹簧
6—针阀　7—阀杆

（七）干燥过滤器

制冷系统中的液体管路内装有干燥过滤器，如图 5-7所示，用于过滤制冷剂中的残余杂质，并吸取制冷剂中的残留水分和酸，以防止金属表面锈蚀以及油和制冷剂分解，并可防止电动机烧坏。同时过滤杂质和微粒，从而降低压缩机的磨损，从而延长压缩机的使用寿命。

（八）电加热器

每台空调机组设两组功率为 9kW 的电加热器，设有两级保护装置，一级保护装置采用温度开关，可自动复位；二级保护装置采用熔断器，动作后需要更换。

（九）电磁四通换向阀

电磁四通换向阀专门用于热泵型空调系统中，通过电磁换向阀的自动换向来改变制冷剂流动的方向，实现制冷、制热的转换。电磁换向阀主要由控制阀与换向阀两部分组成，通过控制阀上的电磁线圈和弹簧的作用力，打开和关闭其上的毛细管通道，使换向阀换向。电磁

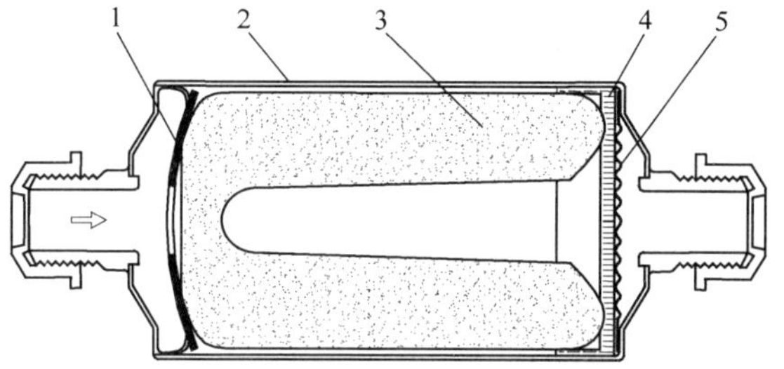

图 5-7 干燥过滤器

1—弹性膜片 2—筒体 3—过滤芯 4—聚酯垫 5—波形多孔板

换向阀的工作原理如图 5-8 所示，制冷工况时，由于受电源换向开关的控制，换向阀的电磁线圈的电源被切断，衔铁在弹簧 3 的推动下向左移，阀芯 A 将右阀孔关闭，阀芯 B 把左阀孔打开。制热工况时，电源换向开关将换向阀电磁线圈的电源接通，线圈产生磁场，衔铁被磁场吸引，向右移动，阀芯 A 打开右边阀孔，阀芯 B 关闭左边阀孔。

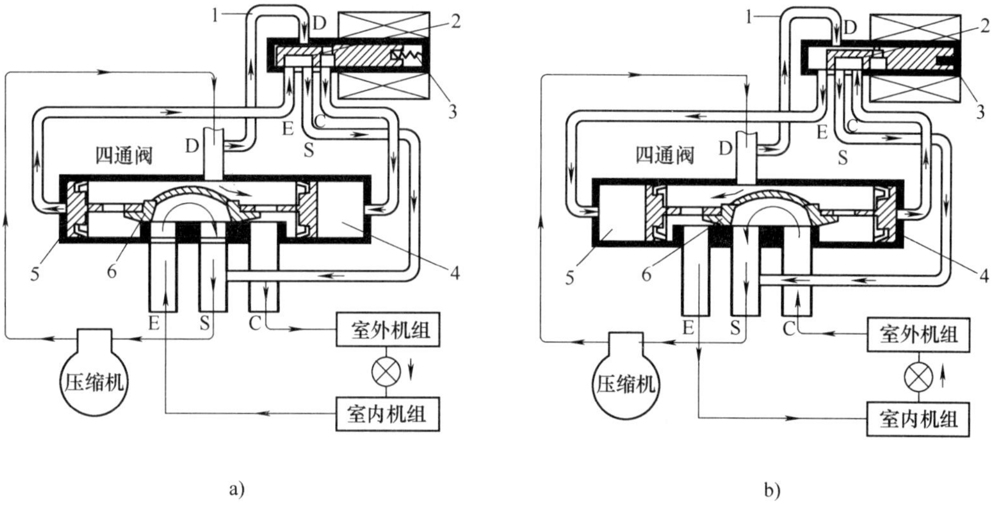

图 5-8 电磁式换向阀的工作原理图

a）制冷工况 b）制热工况

1—毛细管 2—电磁导阀滑阀 3—弹簧 4—右气缸 5—左气缸 6—滑阀

（十）制冷系统的构成

顶置式空调机组由两套独立的制冷系统组成，如图 5-9 所示。夏季工作时，根据客室内负荷的变化，可以一套制冷系统的工作实现弱冷工作过程，也可以两套制冷系统的工作实现强冷工作过程。

三、客室通风系统的构成

（一）送风道

送风道主要由多层玻璃纤维强化酚醛泡沫板制成，厚度一般为 6mm 和 10mm，安装座、

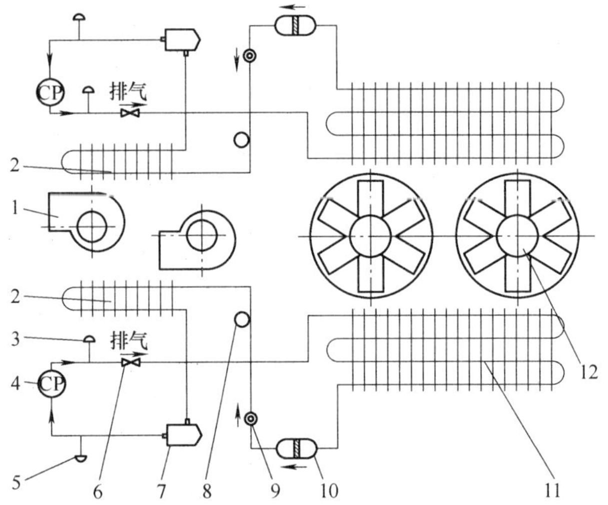

图 5-9　客室空调制冷系统

1—蒸发风机　2—蒸发器　3—高压开关　4—压缩机　5—低压开关　6—止回阀　7—气液分离器　8—毛细管　9—视液镜　10—干燥过滤器　11—冷凝器　12—冷凝风机

导流板、加强筋、风道连接法兰等部件采用铝合金 5754-H22 和 6060-T6 材料。风道内经空调处理后的风送入顶部区域，通过顶板小孔（图 5-10）送风方式送入车内，每个 SM 模块送风道与回风道合二为一，回风通过门头上部的格栅和四个端部的回风道回至机组内。

图 5-10　车内顶部送风道与孔板送风口

（二）新风与回风系统

空调机组中设有新风栅，可满足每台空调新风量大于 $1500m^3/h$ 且整车新风量大于 $3000m^3/h$ 的要求。新风栅采用防水结构且每个新风入口均设有过滤网，可防止雨雪、尘土进入客室。所有新风均经过空气过滤网，在新风阀处设置滤网，对新风进行初步过滤。过滤网便于拆卸，易安装、易洗涤、能互换，符合 EN779 中 G2 等级的要求。为了保证车内含尘量不大于 $0.5mg/m^3$，过滤网的材料应符合 DIN EN779 中 G3 等级的要求，即可重复使用、易洗涤，洗涤周期不低于 1 个月，更换周期不低于 4 个月（具体需根据线路空气质量调整）。过滤网材质为无纺布材料，滤材拆卸清洗、更换方便。客室回风道与回风口的设置如图 5-11 所示。

（三）废排装置

废排装置设置在车体侧墙处，通过侧墙上的冲孔自然将车内废气排出车外。风量为 $3000m^3/h$。各设置 2 个废排口，BM3 模块设置有 4 个废排口。室内正压在 30～50Pa 范围内。

（四）排水装置

机组冷凝水和雨水散排至车顶端部，通过顶部螺栓固定的滤网（1.5mm 不锈钢），再经端部水管排至车下。

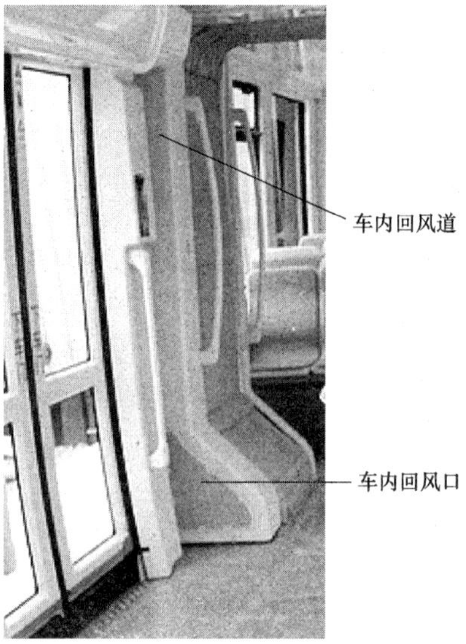

图 5-11　客室回风道与回风口的设置

四、司机室空调机组

司机室采用独立的空调机组，其部件主要包括控制单元、压缩机、冷凝器、蒸发器、冷凝风机、蒸发风机、温度传感器、新风阀、机组内电加热或四通换向阀等。

司机室空调制冷系统的组成如图 5-12 所示，它由全封闭的涡旋式压缩机、风冷式冷凝器、冷却空气的蒸发器、毛细管或电子膨胀阀、干燥过滤器等构成一套独立的制冷系统，使司机室具有舒适的工作条件。司机室空调机组的主要技术参数见表 5-3。

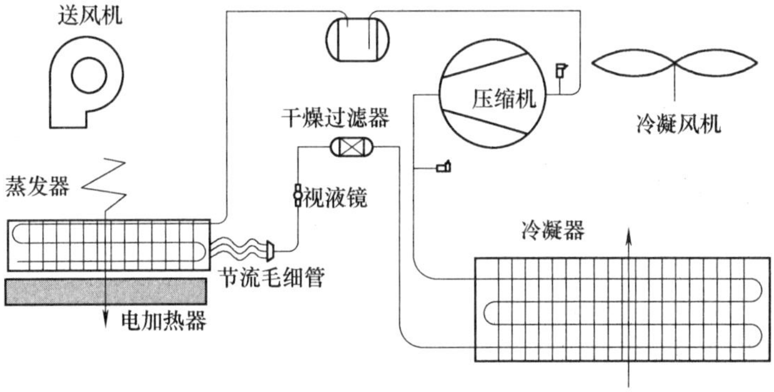

图 5-12　司机室空调制冷系统

表 5-3　司机室空调机组的主要技术参数

型　式	顶置单元式（前出前回风）
制冷量	4.5kW
电加热功率	3kW
电源	主回路：3 相 380V/50Hz
	控制回路：DC24V
通风量	$500m^3/h$（含新风量 $50m^3/h$）
机外静压	≥200Pa

（续）

型　式		顶置单元式（前出前回风）
制冷剂		R407C
压缩机	型式	全封闭立式涡旋压缩机
	额定功率	1.92kW
	台数	1 台
蒸发器		铜管套铝翅片
室外风机	型式	轴流式
	防护等级	IP56
	绝缘等级	F
	额定功率	0.37kW
	使用台数	1
冷凝器		铜管套铝翅片
室内风机	型式	离心式
	防护等级	不低于 IP54
	绝缘等级	F
	额定功率	0.25kW
	使用台数	1
节流方式		毛细管节流
外形尺寸（长×宽×高）		700mm×1700mm×400mm（不包括安装座尺寸）
机组质量		≤150kg

司机室空调通风系统将空调机组处理的空气送入送风道后，自下往上送入司机室，室内空气由上方回风口经回风道进入空调机组，形成司机室置换通风的方式，很好地保证了司机室的空气品质。

五、客室净化装置

空调机组中装有光等离子空气净化器，它安装于空调机组回风口附近，可以实现杀菌、消毒、防霉、分解化学气体、去除异味、沉降颗粒、清新空气等功能。其原理是利用深频紫外光与空气中的水分子和氧分子反应，释放大量的光等离子团。这些光等离子体可杀灭空气中及物体表的细菌、病毒等微生物，同时降解空气中的有害化合物。

该净化装置是针对车辆情况专门设计的，设备结构设计的各项指标符合和适应轨道列车的实际应用，抗振能力强、能耗低、安装简便，通过空气流动带动和加速光等离子的扩散，阻断流行性疾病病毒的传染源，达到全面、彻底的空气净化目的。

六、空调装置的操作与运行

空调系统（司机室空调和客室空调）通过以太网接口与 TCMS 相连，一方面接收 TCMS 的指令（如 ON/OFF 信号、通风模式、自动模式等），另一方面将自身的状态及故障信息（如客室温度、外部温度、空调压缩机运行时间、自检故障、机组故障、空调压缩机故障、冷凝机故障等）发送给 TCMS。通过司机室的空调总开关（图 5-13），可以进行整车空调系统的开关控制，通过智能司机显示器（IDD）上的司机室空调关闭软按钮，可以关闭司机室空调系统。空调系统的关闭状态会显示在 IDD 上工作状态（正常、故障、未知状态）。在智能司机显示器（IDD）上集成了司机室空调控制软按钮，可以进行司机室空调运行模式的选择：自动模式、手动模式、通风模式、停机模式；也可以通过集成在 IDD 上的软按钮进行司机室温度的调节和通风量的调节。另外，在 IDD 上集成了客室温度调节菜单，可以对客室温度进行调节，并能显示客室目标温度值。

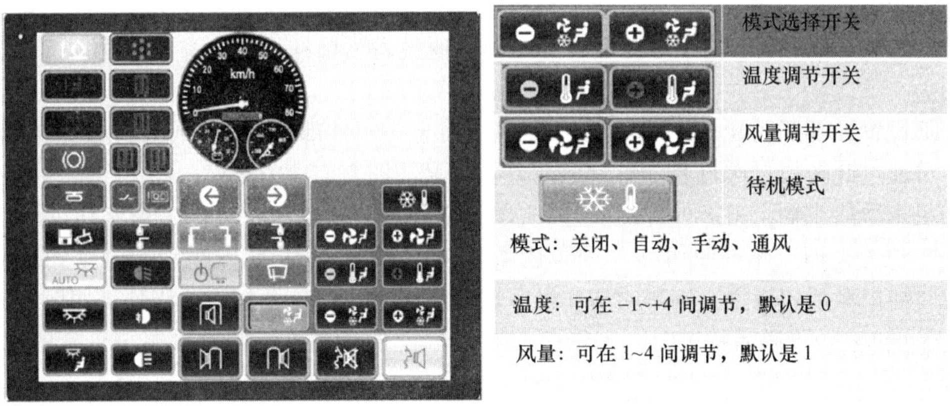

图 5-13　司机显示器（IDD）空调总开关

车辆所有空调机组的各温度传感器将检测到的温度通过以太网传至 VCU，VCU 确定测量到的室外温度的最低值及平均值。由于空调机组之间没有直接的通信，VCU 再将最低温度值发送回各空调机组。当外气温度小于 18℃时，取最低值有效，将其作为计算目标温度的依据；当外气温度大于等于 18℃时，取平均值有效，将其作为计算目标温度的依据。

第二节　车辆照明控制系统

一、车辆外部照明控制系统

（一）车辆外部照明的构成

所有外部照明采用灯控器（LCU）集中控制方式。LCU 分为不同的控制模块，每个模块均采用 DC24V 供电。LCU 包含以下模块：

X5 模块：左近光灯、左远光灯、左爆闪灯、右爆闪灯、左侧雾灯。

X6 模块：左爆闪灯、右爆闪灯、左爆闪灯信号（给网络）、右爆闪灯信号（给网络）。

X7 模块：左边缘指示灯、右侧雾灯。

X11 模块：右边缘指示灯、右侧近光灯、右侧远光灯。

X14 模块：左制动灯、左尾灯、右制动灯、右尾灯、位置灯、左爆闪灯、右爆闪灯、左头部示宽灯。

X15 模块：右头部示宽灯、左尾部示宽灯、右尾部示宽灯、位置灯、左爆闪灯、右爆闪灯。

LCU 具有输入和输出端口，当控制电路输入 24V 信号给 LCU 不同的输入端口后，通过内部逻辑转换可以给连接在不同输出端口的各种外部照明灯提供电源。但尾灯和司机室前端位置灯可以不受灯控器逻辑电路控制，而由外部继电器控制。

“外部照明旋钮开关”控制外部照明列车线的“得电”与“失电”，开关接通后，结合另外的 LCU 输入端口信号可以对外部照明灯进行控制。但爆闪灯和制动灯的控制逻辑不受外部照明旋钮开关影响。

所有外部照明灯均受控于 LCU。闭合 LCU 所有断路器和爆闪灯断路器后，如果车辆上电激活，则灯控器 LCU 开始工作。“车外照明开”（外部照明开启）列车线自动得电，智能司机显示器（IDD）上的指示灯亮起，此时即可通过列车自身状态或者司机手动操作控制外部照明。

车上设置外部照明开/关按钮，激活车辆时若想关闭外部，可以选择将此按钮关闭一次，关闭后可通过此按钮再次打开“外部照明开”模式。

如果未激活车辆，由于外部照明开/关按钮接入列车蓄电池永久电，当旋钮处于“车外照明开”位置，即“车外照明开”列车线得电时，IDD 上的指示灯亮起，两个司机室尾灯亮，此时如果激活司机室，则激活端司机室尾灯熄灭、前端位置灯亮。当外部照明旋钮选择“开”且司机室处于激活状态时，无论灯控器逻辑是否存在故障，激活端司机室的尾灯灭、位置灯亮。

（二）外部照明控制方式

司机室外部灯的布置如图 5-14 所示。

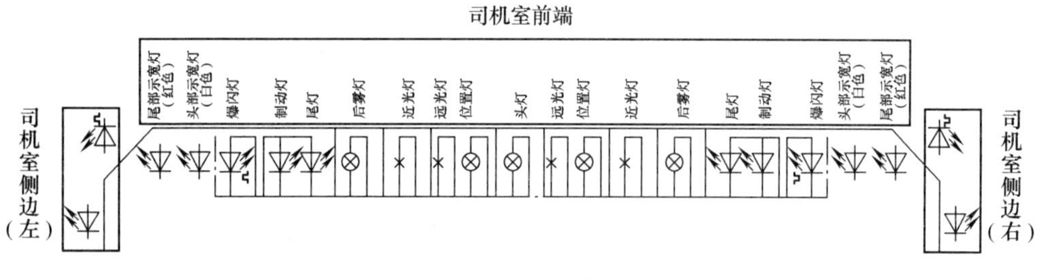

图 5-14　司机室外部灯的布置示意图

1. 司机室外部前端灯控制

（1）上侧　示宽灯：头部示宽灯——白色（side-marker lamp）；尾部示宽灯——红色（outlining light）。

（2）下侧　爆闪灯（flashing light，转向灯）；制动灯（brake light）；尾灯（tail light）；后雾灯（rear fog light）；近光灯（low light）；远光灯（spot light）；位置灯（position light）。

其中，制动灯、尾灯和爆闪灯为同一设备；位置灯和远光灯为同一设备。车灯布置如图 5-15所示。

2. 控制方式

（1）尾灯控制　当“外部照明开”处于开启状态，且司机室均没有被激活时，车辆两个端部的尾灯将通过硬件开启。如果有司机室被激活，则激活车辆端部的位置灯和头灯处于激活状态；本端的尾灯关闭，而尾端的尾灯依然处于“开启”状态。

当外部照明处于“关闭”状态时，尾灯将被关闭。

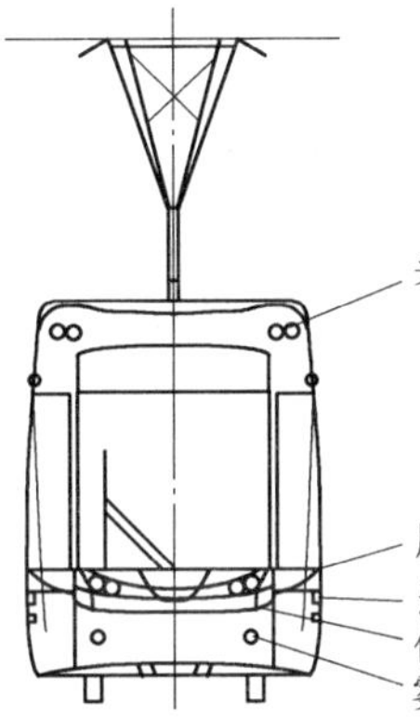

图 5-15　CM1 /CM07 正视式车灯布置示意图

如果相应的 LCU 出现故障，同时外部照明处于开启状态，则非激活端司机室的尾灯依然处于活动状态，这是因为它是由 BAT + 和列车控制线“外部照明开”供电的。

（2）位置灯控制　当外部照明处于开启状态，且司机室被激活时，激活车辆端的位置灯通过 LCU 开启。当外部照明处于关闭状态时，位置灯处于非激活状态。当相应的司机室处于非激活状态时，外部照明从位置灯和头灯切换至尾灯。

如果相应的 LCU 出现故障，同时外部照明处于开启状态，则激活端司机室的位置灯依然处于活动状态，因为它是直接由 BAT + 和列车控制线“外部照明开”供电的。

（3）远光灯控制　当外部照明处于开启状态，且司机室被激活，司机可以选择通过 IDD 上的带灯软键“远光灯/闪光灯”来激活远光灯。通过激活该带灯软键，向前驾驶方向上的远光灯将通过相应的 LCU 开启。

远光灯的激活通过软键“远光灯/闪光灯”的发光在 IDD 上显示。

远光功能可以通过再次按下软键“远光灯/闪光灯”，关闭外部照明或休眠司机室的方式关闭。

（4）制动灯控制　当需要制动时，相对于车辆运行方向的车辆后端的制动灯由相应的 LCU 通过硬件进行控制。LCU 通过硬件信号“前进方向”“后退方向”和“司机室（CM1/CM07）被激活”识别车辆的尾端。对于正常运行和应急运行，激活功能是一致的。

（5）近光灯控制　当外部照明处于开启状态，且司机室被激活时，激活车端的前灯通过相应的 LCU 开启。

当外部照明处于关闭状态时，前灯关闭。当休眠了相应的司机室时，包括前灯在内的外部照明将切换至尾灯。

（6）停车灯功能（尾灯）和头部示宽灯控制　当外部照明处于“开启”状态，且司机室被激活时，车辆运行方向前端的头部示宽灯和车辆运行方向后端的停车灯通过相应的 LCU 激活。

当外部照明处于关闭状态时，停车灯和头部示宽灯将被关闭。当相应的司机室休眠时，包括停车灯和头部示宽灯在内的外部照明切换至尾灯。

（7）尾部示宽灯控制　未激活列车时，打开外部照明，两端司机室尾部示宽灯亮。若激活列车后，打开外部照明，则被激活司机室一端的尾部示宽灯不亮，非激活端司机室的尾部示宽灯亮。

(8) 闪光灯控制　无论外部照明是否被激活，只要按下 IDD 上的带灯软键“远光灯/闪光灯”，闪光灯（远光灯）即可被开启。只要按下了该软键，向前驾驶方向上的闪光灯将由相应的 LCU 控制。

闪光灯的激活通过软键“远光灯/闪光灯”的发光在 IDD 上显示。

(9) 后雾灯控制　当外部照明处于开启状态，且司机室被激活时，司机可以通过带灯 IDD 软键“后雾灯”开启/关闭车辆后端的雾灯。这些灯通过列车控制线“后雾灯 ON/OFF”和相应的 LCU 由 IDD 激活。

后雾灯的激活状态通过点亮软键“后雾灯”在 IDD 上显示。

后雾灯可以通过再次操作带灯软键“后雾灯”、关闭外部照明或休眠司机室来关闭。

3. 爆闪灯、行车侧边位置指示灯控制

(1) 爆闪灯控制　爆闪灯的功能是作为转向灯使用，也可以作为危害警告灯使用。其位置是司机室前端两侧各一个（与尾灯制动灯为同一设备）；司机室侧边两侧各一个；转向架客车模块（BM1、BM3、BM07）两侧各一个，每个单元包括两个爆闪灯，如图 5-16 和图 5-17所示。

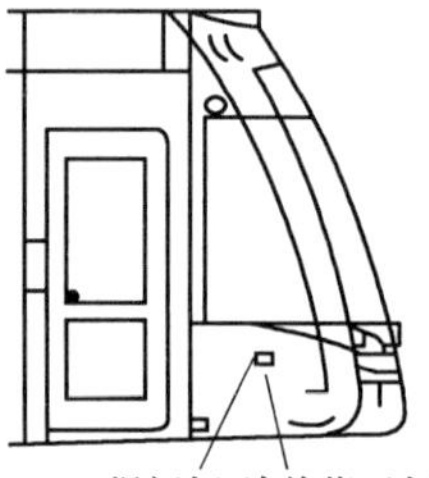

图 5-16　CM1 /CM07 侧边灯布置示意图

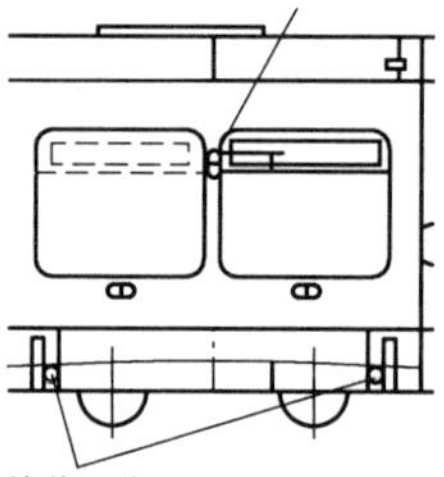

图 5-17　BM1 /BM3 /BM07 侧边灯布置示意图

如果司机室被激活，IDD 上的两个带灯软键“右侧方向指示灯”和“左侧方向指示灯”可用。按下这两个软键中的任何一个，列车控制线“右侧方向指示灯”或“左侧方向指示灯”将被激活，被选择侧的方向指示灯由 LCU 控制。

方向指示灯可以通过再次按下带灯软键“右侧方向指示灯”和“左侧方向指示灯”关闭，或者通过休眠司机室关闭。

此外，每个司机室均安装有带灯锁闭按钮“危害警告灯”。操作此按钮开关时，两条列车控制线“右侧方向指示灯”和“左侧方向指示灯”被激活，车辆两侧的方向指示灯通过 LCU 同时进行控制。危害警告灯的功能可以通过再次按下该按钮关闭。

带灯锁闭按钮“危害警告灯”是同 BAT + 相连接的，因此，当车辆停机时，该按钮依然可用；而方向指示灯仅可以通过“右侧方向指示灯”和“左侧方向指示灯”在激活司机室中被激活。

当方向指示灯或危害警告灯开启时，相应的 LCU 通过 IDD 控制激活司机室内声音信号及光信号的释放——软键“右侧方向指示灯”和“左侧方向指示灯”闪烁发光。当危害警告灯开启时，LCU 通过锁闭按钮“危害警告灯”的闪烁发光激活光信号。

如果相应的 LCU 出现故障，所有的闪烁功能在功能上不再可用，仅尾灯和位置灯可用。

（2）侧边位置标识灯（示廓灯）控制　行车侧边位置标示灯控制位于司机室和客室侧边，如图 5-18 所示。

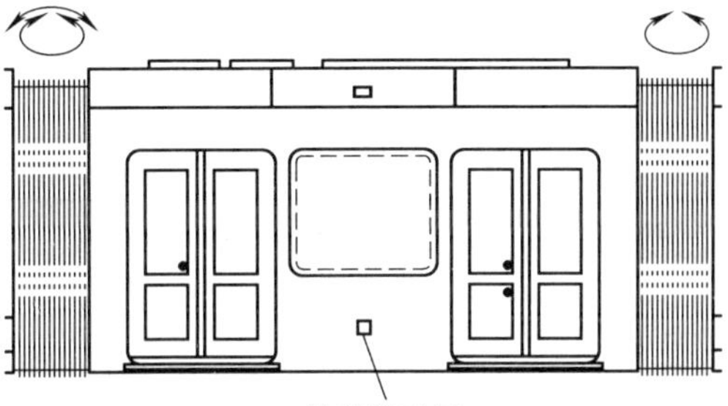

图 5-18　SM2/SM6 侧边灯布置示意图

当外部照明处于开启状态时，车辆左侧和右侧的边缘指示灯将由 LCU 开启；当外部照明处于关闭状态，边缘指示灯将关闭。

（3）制动控制　当以下情形发生时，产生制动请求：

1）驾驶/制动控制器发出制动（常用制动、危害制动）请求信号。

2）司机激活锁闭蘑菇按钮“司机安全制动”。

3）所有的轨道制动被激活。

4）强制制动回路被激活。

如果以上条件适用，则制动灯将被激活，即使车辆处于静止状态。

如果相应的 LCU 出现故障，制动灯在功能上不再可用，仅尾灯和位置灯依然可用。

此外，LCU 设有自检和灯状态检测功能，当 LCU 或有灯发生故障时，将会在 TCMS 显示器（IDD）上显示出来。

（4）LCU 检测功能　针对已经连接的车灯，LCU 将持续检查其断路和短路情况。当灯出现故障时，错误信息将通过硬件输出右 LCU 传输给 VCU。智能司机显示器（IDD）上将显示错误信息并将其储存在诊断系统中。

综上所述，IDD 上需要司机人工操作的按钮有：

1）后雾灯按钮。结合外部照明旋钮和司机室激活状态输入信号，可控制左、右雾灯的开启和关闭。

2）远光灯/闪光灯按钮。结合外部照明旋钮、司机室激活状态信号，可以控制左、右远光灯的开启和关闭。

若司机室被激活，则司机单独按下左/右爆闪灯按钮，即可控制转向功能爆闪灯。此外，司机台上还设置了爆闪灯双跳按钮，按下后左/右爆闪灯闪烁报警。

二、车辆内部照明控制系统

车内照明分类如下：

- 内部照明
  - 客室照明
    - 客室正常照明
    - 客室紧急照明
  - 司机室照明
    - 司机室内顶板正常照明
    - 司机室内顶板紧急照明

车辆纵向设置两条照明灯带，同时在车门横梁上设置 LED 照明，以增加入口区域乘客的可见度。内部照明系统布置示意图如图 5-19 所示。

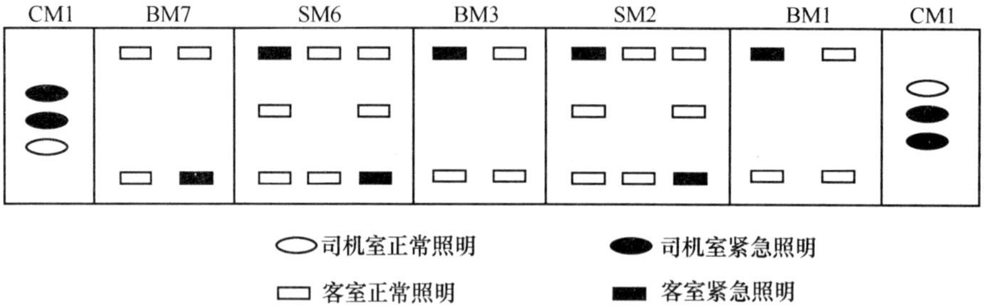

图 5-19 内部照明布置示意图

（一）客室、司机室紧急照明控制

客室、司机室的紧急照明线路相同，在闭合紧急照明断路器 ELICB * 后，紧急照明受清洁模式和网络控制模式两种方式控制。

1. 清洁模式

闭合清洗开关 CS/-CS 后，ELIK * 得电，触点闭合，所有紧急照明灯亮。断开清洗开关 CS/-CS 后，所有紧急照明灯灭。

2. 网络控制模式

按下 IDD 上的紧急照明灯按钮，ELIK * 得电，触点闭合，客室、司机室紧急照明灯得电。再次按下紧急照明灯按钮，所有紧急照明灯灭。

（二）客室正常照明控制

车辆唤醒后，闭合客室正常照明断路器 NLCB * 。司机通过 IDD 上的“正常照明灯”按钮对正常照明进行控制，按下“开灯”按钮，NLK * 触点闭合，客室正常照明灯得电，再次按下则灯灭。

（三）休眠照明控制

在车辆正常停机过程中，在电池接触器休眠前，整个客室照明（包括司机室紧急照明）通过 IDD 由 VCU 关闭。在停机过程开始后的 1min，VCU 关闭客室照明。

（四）司机室正常照明控制

闭合司机室 LCM1CB/LCM7CB 后，司机室正常照明可以分别由清洁模式、网络控制模式和车门控制模式三种方式供电：

1. 清洁模式

闭合清洗开关 CS/-CS 后，司机室正常照明灯亮，断开开关则照明灯灭。

2. 网络控制模式

按下 IDD 上的“开司机室照明”按钮，LCM1R/LCM7R 得电闭合，司机室正常照明灯亮，再次按下按钮照明灯灭。

3. 车门控制模式

MCOR1/-MCOR1（司机室激活继电器）未得电，按下 DAPB1/DAPB16/DAPB9/DAPB8（CM1/CM7 车外开门按钮），LCM1DYR/LCM7DYR 得电，触点闭合，司机室正常照明灯亮，亮灯持续时间为按钮按下时间加上 25s，其中 25s 为司机室正常照明延时继电器的失电时间。

（五）设备指示灯测试

网络设备可以检测的功能：门释放指示灯测试，爆闪灯指示灯测试，紧急缓解指示灯测试，左侧车门预选指示灯测试，右侧车门预选指示灯测试，ATC 人机终端开启指示灯测试。

按下 IDD 上的灯测试按钮后，通过以太网给 DX 模块信号可以对上述指示灯进行测试。按下按钮后若各指示灯亮，则说明各系统指示灯状态良好，再次按下按钮各指示灯灭。

（六）阅读灯控制方式

阅读灯由蓄电池永久电供电，在司机台上设置阅读灯，通过灯具自带开关可以手动开关阅读灯。

第三节　广播系统和乘客信息系统

乘客信息系统（Passage Information System）由信号和无线通信系统、数字电视广播系统、TCMS 系统、列车广播系统、视频播放系统、视频后视系统、乘客信息显示系统和视频监控系统组成，如图 5-20 所示。

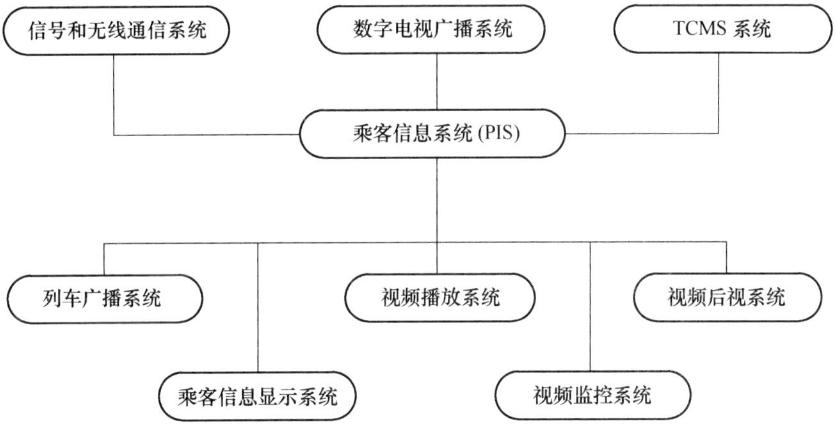

图 5-20　乘客信息系统组成图

一、系统功能概述

乘客信息系统采用 DC24V 电源供电，其主要功能如下。

（一）车载广播及乘客紧急对讲系统

1. 广播

通过优先级控制执行广播，广播音量可根据客室背景噪声音量自动调节。

1）全自动报站广播及注意事项。

2）半自动报站广播及注意事项。

3）司机室对客室人工报站广播及注意事项（在 PIS 主机出现故障的情况下，司机仍可用麦克风对客室进行人工广播）。

4）对车外乘客广播及播报注意事项。

5）预录紧急广播信息。

2. 对讲

1）重联时，救援车与被救援车司机之间的对讲。

2）乘客通过紧急报警器与司机进行半双工通话，通话将被录音并存储到 CCTV 主机的硬盘中，所有对话内容将被至少保存 72h，录音可通过 USB 接口下载到计算机等移动设备上

3）当门紧急解锁和紧急制动手柄被拉下时，相应区域内的乘客紧急报警器被自动触发，司机不需要进行操作即可与发生紧急情况区域的乘客通话。

（二）乘客信息显示系统和列车有线广播系统

1）乘客信息显示。

2）车载视频播放。

3）播放本地存储的 LCD 视频信息。

4）接收并播放数字电视音视频信息。

5）报站信息的叠加。

（三）车载视频监控系统（CCTV）

1）对客室内部、司机室内部、列车前后及两旁路况进行实时监控。

2）在司机室智能显示器上显示车内及车外摄像机监控到的信息。

3）监控信息的存储。

4）提供 OCC 实时调看 CCTV 视频监控图像功能。

二、系统配置

乘客信息系统的配置见表 5-4。

表 5-4　乘客信息系统的配置

序号	设备名称	模块 1	模块 2	模块 3	模块 6	模块 7	数量/列
1	PIS 控制器	1					1
2	车厢控制器	1	1		1	1	4
3	司机室控制器	1				1	2
4	司机广播控制盒	1				1	2
5	司机麦克风	1				1	2
6	前端目的地显示器	1				1	2
7	司机室扬声器	1				1	2
8	车外扬声器	2	2		2	2	8
9	客室扬声器	2	4	2	4	2	14
10	乘客信息显示器	1				1	2
11	乘客紧急对讲器（带噪检功能）	1	2		2	1	6

（续）

序号	设备名称	模块1	模块2	模块3	模块6	模块7	数量/列
12	LCD播放终端（2个动态地图与2个LCD显示器集成安装，共计2面4个LCD显示屏）		1		1		2
13	CCTV主机			1			1
14	车厢交换机	1	1		1	1	4
15	后视镜控制器	1				1	2
16	客室摄像机	1	2	1	2	1	7
17	司机室摄像机	1				1	2
18	前方摄像机	1				1	2
19	后视摄像机	2				2	4
20	数字化工作站（包括软件和特殊硬件）						1套

三、系统功能描述

（一）乘客广播系统的功能

1. 数字化报站

苏州有轨电车列车广播系统提供普通话和苏州方言两种语言的数字化语音报站功能，同时预留其他语言（方言）报站功能。播报信息可以由TCMS自动触发，也可通过司机广播控制盒手动触发。同时，司机可以通过司机室扬声器监听客室广播。

司机可以通过司机广播控制盒进行跳站、起点站和终点站的设定，线路中的任一站都可设为起点站和终点站，并且在任何地点均可以改变行程信息。

系统提供站台增加、站台编辑、报站触发距离编辑功能。

站间广播分为三次：离站广播、到站预告广播和到站广播。

数字化报站广播分为两种模式：全自动广播和半自动广播。

（1）全自动报站广播　PIS系统启动后，司机在司机广播控制盒中选择初始化，在司机广播控制盒上输入当前运行的线路号，选择线路方向，调整司机广播控制盒显示的下一站与当前实际下一站同步，PIS系统即可进入全自动广播模式。

全自动广播需要TCMS系统提供钥匙信号、距离信号、开门信号和零速信号等给PIS系统，PIS系统进行相应的计算处理后，自动向客室播放对应的音频信息。所有报站都可从司机台操作激活或终止。

若发生越站现象，则PIS系统控制器在列车到达该站时将得不到网络给的开门侧信号和零速信号，即不会进行播报，直接进入下一站，全自动广播不受影响。

（2）半自动报站广播　司机通过司机广播控制盒进行手动报站。司机在每一站离站前选择“下一站”，在离站后按“离站”按钮触发离站信息；当车辆接近下一站时，司机按“到站”按钮触发到站信息。

司机可通过司机广播控制盒进行跳站、起点站和终点站的设定。

2. 人工报站广播

司机可以通过按下司机室智能显示器上的“PA 内部广播”软按钮，配合鹅颈麦克风，对客室进行语音广播。在列车重联情况下，在激活端司机室，司机可以通过上述操作对所有客室进行广播。

3. 对列车外广播

需要对车外乘客进行广播及播报注意事项时，司机可以通过司机室智能显示器上的软按钮“PA 外部广播左”或“PA 外部广播右”，选择通过车外左边的扬声器或右边的扬声器对客室外部进行广播。

4. 预录紧急广播

当遇到紧急情况时，如发生火灾、严重故障等，司机可通过司机广播控制盒人机接口选择预先设定的紧急信息对乘客进行广播。广播时，位于司机室门上方的贯通道显示器和客室内的 LCD 显示器均会显示与广播内容一致的文本信息。

紧急信息显示及播报内容可编辑。紧急广播的优先级高于正常报站广播，紧急广播可随时中断正常报站广播，取消紧急广播后可立刻自动返回正常报站广播，不需要重新设置路径和跳站。紧急信息播放的循环次数以及录音播放的循环时间间隔均可通过 PTU 软件进行调整。

5. 司机对讲

同一列车两端的司机室可以进行通话，通话功能采用半双工模式，通话内容不会对客室播报，任何一个司机室都可以结束对讲。

在两列车重联运行时，两列车之间的四个司机室可以进行通话。通话功能采用半双工模式，通话内容不会对客室播报，任何一个司机室都可以结束对讲。

司机通过司机室智能显示器上的软按钮“PA 内部通信讲话”激活司机对司机通信。被呼叫司机通过“PA 内部通信讲话”按钮接听呼叫。如果被呼叫司机室的“讲话”软按钮是激活的，即司机正在进行口播或与乘客对讲，则“PA 内部通信讲话”按钮将不能被激活。

在被呼叫司机接听对讲后，两个司机室的软按钮“PA 内部通信讲话”将从闪烁转换为常亮，直至通话结束。

两个司机室中的任意一方按下“PA 内部通信取消”软按钮时，司机对讲结束。

6. 乘客紧急对讲

列车客室内设置乘客紧急对讲装置，乘客可通过该装置与司机对讲。通话设备设有保护盖，报警状态在司机室智能显示器上显示并伴有提示音，司机得到报警信息后可以通过智能显示器上的“PA 内部通信讲话”软按钮选择接通对话，对话采用半双工模式。

当对讲通信建立起来时，司机室智能显示器上的软按钮“PA 内部通信讲话”将常亮，直到司机按下“PA 内部通信取消”软按钮结束通信。在司机结束和乘客紧急对讲器的通信后，司机室智能显示器上的“PA 内部通信讲话”按钮和乘客紧急对讲器上的 LED 指示灯将熄灭。当常亮的“PA 内部通信讲话”按钮被按下时，司机就可以讲话，同时乘客紧急对讲器上“听”下方的 LED 灯亮。当司机松开“PA 内部通信讲话”软按钮时，乘客紧急对讲器上“对讲”下方的 LED 灯亮，乘客可以和司机进行对讲。

当多个紧急对讲装置有报警时，司机可按照乘客报警次序选择与其中的某位乘客进行通话。在某一乘客报警通话期间，若有其他乘客报警，系统会保持其呼叫状态，当前一乘客报警结束后，被等待的乘客报警将会继续自动进行音响报警，司机可以继续选择与报警的乘客进行通话。呼叫请求遵循“先到先答”的原则。

当司机和乘客通话完毕后，司机在智能显示器上通过“PA 内部通信取消”软按钮复位乘客紧急报警。

乘客报警的时间和通话的内容将被记录在位于 CCTV 主机的硬盘中，用于备案查询，录音从司机按下对讲按键开始，直至司机复位紧急报警装置时结束。

存储顺序为 FIFO（先进先出）方式，存储的语音文件定义原则为：车厢号、报警器编号、报警时间，存储格式为 MP3，硬盘分给紧急报警录音的存储容量足够大，能存储大于 60min 紧急报警音频文件。

7. 紧急情况联动

当门紧急解锁或乘客紧急制动时，相应区域内的乘客紧急报警器将被自动触发，不需要乘客按下报警器按钮，报警器自动呼叫司机，司机应答后，乘客紧急对讲器上的“对讲”LED 灯亮。同时，相应门区的视频图像也会在司机室智能显示器上显示。

8. 广播监听

司机通过司机室天花板上的监听扬声器对客室广播进行监听。

当车载广播系统播放 OCC 的广播、预录数字语音时，两个司机室可以同时对客室广播内容进行监听；当一端的司机进行人工广播时，该司机室不进行监听，另一端的司机室将对人工广播内容进行监听；当两端的司机进行对讲时，两端的司机室不可对客室广播内容进行监听。

司机可通过扬声器上的音量调节开关，调节扬声器的音量。

9. 音量自动调节

内部和外部扬声器的音量由 PIS 控制器独立控制，内部扬声器的音量可以自动自调节。系统通过乘客紧急对讲器的麦克风实时采样车厢内环境噪声，并根据环境噪声的大小自动调节本车厢功率放大器的输出功率，以确保广播输出音量比环境噪声大 5 ~ 10dB（可调整），并在任何情况下扬声器的输出音量不大于 95dB（最低不能低于 70dB），从而确保客室广播音量满足在最恶劣条件下声音清晰、声强均匀、无死区的要求。音量的具体数值可通过软件更改。

10. 语音存储

数字语音采用 MP3 格式或 WAVE 格式存储在 PIS 控制器内容量为 4G 的 CF 卡中，预存储语音内容包括中文普通话和苏州方言两种格式，同时具备多语种广播扩展功能；能够存储至少 60 个站，每站 60s 的语音信息，以及至少 20 条紧急信息。预存的语音文件可以通过网口进行更新。

11. 优先级设置

由于各个设备（麦克风、扬声器）之间存在冲突，导致无法实现同步，通过规定以下优先级（从高到低）得以解决。

（1）司机麦克风设备

1）司机通过车内或车外扬声器播放播。

2）司机室与乘客紧急对讲之间的语音通信。

3）司机与司机室之间的语音通信。

（2）客室扬声器设备

1）司机对乘客的广播。

2）预录紧急广播。

3）自动报站广播。

（3）司机室扬声器设备

1）司机↔乘客紧急通信。

2）司机室↔司机室的语音通信。

3）自动报站广播监听。

在高级别的通信要求到来时，正在播送的低一级的通信立即中断，并在高级别通信结束后自动恢复或执行下一广播。低级别的广播通信不能打断高级别的广播通信，需要等候高级别广播通信结束后才能开始。优先级模式可根据需要通过软件进行设置或更改。

12. 冗余设计

车辆的广播系统采用以下措施来保证系统具有足够的冗余性，即使在出现单点故障的情况下，司机仍可向车辆进行广播。

（1）列车数字广播冗余　司机室内的司机广播控制盒可以保证广播系统在与 TCMS 通信丢失后，通过手动的方式继续进行数字广播。当 TCMS 显示与 PIS 通信故障或者 TCMS 故障时，系统自动切换为手动模式，并且在司机广播控制盒的界面上停留在下一个即将触发的广播内容处，此时司机只要在列车出站或即将进站时按下触发按钮，即可完成此次报站内容，而无需进行任何设置。以后每一次报站，司机均采用该触发方式，仅操作一个按键即可触发对应广播。当 TCMS 通信恢复后，PIS 会自动切换为自动模式，自动开始根据信号完成报站工作。

（2）列车广播冗余　当列车数字广播系统出现故障时，司机可以使用设置在司机室的鹅颈话筒进行广播，以保证在任何情况下，对客室乘客的广播均不受影响。

（3）单节车厢内的广播冗余　车厢内的车厢控制器由四路独立的功放输出构成，并可单独控制，其中两路用于列车内部广播，另外两路用于列车外部广播。用于列车内部广播的功放，在出现单路功放输出故障时，另外一路可以保证对客室内乘客的广播内容不受影响。

（二）乘客信息显示系统

通过司机室前端的目的地显示器和客室内安装的乘客信息显示器为乘客提供必要的旅行换乘信息，这些信息显示器直接由 PIS 控制器驱动。司机在司机台的司机广播控制盒上输入线路号，然后前端目的地显示器显示终点站，内部显示器显示下一站。显示器和数字声音报站根据来自于脉冲发生器的距离脉冲和车门标准自动运行，所有线路的站间距存储在 PIS 控制器中。因此，如果电车不停在某个站，PIS 系统控制器在列车到达该站时便得不到 TCMS 给的开门侧信号和零速信号，将不会进行到站信息显示，列车直接进入下一站。

1. 前端目的地显示器

司机室的前端各设一个前端目的地显示器，用于指示线路号和终点站。显示屏装有防眩装置，具有高对比率；文本以琥珀色字符显示在黑色的背景上。前显示屏配有亮度传感器，它可调节 LED 的亮度以适应环境的亮度。

目的地显示器的功能如下：

1）中英文两种语言显示。

2）显示完整的终点站站名。

3）对于一屏显示不下的内容采用滚动的显示模式。

4）显示内容可通过任一以太网端口进行统一更新。

2. 客室内部信息显示器

在客室内，每个司机室门上方各安装一个客室内部信息显示器，用于显示目的地、到站站名、下一站站名、开门侧（左或右）及其他宣传文字。

显示屏装有防眩装置，具有高对比率；文本以琥珀色字符显示在黑色的背景上。

乘客信息显示器的功能如下：

1）中英文两种语言显示。

2）显示目的地、到站站名、下一站站名、开门侧信息及其他宣传文字。

3）显示紧急信息。

4）对超出屏幕显示数目的文字内容采用滚动显示模式。

5）司机可以通过操作司机广播控制盒人机接口选择将要在乘客信息显示器上显示的预录紧急信息。

6）显示内容可通过任一以太网端口进行统一更新。

7）乘客信息显示器上的到站显示与数字报站同步。

（三）车载视频播放系统

每列车均配置车载视频播放系统，为列车上的乘客提供多媒体信息服务，播放的内容包括视频节目、商业广告和动态地图。在发生紧急事件时，LCD 显示器上将播放紧急信息。

每列客车安装两个集成了播放服务器的 LCD 播放终端，吊装在模块 2 和模块 6 车的中间车顶。每套 LCD 播放终端由 LCD 显示器背靠背组成，其中每侧由一个 29in（1in = 25.4mm）显示器组成。显示器采用分区显示，其中左边播放视频信息，右边为动态地图显示。

每套 LCD 播放终端内部设置一台播放服务器，分别控制两路输出，分屏后，输入至每个 LCD 显示器中，媒体部分的显示内容存储在播放服务器中，在每侧的一边显示视频、图片等媒体信息，另一边显示运营信息。LCD 播放终端本地播放多媒体视频伴音内容。

LCD 播放终端可通过车载以太网端口进行更新。

1. 预存储文件播放

播放服务器的硬盘中预先存储媒体播放节目。在没有实时媒体信号时，系统自动从本地硬盘中读取视频文件和播放列表，在各个 LCD 显示器上播放图像与伴音。硬盘存储容量足够大，能够满足存储 72h 的媒体播放内容。

服务器上的节目分为顺序节目和定时节目两种，顺序节目就是一个接一个播放的节目，而定时节目则是按照预定的时间打断其他节目的播放强行插入播放的节目。

2. 数字电视实时播放

在有数字电视信号覆盖隧道区间的前提下，播放服务器自动接收数字电视广播系统机顶盒输出的实时电视信号，分屏输出到多个 LCD 显示器上。

3. 电子动态地图

LCD 动态地图与 LCD 显示屏集成到一起安装，分左、右分区显示，采用前后两台背靠背吊装到车顶的方式安装。LCD 动态地图显示线路信息及提示乘客到站信息，它可根据不同线路通过软件任意编辑站名及更改线路显示方式。

4. 分屏显示

LCD 显示屏可设计为多个显示分区，如多媒体视频播放窗口、动态地图窗口、日期时间窗口、到站提示窗口、滚动提示信息窗口等。显示分区可通过软件进行设置，设置后可保存分区模板，可以指定各个显示区域的播放内容。屏幕的任何分区方式都是无缝的，不闪烁、不变形，媒体内容适应屏幕分区的大小并能自动调整。显示分区可由操作员通过维护软件手动设置，如对显示区域的大小、子窗口的个数等进行修改，设置后可保存分区模板。

5. 紧急信息播放

在列车遇到紧急情况时，司机通过司机广播控制盒人机接口手动触发紧急信息，LCD 显示系统接收紧急情况触发指令，使本列车所有 LCD 显示屏均全屏显示相应预案处理信息，指导乘客有序疏散，所有的商务广告、娱乐节目停止。

6. 运营信息显示

媒体服务器接收来自广播系统的运营到站等信息，在 LCD 显示器上分区显示或叠加显示。站名显示与自动报站同步设定。显示的车站信息与广播系统存储的运营路线一致。

运营信息的显示内容和方式可通过软件进行编辑。

各种乘客服务、广告等信息也能在 LCD 显示屏上分区滚动显示或叠加显示。

7. 媒体伴音播放

LCD 显示屏自带扬声器，播放视频时可以播放伴音。伴音的音量可以由维护人员通过维护软件进行设置。

系统在实现乘客影视娱乐的基本功能外，兼顾实现与列车广播系统的切换对接。当进行广播播放时，音频静音，视频继续播放，广播结束后，音频自动切换为原来的状态。

8. 日志信息管理

系统可根据要求生成多媒体信息接收和播放的日志文件，能够导出成 excel 格式的文件，并能够根据预先定义的周期自行进行日志的删除清理操作，以满足商业运营的要求。系统可以查询所有媒体文件的播出时间、地点、播出方式、播出次数等其他数据反馈。播出日志可以根据播出时段、媒体名称分别查询并显示清单列表。

9. 屏幕保护

当 1min 内没有接收到任何信息时，LCD 显示器自动切到休眠状态；当信号恢复后，显示器立即自动唤醒。

（四）车载视频监控系统

车载视频监控系统可以为司机提供监控客室状况、另一端司机室状况以及车外状况，并对监控录像进行存储。

为了保证列车各种视频监视的要求，每列车安装 7 个客室摄像机、2 个前方摄像机、2 个司机室监视摄像机及 4 个后视摄像机。其中，客室摄像机、司机室摄像机和前端摄像机采集的图像经过编码器编码后，存储在 CCTV 主机的硬盘上，并能够在司机室的智能显示器上显示；后视摄像机采集的图像仅在智能显示器上显示，不对其进行存储。

司机可以通过司机室智能显示器上的软按钮选择相应的摄像机来查看实时监控画面，显示方式为 1 分屏或 4 分屏。

1. 摄像机的安装位置

摄像机的安装位置如图 5-21 所示。

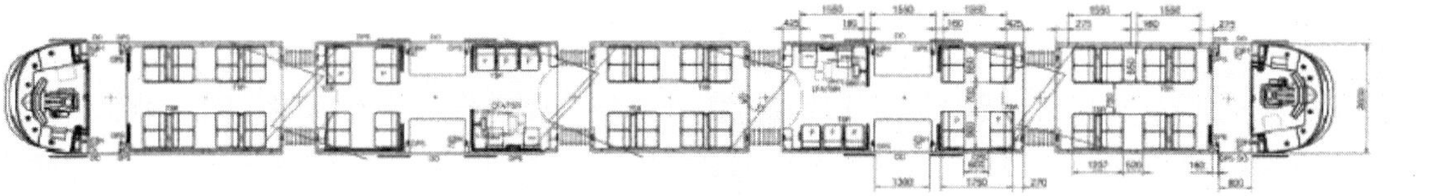

图 5-21　客室摄像机的安装位置和可视区域

车辆客室摄像机的数量和安装位置应保证 AW3 工况下没有监视盲区，并且能清楚地显示监视范围内所有人员活动的情况和辨别出人员的基本轮廓特征，同时保证可以看见所有客室门的开关情况。

司机室摄像机的安装位置应保证司机室监视画面能完全覆盖司机室内的所有设备，且能在各种运行条件下清晰地监控和储存司机的所有操作，并自动适应司机室内的各种光线环境。

2. 图像采集传输

车辆上电时，视频监视系统在约 45s 的时间内完全自检后立即运行，启动自动记录，不需要司机进行操作。系统采用标准的 H. 264 文件格式存储图像，满足 D1 格式全实时录像，实时 25 帧/s 压缩，记录格式和帧率都可通过软件进行调节。

摄像机采集的图像为高清晰度、低时延的稳定图像。

3. 视频图像显示

视频监控系统与 TCMS 系统通过网络接口及视频接口进行连接。各个车厢的视频监控信息由 CCTV 主机通过同轴电缆发送到 TCMS 位于司机室的智能显示器上进行实时显示，司机可通过智能显示器选择实时查看各车厢的监控情况（包括另一个司机室）。在智能显示器上，可以直观地看到各个车厢摄像头所处的位置，通过单击触摸屏上相应的摄像头图标可将指定车厢的画面调出。

4. 视频存储

司机室内的 CCTV 主机采用大容量数字存储硬盘，具有防振保护功能。系统对司机室摄像机、列车前方摄像机及客室摄像机所拍摄到的画面进行全程录像，并将影音文件存储在 CCTV 主机的硬盘上。所有摄像机采集图像的帧率为 25 帧/s，存储文件分辨率可达 D1(704×576)，具有加密功能，加载专用插件后可用通用播放器进行播放。存储时间不少于 30 天，每天 18h。视频记录格式和帧率可通过软件调节。CCTV 主机支持多路编码视频数据的同时录制，并记录车次、车辆编号、摄像机编号、触发类型、日期时间等信息，时间与列车控制系统同步。当存储空间不足时，硬盘录像机启动覆盖机制，按照先进先出的方式，自动覆盖最早录制的视频文件。

出现以下情况时，司机室内监控显示屏进行报警，同时系统自动对拍摄画面进行高倍速储存。报警结束后 5min（可调），自动结束视频录像并保存。

1）手动视频记录（通过司机室智能显示器上的“视频警报记录”软按钮激活）。

2）乘客紧急制动。

3）紧急门解锁。

4）司机紧急呼叫。

5）乘客紧急报警。

5. 图像处理

（1）数字水印技术　为了防止对记录视频数据的篡改，图像在存储到数字硬盘之前运用了数字水印防伪技术。系统对原始采集的图像进行水印处理，将水印嵌入图像中。

视频回放过程中，不能直接看到或检测到水印，只能使用受控并授权的专用软件才能检测到，具有很高的防伪性和安全性。水印时间与列车时间一致。

另外，摄像机的编号信息、时间信息及车厢号信息也同时叠加在图像上记录。

（2）图像标签技术　系统支持图像标签技术，对于紧急（乘客紧急报警器/车门紧急解锁装置/紧急制动）情况下采集的视频图像，系统可以使用标签技术对其做特别标示进行录像。用户可以通过这些标示快速查找和回放这些特殊的图像。

（3）视频文件的大小　存储硬盘采用自动分段记录格式，在存储过程中，视频文件大小固定。默认每10min存储1个文件，文件的大小可以通过管理控制软件设置。当视频文件达到系统设定的大小后，自动结束当前文件的存储，并生成一个新的视频文件。相邻两段视频文件的最大记录间隔时间不大于0.4s。

（4）操作系统与视频图像存储分离　操作系统和视频数据将分别存储在不同的存储介质中，更换存储硬盘时无需另外安装操作系统。

6. 文件管理

（1）视频录像文件的查询　授权的管理员可以通过登录系统连接系统内部网络访问服务器硬盘，进行录像文件的查询。支持时间和摄像机号码搜索方式。

录像类型包括自动和报警两种。自动类型是指没有发生报警情况的视频录像文件。报警类型是指当有车门紧急解锁装置解锁、客室紧急对讲装置激活以及紧急制动时，紧急事件发生后对应的视频录像文件。

（2）视频录像文件的回放　系统提供视频录像文件回放功能，授权的系统管理员可以登录系统并连接系统内部网络访问服务器硬盘，按日期、时间、摄像机号码便捷地检索回放。在回放时，管理员可以选择开始、暂停、快进（多级）、快退（多级）、慢进、慢退、单帧进退等基本功能，并支持功能扩展。

摄像机的编号信息、时间信息及车厢号等信息也同时存储在视频录像文件中，在图像回放的过程中叠加在图像上，不影响记录效果。

支持多路同时回放。

（3）视频录像文件的下载　授权的管理员可以访问存储硬盘，进行视频文件查询并通过以太网接口将其下载到安装有视频管理软件的外部计算机上。

（4）视频实时上传　CCTV主机通过无线通信系统提供的通道，将列车上的监控视频信息发送到OCC控制中心。

（五）视频后视系统

车辆配备了适用于有轨电车车辆的视频后视系统，该系统主要由4个模拟后视摄像机和2个后视镜控制器组成。

每个司机室两端各设1个车外后视模拟摄像机，便于司机在路口转弯时观察路况显示，4个后视摄像机代替了4个常规后视镜，这样可以确保最佳地监视车辆侧面和所有车门状态。摄像机为模拟摄像机，其防护等级为 IP66。后视摄像机所拍摄的画面不进行存储。

车辆起动后，视频后视系统立即工作，在司机台的智能显示器上可以看到摄像机图像，如图 5-22 所示。另外，由于其安装在车外，受外界环境影响较大，因此在摄像头内部安装有加热模块，由司机通过触发司机室智能显示器上的软键激活电加热功能，加热 10min 后，该功能自动终止。

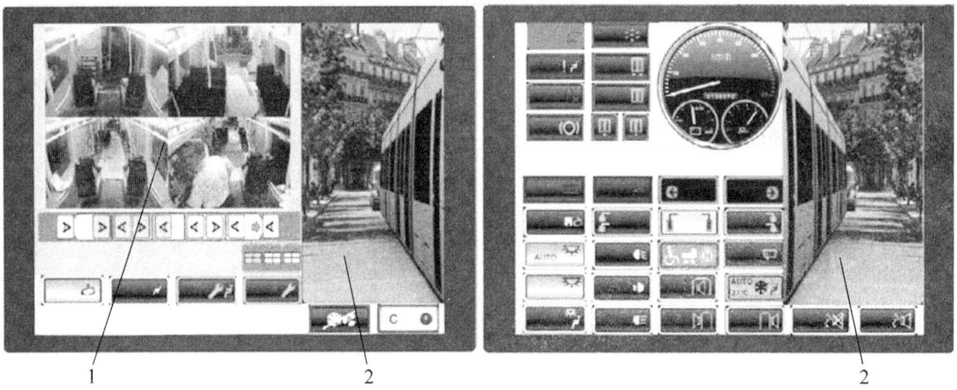

图 5-22　司机室智能显示器显示画面

1—实时视屏图像　2—后视摄像机图像（左侧和右侧）

1. 驾驶模式

行驶和静止时没有门释放信号，激活司机室的左边和右边的摄像机显示在司机室智能显示器上。按照传统的后视镜功能，左边摄像机在左边的监视器上显示，右边摄像机在右边的监视器上显示，如图 5-23 所示。

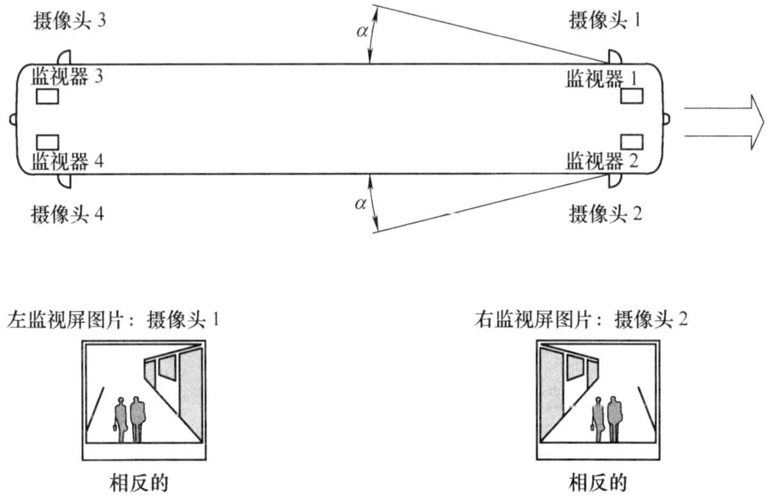

图 5-23　行驶和静止时后视摄像机（后视图）

2. 停站模式

当车辆停在车站（车门打开）时，车门打开侧的激活端司机室和非激活端司机室摄像机拍摄的画面显示在司机室智能显示器上。车辆能够在多牵引模式下进行操作，因此，一台摄像机的摄像范围涵盖了本侧车辆的所有车门（约 30m 远）。后视摄像头侧视图如图 5-24 和图 5-25 所示。

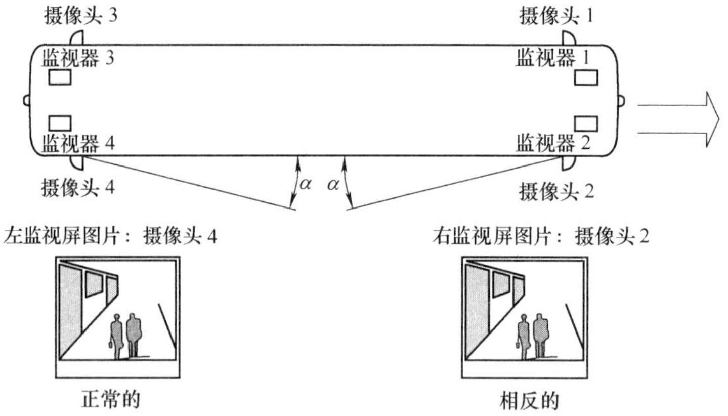

图 5-24 后视摄像头（右视图）

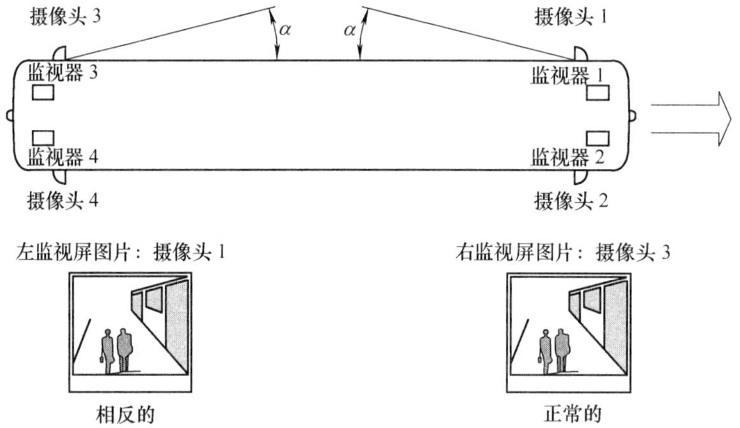

图 5-25 后视摄像头（左视图）

四、接口

（一）与无线通信系统的接口

每列车安装两套无线通信系统，其中一套在模块 7 车与列车广播系统和乘客信息显示系统通过交换机上的一个网口相连，为 CCTV 监控视频图像文件提供实时上传通道。

（二）与数字电视广播系统的接口

每列车安装一套数字电视广播系统，与 LCD 播放终端内部媒体控制器相连接，用于接收实时数字电视信号，在整列车上进行播放。接口类型为音频接口和视频接口。

（三）与 TCMS 的接口

系统通过一个网络接口与 TCMS 的 VCU 相连，并在每个司机室分别通过三个 BNC 接口与 TCMS 的司机室智能显示器相连。通过司机室智能显示器可以完成如下功能：

1）车外视频监控图像显示。

2）车内视频监控图像显示。

3）司机对乘客紧急报警应答。

4）司机触发车内/车外广播。

5）司机发起/终止广播。

6）系统故障及警告信息提示。

第六章 行车相关设施

第一节　线路基础知识

线路是有轨电车行车设施的重要组成部分，它的作用是在保证轨道交通安全、快速的前提下，确定列车在城市中的走向。

一、有轨电车线路设计基础

（一）设计原则

现代有轨电车具有科技、人文、生态和高效的特点。其功能主要有三大类：客运功能、轨道客流集散功能和形象功能。有轨电车是大运量轨道交通的延伸、过渡和补充，同时展现出城市特色，是集客运、旅游为一体的生态环保公交系统。有轨电车线路设计的主要原则包括四点：客流需求原则、用地引导原则、近远结合原则和道路交通原则。

根据轨道交通技术规范及建设标准的一些主要原则，现代有轨电车的线路设计原则具体如下：

1）线路走向和站点分布应符合当地有轨电车线网规划，并充分考虑与既有交通方式的接驳。

2）最高行车速度按 70km/h 考虑。

3）车站布设应体现“以人为本”的原则，宜设置在主要客流集散点或交通枢纽点上。

4）线路平、纵断面应结合地形、地貌、地质、水文条件，结合规划地上地下构筑物、规划轨道交通线路、道路及交通状况进行设计，须减少拆迁，便于施工和便于进行交通疏解。

5）曲线半径应结合列车通过速度，因地制宜地选用，尽量避免使用小半径曲线。

6）整体道床地段竖曲线不宜与平面缓和曲线段重合；碎石道床地段竖曲线不应与平面缓和曲线段重合，当不设平面缓和曲线时，竖曲线不应与超高顺坡段重叠。

（二）设计标准

《地铁设计规范》（GB 50157—2013）对线路的最小曲线半径、线路最大纵向坡度及竖曲线等均有规定，但区别于其他城市轨道交通，现代有轨电车采用的车辆轴重更轻（≤12.5t），轴距更短（1.6～1.85m），车体更小（车体宽 2.65m，5 模块车长 32m，7 模块车长43m），故本工程线路设计可参照《地铁设计规范》（GB 50157—2013）中的相关规定并结合有轨电车工程实际情况执行。根据线路实际的工程条件，在符合线路主要设计原则的前提下，本线路确定了以下线路设计的主要技术标准。

1. 线路平面最小曲线半径

（1）区间正线　一般为200m，困难地段为30m。特殊困难地段曲线半径根据实际的工程可实施性、经济性和运营情况进行比较后确定。

（2）辅助线　一般为100m，困难地段为25m。

（3）车站　车站站台段线路宜设在直线上，困难情况下必须设在曲线上时，曲线半径不宜小于300m。

2. 圆曲线和夹直线

圆曲线和夹直线的最小长度一般情况下为20m，困难条件下为15m。

3. 线路纵断面

1）线路区间正线最大纵坡为50‰，困难条件下为60‰（以上均不考虑各种坡度折减值）。

2）区间线路最小坡度的设置应因地制宜，保证排水的需要。

3）采用地面线的平交路口或混行地段，轨面应与道路面齐平。

4）高架线和地面线的折返线和停车线可设在平坡道上，困难时不宜大于10‰。

4. 竖曲线半径

1）两相邻坡段的坡度代数差大于或等于2‰时，应设置竖曲线连接。竖曲线半径：区间正线一般为3000m，困难地段为2000m；车站端部一般为2000m，困难地段为1000m；辅助线为1000m。

2）变坡点和竖曲线均不应计入车站站台计算长度范围内。

（三）现代有轨电车线路的分类

1. 按平面布置方式分类

有轨电车设置道路中的配置形式，大致可分为布设于道路中央的分隔带及人行道旁（又可细分为两侧布置和一侧布置）两大类。前者的车辆行驶于道路中央，其行车方向与两侧公路汽车一致，驾驶者无适应问题，且对摩托车、行人等的干扰较低。后者则对行人及两侧店家、住户的冲击较大。具体采用何种布置形式，应结合道路宽度、都市景观、与其他系统的衔接等因素综合考虑。

（1）中央布置　有轨电车双线集中敷设于道路中央，机动车及非机动车道布设于有轨电车两侧，如图6-1所示。中央布置形式的特点如下：

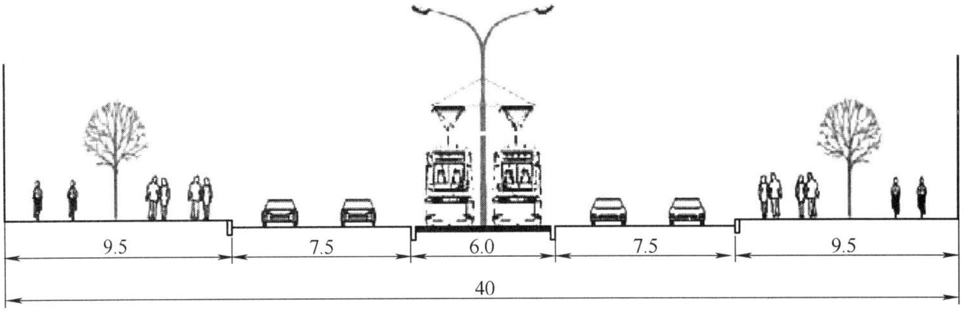

图6-1　中央布置断面示意图

1）配线形式可采用直线折返形式，即折返线直接布设在两线之间，其距离短、折返速度快，同时不影响其两侧道路交通。

2）两条轨道相距较近，轨间部分无任何道路设施，对道路分隔影响小，预留升级为专用路权的可能性，对其他交通方式影响小，易于实现。

3）车站布局形式灵活，可根据道路情况、运营需要，采用岛式站台或侧式站台。

4）根据客流增长情况，需要增设天桥或地下通道等横向过街设施，造成后期投资增加。

5）沿线交通组织上，路段出入的右转社会车辆对有轨电车没有影响，而左转社会车辆对有轨电车有影响。有轨电车对路口左转交通有影响，对直行及右转交通无影响。为解决有轨电车与左转交通的冲突，需考虑增设左转专用相位，在与有轨电车沿线道路相垂直的道路方向，信号系统相位不受影响。两侧公交车的停靠或路边临时停车不存在影响。

（2）两侧布置　有轨电车双线分设于道路两侧的非机动车道上，站台设置于人行道上，非机动车道设在道路最外侧，如图 6-2 所示。两侧布置形式的特点如下：

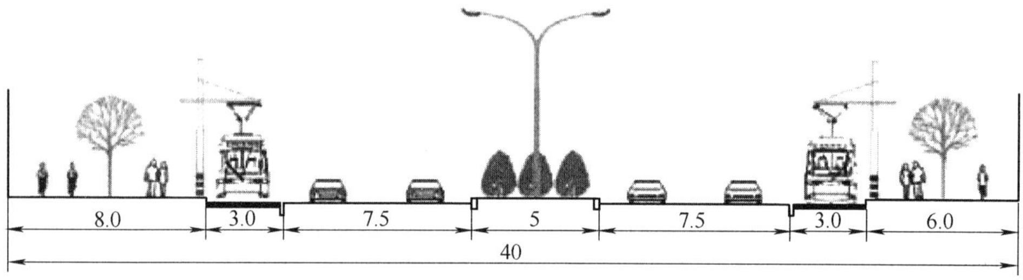

图 6-2　两侧布置断面示意图

1）折返渡线设置有两种形式：一种为直线折返渡线，另一种为曲线折返渡线。两种折返线均横穿整个道路。有轨电车在折返时，需要中断道路交通，从而造成交通延误。

2）有轨电车敷设于道路两侧，对道路分隔影响大，与常规公交共用站台，与非机动车、行人相互干扰大，不易升级。如果远期升级为专用路权，需要设置隔离设施，必然会造成对两侧单位出入口的严重封堵，同时还可造成常规公交与临时停车的困难，运营效率难以提高。

3）车站布局形式单一。

4）不需要增设行人过街设施。

5）沿线交通组织上，路段出入的社会车辆严重影响有轨电车的运营。为了降低车辆进出对有轨电车的影响，需要关闭部分单位的机动车和非机动车开口。车辆进出可由几个出入口合并，借用一段非机动车道，一旦有车辆抛锚或随意停车，将会影响非机动车的通行。有轨电车对同向左、右转交通均产生影响，对垂直方向右转交通也有影响。为解决各相位交通的冲突，需在同方向增设左、右转信号灯，在垂直方向增设右转信号灯。然而相位增多，必然会影响交叉口的通行能力，进而影响全线道路的通行能力。公交车停靠或路边临时停车会占用有轨电车行车道，易造成冲突。

（3）一侧布置　有轨电车双线集中布设于道路一侧的非机动车道上，站台设置于人行道和机非分隔带上，非机动车道设在道路最外侧，如图6-3所示。一侧布局方案中，双向轨道集中在道路一侧布置，减弱了对道路分割的影响，行人过街较易处理，但是需要对现有道路断面进行较大的改造。有轨电车布置在道路一侧，对沿线该侧单位的出入以及公交停靠和路边停车影响很大。该方案适用于道路一侧开发建设趋于成形，而另一侧开发强度不大的道路，不适用于两侧开发强度都很大的道路。

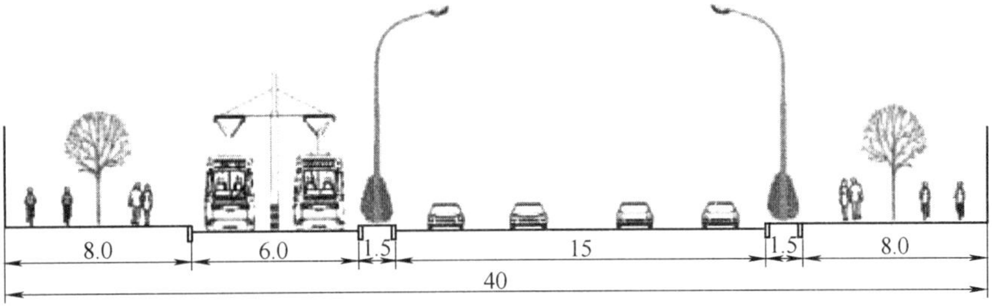

图6-3　一侧布置断面示意图

2. 按线路敷设方式分类

现代有轨电车的敷设形式类似于其他城市轨道交通，可分为地面线、高架线及地下线（一般在特殊情况下才会有部分区段为地下线，后面不再赘述）三种，其中以地下线的造价最高，其次是高架线，而地面线最低。有关建造形式的选择，除了考虑建造成本外，也与所经路廊环境状况、地形地质及用地取得等因素有关。

（1）地面　有轨电车系统沿路面敷设，轨面高程一般与路面高程保持一致，如图6-4所示。地面敷设方式应考虑有轨电车与其他社会交通车辆的信号联锁、路权关系，并设置相应的安全防护措施。地面站通常造价低，因路线阻隔了两侧地区，需处理好其地区其整体发展的关系。

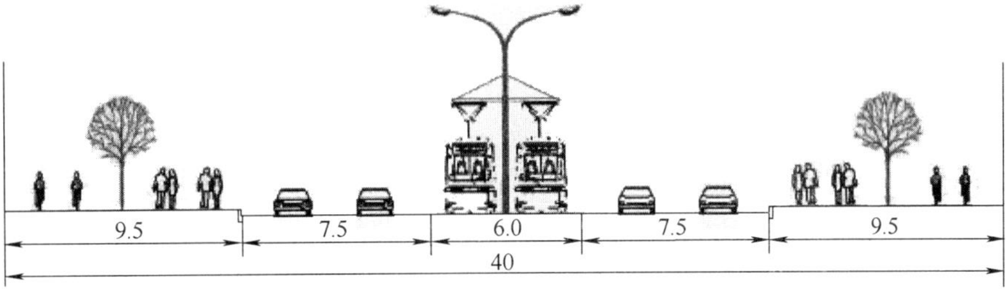

图6-4　地面敷设断面示意图

（2）高架　有轨电车系统独立敷设于高架桥上，与周边道路、河道或其他高架桥实现立体交叉，此工况下，其应相互满足净空需求，若跨河，则需满足河道通航要求，这对环境有一定的冲击和影响，如图6-5所示。

3. 按线路路权形式分类

不同于传统城市轨道交通，汽车、摩托车及行人都可能因有轨电车系统的“亲民”特性而发生冲突或危险，其影响程度与交通量、路廊现况（如宽度）及路权形式等因素有关。由于现代有轨电车大部分时间在道路上走行，故需考虑其在各种工况下与其他社会车辆共同对道路资源的使用情况。

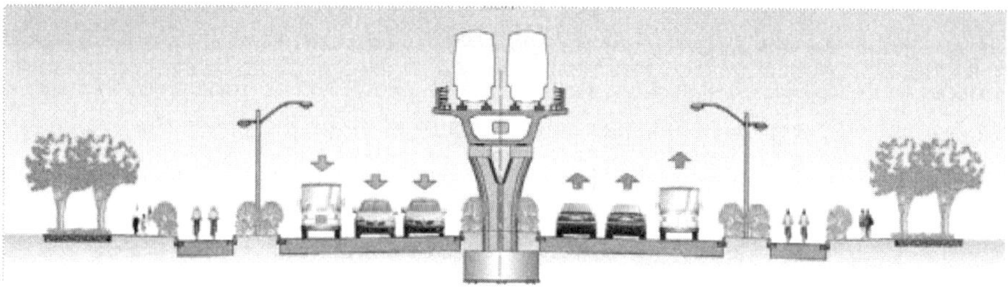

图 6-5　高架敷设断面示意图

（1）独立路权　现代有轨电车与旧式有轨电车的一个重要区别就是大量采用独立路权，从而保证了现代有轨电车的旅行速度在一个较高的水平。独立路权不允许有平面交叉口（但公共交通被完全保护的平面交叉口是可以的），在法规上不允许任何其他车辆或行人进入。在形式上，独立路权可以是隧道、高架桥或者在地面上隔离出的通道。

（2）半独立路权　半独立路权沿着其通路拥有与其他交通方式的物理隔离措施，如路缘石或栅栏等，但与其他交通方式（机动车、行人）有平面交叉，包括常规的街道交叉口。半独立路权形式的现代有轨电车在与其他道路相交时是使用平交形式的，在交叉口内路缘石是断开的，以允许机动车穿越，而在交叉口范围外，有轨电车通路继续被路缘石与机动车道隔离。

（3）混合路权　混合路权是指各种交通模式混行的街面，公共交通车辆可以拥有保留的车道（但不是物理隔离的），也可能是在普通车道上运营。对于商业街区，由于有轨电车绿色无污染、噪声低，可考虑采用“行人 + 有轨电车”的混合路权模式。此外，阿姆斯特丹等城市使有轨电车与公交车共享路权，这种做法虽然提高了有轨电车的运营维护费用，但也提高了有轨电车车道的利用率。

二、有轨电车线路结构

（一）城市轨道的功能

轨道是保证有轨电车运行的最基本条件，它承载列车重量，通过与车辆之间良好的轮轨配合，引导列车前进并传递动荷载至轨道基础，故轨道应有足够的强度、稳定性和弹性，才能保证列车运行的安全性和平稳性，并减小轮轨间的冲击与振动。同时，轨道还兼作牵引供电的回流电路、杂散电流排流通道及信号传输线路，要求钢轨、道岔与道床间应有良好的绝缘，其过渡电阻既应满足防杂散电流要求，还应满足列车自动驾驶要求。轨道是由钢轨、轨枕、扣件、道床、道岔及其他附属设备等组成的构筑物，如图 6-6 所示。

图 6-6　有轨电车轨道线路图

（二）轨道设备

1. 钢轨

钢轨是轨道的组成部分，是指两条直线形平行分布的，安装在轨枕或路基之上的由钢铁材料制成的金属构筑物。其功用是直接承受车轮传递的列车及其荷载的重量，并引导列车的运行方向。此外，在城市轨道交通系统中，钢轨还要兼供轨道电路之用。

苏州有轨电车 1 号线正线及辅助线采用 Ri60/R13 槽型轨（图 6-7），车场线布置为 50kg/m 钢轨。槽型轨和 50kg/m 钢轨为无过渡的异形轨，直接以焊接的方式连接。

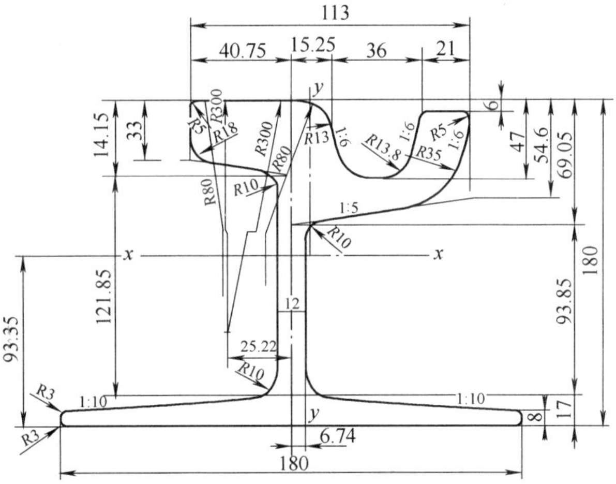

图 6-7　Ri60/R13 槽型轨结构图

2. 轨枕

轨枕是轨道的基础部件，它是承垫于钢轨之下，将钢轨所承受的重量平均传递到道床上，同时又能有效地保持钢轨轨距和方向几何形位的轨道部件。轨枕具有必要的坚固性、弹性和耐久性，以便于固定钢轨，它具有抵抗纵向和横向位移的能力，可阻止钢轨因列车行驶压力而被拖动，保持两条钢轨间具有一定的距离和方位。列车经过时，它可以适当变形以缓冲压力，但列车过后则应尽可能恢复原状。

有轨电车 1 号线采用钢筋混凝土轨枕，段内轨枕为新Ⅱ枕，使用钢筋和混凝土浇筑而成，如图 6-8 所示。

3. 扣件

扣件是用于连接钢轨与轨枕的零件。扣件由钢轨扣压件和轨下垫层两部分组成，如图 6-9所示。其主要作用是将钢轨固定在轨枕上，保持轨距并阻止钢轨的横纵向移动，并能提供适当的弹性。

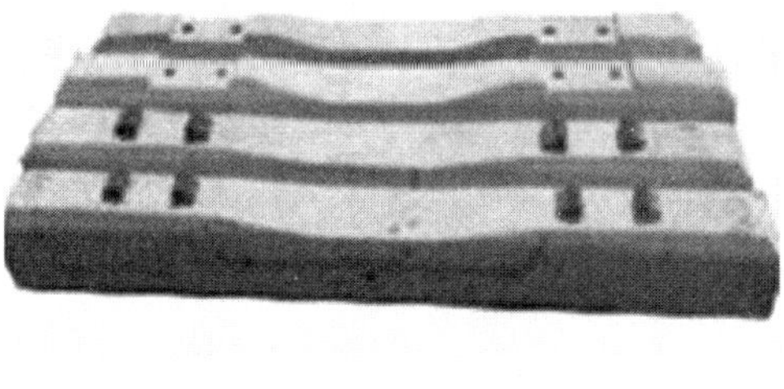

图 6-8　混凝土轨枕图

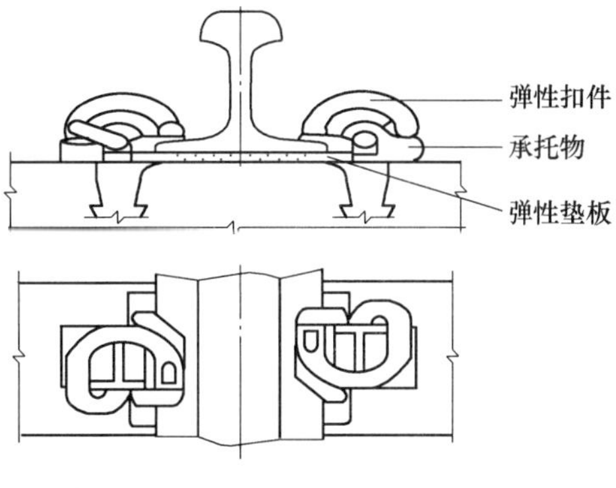

图 6-9　扣件构成图

有轨电车线路中的扣件应具备如下性能。

（1）足够的扣压力　这是钢轨和轨枕连接的重要保证，通常要求扣件纵向阻力大于道床的纵向阻力。当然扣压力也不宜过大，否则会使扣件的弹性急剧下降，从而影响扣件的使用寿命。

（2）适当的弹性　适当的弹性可减小载荷对道床的压力以及机车车辆簧下振动加速度，延长部件使用寿命。扣件的弹性主要由橡胶垫板和弹条等部件提供。

（3）一定的可调性　扣件应具有一定的水平和轨距调整量，这是因为当曲线轨距需要加宽或因钢轨磨耗使轨距扩大时，都需要通过扣件对轨距进行调整，线路维修时也需要通过扣件来调整两股钢轨的水平。

（4）可靠的绝缘性　由于轨道电路的需要和防止杂散电流的出现，在钢轨与轨枕连接的过程中，要有绝缘性能的要求。

4. 道床

道床是指路基、桥梁或隧道等下部结构之上，钢轨、轨枕之下的碎石、卵石层或混凝土层。它是钢轨或轨道框架的基础。

道床的断面形状一般为上窄下宽的梯形，主要包括道床顶宽、道床厚度和道床边坡坡度三个主要尺寸。道床顶宽是指道床表面上沿与线路垂直方向起量的总宽度。道床厚度自钢轨正下方轨枕底起量至路基面的尺寸。道床边坡是指道床顶面与侧斜面交线至路基面间的斜面，其坡度以同一轨道断面边坡线上任意两点间高度差与水平距之间的比值表示。

道床的主要作用是支撑轨枕，把来自轨枕上部的巨大荷载均匀地分布到路基面上，大大减少了路基的变形。道床依靠其本身和轨枕间的摩擦，起到固定轨枕的位置，以及阻止轨枕纵向或横向移动的作用。

道床的作用如下。

（1）分压作用　将轨枕下的作用分散并传于路基，使路基面的应力均匀并小于其容许强度。

（2）约束轨道框架　提供道床阻力以约束轨道框架，保持轨道的方向、高低等几何形位。

（3）增弹减振　提供轨道所需要的弹性和阻尼，衰减列车通过时产生的振动，避免过大的动作用力传到路基等下部结构上。

（4）排水　道床所使用的透水性材料可提供良好的排水性能，对减轻轨道冻害及提高路基的承载能力有着重要的作用

（5）方便维修养护　轨道在行车中产生的不平顺及方向不良可以通过一些具体方法加以整治。

有轨电车 1 号线采用混凝土整体道床，也称无碴道床，是指在坚实的基底上直接浇筑混凝土，以取代传统道碴层的轨下基础。整体道床常用于地下铁道隧道内和无碴桥梁上。整体道床又可分无枕木式整体道床和轨枕整体道床两种，就是指道床内可预埋木枕、混凝土枕或混凝土短枕，也可在混凝土整体道床上直接安装扣件、弹性垫层和钢轨。

整体道床的优点是：整体性强，纵向、横向稳定性好，具有较高的可靠性；其高平顺性和均匀的轨道弹性使旅客乘坐更舒适；坚固稳定、耐久，使用寿命长；较少的维修工作量和

维修成本；表面整洁；建筑高度较小，减少了隧道净空，节省投资，综合经济效益好。此外，无碴轨道上的无缝线路不会发生胀轨跑道，高速行车时不会有石碴飞溅起来造成伤害。发生紧急事件时，救援车辆可以直接上道等都是其不可忽视的优点。整体道床的缺点是造价高昂，且要求较高的施工精度和特殊的施工方法，在运营过程中一旦出现病害，整治非常困难，如一旦基底发生沉陷，修补极为困难。

5. 道岔

道岔是引导车辆一条线路转往另一条线路的过渡设备，如图6-10所示。它的构造复杂，养护困难，是多专业和多部门管理的结合部分，又是行车事故的多发部位，因此，道岔养护是线路养护工作的重中之重。

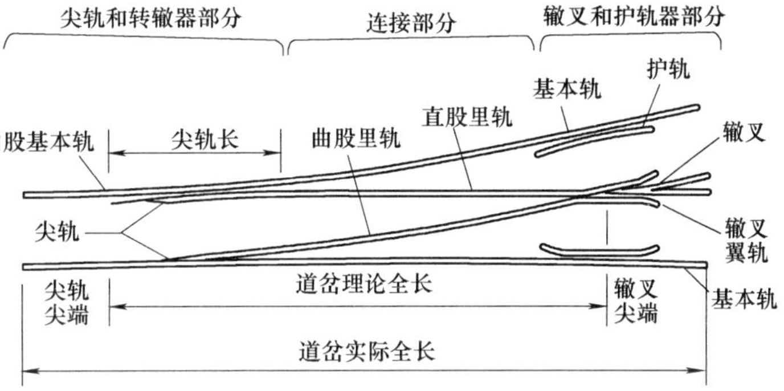

图6-10　单开道岔及其基本组成示意图

有轨电车道岔型号分为3号道岔、6号道岔（槽型轨道岔和50kg/m道岔）、交叉渡线（槽型轨和50kg/m道岔）。其中3号道岔、6号50kg/m道岔用于车辆段和停车场；6号槽型轨道岔分布在正线；交叉渡线分布在场段进出口咽喉区处。

（1）基本轨　基本轨由标准断面的钢轨制作，一侧为直基本轨，一侧为曲基本轨。基本轨除承受车辆的垂直压力外，还与尖轨共同承受车轮的横向水平推力，并保持尖轨位置的稳定。

（2）尖轨　尖轨是转辙部分的重要组成部分，依靠尖轨的扳动转换引导机车车辆进入道岔。尖轨基本轨由同型的标准轨刨切而成，其前端一定长度范围内需要铣削加工，以便与后面的连接轨相连。

（3）顶铁　顶铁安装于基本轨轨腰，其作用是保持基本轨与尖轨之间的距离，使基本轨与尖轨共同承受水平压力，防止尖轨跳动。

（4）轨撑　轨撑安装于转辙器基本轨外侧，具有防止基本轨横向移动、外翻和保持轨距的作用。

（5）拉杆　拉杆用于连接两尖轨并与转折设备相连，以转折尖轨位置。

（6）尖轨跟部零件　此结构是转辙器的重要组成部分，通常由间隔铁、夹板、轨撑、套管及螺栓组成。

（7）滑床板　滑床板支承尖轨与基本轨，以保证尖轨在平台上能正常滑动。

三、曲线轨道外轨超高及道口

（一）曲线轨道外轨超高

列车由直线进入曲线时，所产生离心力的大小取决于列车前进的速度和曲线半径。速度越高，半径越小，则离心力方向就越大，作用在外轨的力也越大，外轨磨耗加剧，钢轨外挤。为了克服离心力对车辆的影响，应该有一个与离心力相反、大小相等的向心力。这就需要将曲线外轨抬高（即设置超高），使车体内倾产生一个向心力来平衡这个离心力。

设置曲线外轨超高能达到下列三个目的：

1）减少曲线外股钢轨所受的垂直力和水平力，使两股钢轨受力均匀、垂直磨耗均匀。

2）保证轨道稳定，防止车辆倾覆。

3）将离心力限制在一定范围内，保证旅客乘车的舒适度。

（二）道口

城市轨道交通平交道主要有三种类型：预制混凝土板道口、现浇混凝土整体道口、橡胶道口。目前，国内轨道交通中通常选用预制混凝土板道口，这种道口造价便宜，但混凝土道口板在车辆碾压下容易发生碎裂、塌陷，从而影响使用，而且美观效果较差。现浇混凝土整体道口是在钢轨两侧一定范围内采用钢筋混凝土或沥青混凝土填充，整齐美观，下部轨道结构也采用与区间一致的整体道床，强度及稳定性较高。

苏州有轨电车主要采用现浇混凝土整体道口。正线道口一般采用现浇沥青混凝土的形式，场段内部道口一般采用现浇水泥混凝土的形式。

第二节　接触网的基本知识

一、接触网概述

接触网是电气化轨道交通所特有的、沿路轨架设的、为有轨电车提供电能的特殊供电线路，是电气化轨道交通牵引供电系统的重要组成部分。

接触网担负着把牵引变电所获得的电能直接输送给有轨电车使用的重要任务。由于接触网工作的特点，其特殊性主要表现在以下几个方面。

1. 接触网环境特性

接触网必须沿路轨架设。路轨四周的各类建筑物、电力输电设施、通信信号设施与接触网之间相互影响，因此，接触网的设计、施工、运营都需充分考虑接触网与电力输电线之间的距离、接触网与轨道信号电路和附近通信线路之间的干扰、接触网与受电弓及其他建筑物的限界等问题，将接触网与其四周设备的相互影响减少至最低程度，确保接触网与这些设施或设备之间的绝缘安全和电磁安全。

2. 接触网气候特性

接触网是露天设备，大气温度、湿度、冰雪、大风、大雾、污染、雷电等各类气候因素对其作用十分明显。接触网的机电参数，如线索弛度、线索张力、悬挂弹性、零部件的机械松紧度及空间位置、设备的绝缘程度、线索的载流能力、弓线间的磨耗关系等都会随气象条件的变化而变化，突然的气候变化还可能造成重大行车事故。接触网的运营维护工作和设计计算工作中绝大多数是与气象条件相关的。

3. 接触网无备用特性

接触网是一个综合供电系统，由于技术和经济的原因，接触网设备是无备用的。无备用性决定了接触网的脆弱性和重要性，一旦出现事故，必将影响列车运行，并造成一定的经济损失。

4. 接触网机电复合特性

接触网是电力输电线的一种，它具有电力输电线所具有的一切特性，必须遵循电力输电的一切规律和要求。但接触网又具有一般电力输电线所不具有的特殊性，这种特殊性是由弓网系统特殊性所决定的，弓网关系要求接触网必须具有稳定的空间结构、稳定的动静态特性、足够高的波动速度。因此，接触网除了应有良好的电气性能之外，还必须具有良好的力学性能，它是一个庞大的机电系统。

5. 接触网负荷的不确定性和移动性

接触网所承担的电力牵引负荷是快速移动的，正因为这点，使弓网关系成为有轨电车的核心问题之一。不确定的和随机的负荷变化使接触网经常承受较大冲击，为保证正常运行，接触网必须具备较强的过负荷能力。负荷不确定性对接触网的寿命和安全造成了较大的负面影响。

6. 接触网的多学科交叉特性

接触网工程涉及电气、机械、力学（弹力力学、振动学、材料力学、空气动力学等）、地质、石料、环保等多学科领域。因此，看起来十分简单的接触网，其本质却是多学科交叉形成的应用型学科。

由于接触网是露天设置的，没有备用，线路上的负荷又是随着有轨电车的运行而沿接触线移动和变化的，故对接触网提出了以下要求：

1）在快速运行和恶劣的气候条件下，能保证有轨电车正常取流，要求接触网在机械结构上具有稳定性和足够的弹性。

2）接触网设备及零件要有互换性，应具有足够的耐磨性和耐蚀性，并尽量延长设备的使用年限。

3）要求接触网对地绝缘好，安全可靠。

4）设备结构尽量简单，便于施工，有利于运营和维修。在发生事故的情况下，便于抢修和迅速恢复送电。

5）尽可能地降低成本，特别要注意节约非铁金属及钢材。

6）日常维护时，按标准化作业程序，坚持标准化作业，严格按照设备的技术标准检修，严禁凭经验、臆测行事。

二、接触网的组成

苏州高新区有轨电车 1 号线采用架空式柔性接触网。接触网设备设施包括接触网钢柱、腕臂、下锚补偿装置、接触线、架空地线、中心锚结、定位装置、电连接、隔离开关、避雷器、分段绝缘器等，如图 6-11 所示。

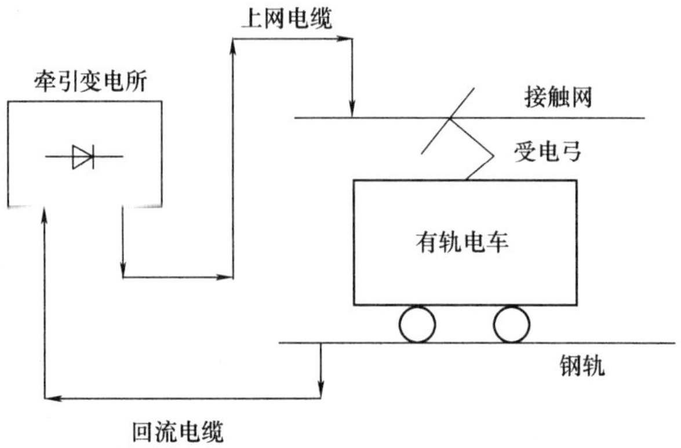

图 6-11　接触网供电示意图

第三节　信号系统

一、信号系统概述

苏州有轨电车1号线正线信号系统采用庞巴迪的 CITYFLO 150 系统，该系统是成熟、尖端的自动列车控制技术，主要基于计算机技术并采用冗余设计、光纤网络技术和 RF 车地通信技术，完全适用于最先进的有轨电车。

（一）信号系统的技术特点

1）保证运行安全、短行车间隔和增强系统性能，并采用最新的经济性解决方案。系统设计行车间隔不超过 180s；在终点站龙康路车站和苏州园车站的折返行车间隔不超过 180s。

2）有轨电车信号系统的开发基于 CENELEC 铁路标准，并采用经证实的技术来保证运行安全。所有与安全相关的设备基于“故障-安全”原则进行设计。正线道岔控制系统能够实现最高的 SIL4 安全要求，正线平交路口控制系统能实现 SIL2 安全要求。

3）有轨电车信号系统具有很高的系统可用性。所有集中设置的关键子系统具有热备份冗余。当主单元出现故障时，备用单元自动上线，此时整体系统运行不受影响。进路排列（道岔控制）也具有多种等级的控制方法，包括控制中心手动控制、司机远程控制和本地手动控制。

4）有轨电车信号系统采用模块化系统和软件设计，具有很高的设计和应用灵活性，特别适用于未来系统扩建。而且模块化设计允许设备分散，可在整个系统寿命周期内提供更多的维护灵活性，减少恢复时间和轨旁设备的维护成本。

5）中心 ATS 监控的列车数量具有可扩展性，具有最大监控 5000 辆列车的能力。

6）有轨电车信号系统采用车-地无线通信，允许控制中心和有轨电车交换实时运行信息，如有轨电车位置、有轨电车准点信息，从而明显改善运行效率。

7）有轨电车信号系统采用高准确度和高可靠性的 GPS/BD 双模卫星定位技术进行有轨电车的定位，沿线无须安装有轨电车检测设备进行有轨电车跟踪，而只在道岔区和平交路口区安装相关设备，以增强安全性。

8）有轨电车信号系统的客户化配置功能允许预留车站在将来开通时无须增加任何硬件或修改软件。

9）有轨电车信号系统能够通过适当的工具和报警系统实现自检测和自诊断。

（二）信号系统的工作原理

庞巴迪的 CITYFLO 150 系统包括 EBILock400 正线道岔控制子系统、EBI Lock 400 平交路口信号控制子系统和 CITYFLO 150 车载子系统、EBI Screen 2000 中心 ATS 子系统。

正线信号系统的工作原理如图 6-12 所示。

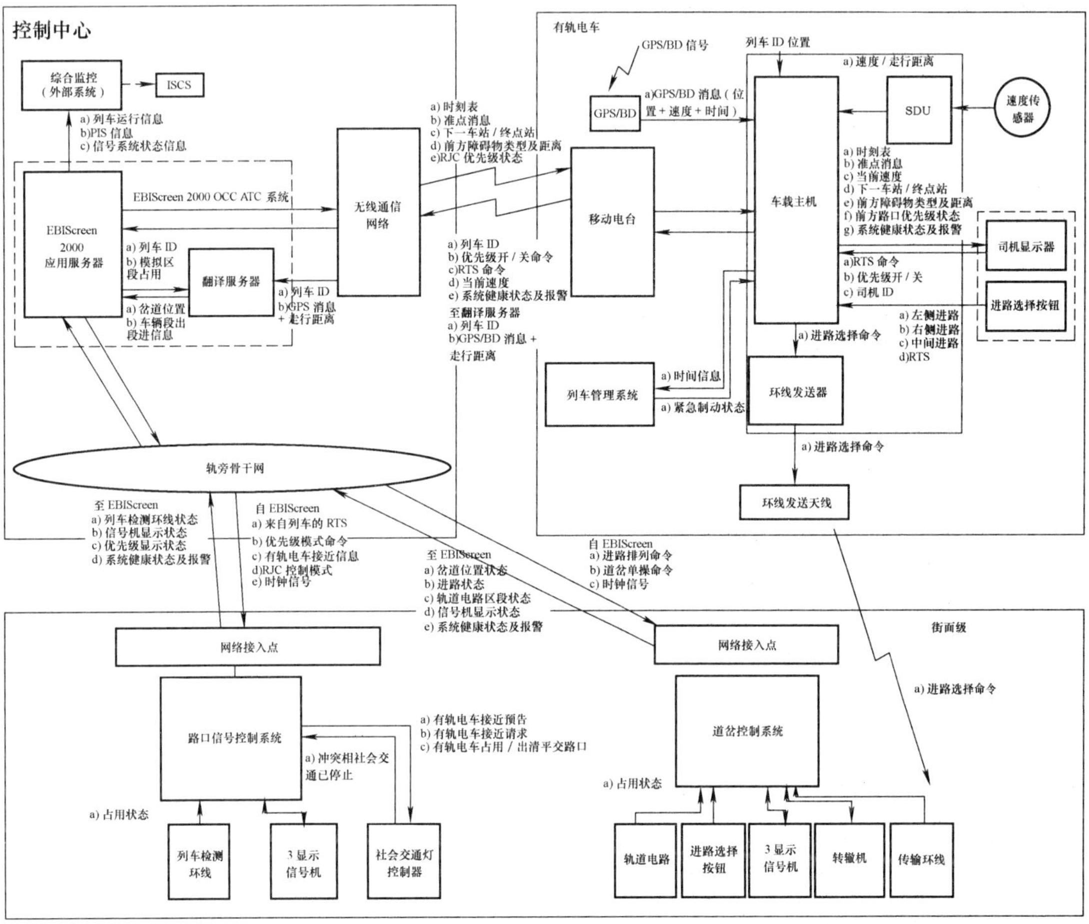

图 6-12 正线信号系统工作原理

道岔控制器 PCC 根据中心 ATS 的自动/人工进路命令（通过骨干网传递），或者司机发送的人工进路命令（通过环线传送），从轨道电路设备获取的列车位置以及转辙机和信号机状态进行进路的办理和联锁控制，并动作转辙机和给出信号机显示。司机根据信号机显示行车。

平交路口信号控制器 RJC 根据列车检测环线和 GPS/BD 获取的列车位置信息，通过和社会交通灯控制器的接口实现平交路口信号优先级控制，并给出信号机显示。

车载设备具有司机输入进路控制（道岔控制）命令和平交路口控制命令的按钮和 DMI，

这些命令通过车地通信通道传送给轨旁设备。车载设备具有 GPS/BD 模块和速度计，GPS/BD 的信息和速度计信息一起通过无线通道传送给控制中心，用以实现全线的连续列车定位。车载 DMI 可以显示列车正点信息等运行辅助信息。车载主机 VCU 是整个车载的中心单元，用于实现信息的读取和处理。

中心 ATS 通过无线通道从车载设备获取 GPS/BD 和速度计信息，根据这些信息计算得到列车的位置，用以实现列车位置的全线追踪显示。中心 ATS 采集道岔控制器 PCC、平交路口控制器 RJC 和车载设备的状态，对正线设备状态进行监视和告警。中心 ATS 提供时刻表功能，它和车辆段微机联锁（通过车辆段 ATS）进行接口获取进路和区段占用相关信息，对车辆段区域的状态进行监视。

（三）正线信号系统的组成及功能

1. 正线道岔控制子系统的构成及功能

（1）系统组成　每个道岔区域配置一套 EBI Lock 400 正线道岔控制子系统（图 6-13），主要构成部分如下：EBI Lock 400 道岔控制器机柜包含 2 取 2 结构的运算主机，进行联锁逻辑运算；转辙机用于转换道岔位置；三显示防护信号机用于防护有轨电车的运行；无绝缘轨道电路实现列车位置检测；传输环线接收有轨电车发送的进路选择命令，用于司机远程手动进路选择功能；进路选择按钮用于在轨旁手动选择进路。

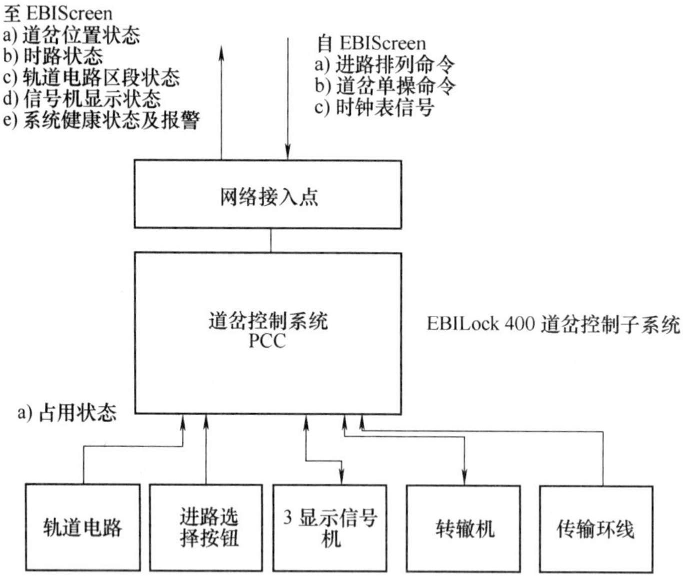

图 6-13　正线道岔控制子系统的构成

每个带有道岔的车站将配置正线道岔控制子系统。苏州有轨电车 1 号线总共有 8 个车站（含远期站）带有道岔，因此沿线安装 8 个道岔控制柜，其位置包括龙康路站、嘉陵江路站、管委会站、白马涧站、湘江路站、新区公园站、苏州乐园站。

上述每个车站配置一套道岔控制器机柜和其他辅助设备，如轨道电路、转辙机、信号机、传输环线和手动进路选择按钮。每个道岔区由一个道岔控制器单独控制。每个道岔控制器通过骨干网和控制中心 ATS 进行通信，接收进路排列（道岔选择）命令并发回轨旁目标状态和系统状况。每个道岔控制器也通过传输环线和有轨电车进行通信，接收司机的手动进路选择（道岔选择）命令。

正线道岔控制子系统是关键的轨旁子系统，位于每个带有道岔的车站。其配置为 2 取 2 结构，并满足 SIL3 安全等级要求（最高可达 SIL4）。道岔控制器通过进路安全的联锁控制和信号显示，从而保证进路排列的安全性和有轨电车通过的安全性。

（2）功能　EBI Lock 400 道岔控制子系统基于已验证的成熟技术并采用 2 取 2 结构，能够实现正线所有道岔区域的安全进路联锁。道岔控制器的功能如下。

1）执行控制中心 ATS 或司机的进路排列命令，进行道岔区进路控制。

2）道岔控制器支持下列进路控制（道岔控制）模式：

① 有轨电车接近时自动排列进路。

② OCC 调度员手动进路排列。

③ OCC 调度员手动单个道岔操作。

④ 司机手动远程进路排列。

⑤ 司机在轨旁手动进路排列。

3）安全进路联锁并带有侧防保护。

4）控制有轨电车信号机和转辙机，并向中心 ATS 报告状态。

5）道岔区有轨电车检测（用于道岔锁闭和自动解锁）。

6）道岔区运行方向控制。

7）通过传输环线接收车载系统发送的进路选择命令。

8）与车辆段联锁子系统，以及将来其他有轨电车线路的道岔控制系统进行接口，实现冲突检查。

9）所有安全相关功能满足 SIL3 安全等级（最高可达 SIL4）的要求。

10）自我诊断功能和故障报警功能。

2. 平交路口信号控制子系统的构成及功能

（1）系统构成　每个平交路口区域配置一套 EBI Lock 400 平交路口信号控制子系统（图 6-14），其主要构成部分如下：EBI Lock 400 路口信号控制器机柜包含 2 取 2 结构的运算主机，进行联锁逻辑运算；三显示防护信号机，用于防护有轨电车的运行；列车检测环线，实现列车检测功能，用于检测列车接近、路口占用/出清表示。

每个有轨电车线路上的平交路口区域装备有一套平交路口信号控制器机柜。苏州有轨电车 1 号线总共有 17 个平交路口需实现有轨电车信号优先功能，因此沿线安装 17 个平交路口控制器机柜，并安装于以下平交路口区域附近。

001：太湖大道-龙安路平交路口。

002：太湖大道-S230 道路平交路口。

003：太湖大道-嘉陵江路平交路口。

004：太湖大道-龙山路平交路口。

005：太湖大道-锦峰路平交路口。

006：太湖大道-横一路平交路口。

007：太湖大道-纵四路平交路口。

008：建林路-马涧路平交路口。

009：华山路-建林路平交路口。

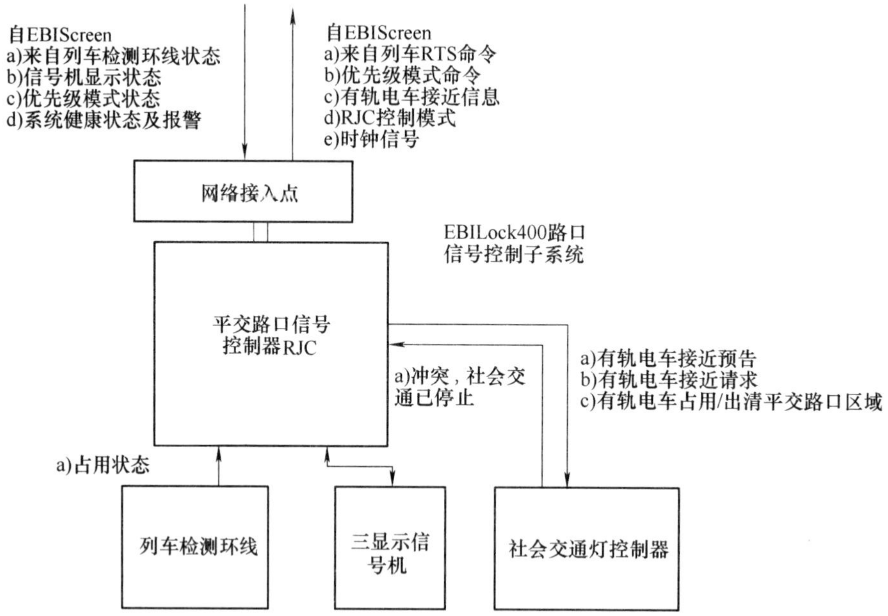

图 6-14　平交路口信号控制子系统的构成

010：华山路-朝红路平交路口。

011：华山路-规划路 3 平交路口。

012：湘江路-华山路平交路口。

013：何山路-湘江路平交路口。

014：何山路-金枫路平交路口。

015：珠江路-何山路平交路口。

016：珠江路-邓尉路平交路口。

017：珠江路-金山路平交路口。

上述每个平交路口配置一套平交路口控制器机柜和辅助设备，包括车辆检测环线和进路信号机。每个平交路口区域由一个平交路口控制器单独控制。平交路口控制器通过骨干网和控制中心 ATS 进行通信，接收有轨电车接近信息、优先级控制命令，并发回目标状态和系统健康状态。平交路口控制器也通过继电器干接点与社会交通灯控制器进行接口，发送有轨电车接近请求、平交路口占用等信息，并接收冲突相交通停止信息，从而对有轨电车信号机显示进行相应的控制。

平交路口控制子系统为 SIL2 级轨旁子系统。平交路口控制器机柜提供和社会交通灯控制器的接口，实现有轨电车信号机和社会交通灯之间的联锁。它也提供多种有轨电车通过的优先级等级，以保证运行效率，并满足不同运行场景的需求。

（2）系统功能　EBI Lock 400 平交路口控制子系统基于和正线道岔控制子系统道岔控制器相同的硬件平台，也采用 2 取 2 结构。路口控制器的功能如下：

1）基于自动有轨电车接近检测或司机准备起动请求，向社会交通灯控制器发送有轨电车接近请求。

2）监督平交路口区域有轨电车占用状态，并向社会车辆交通灯控制器和控制中心 ATS

报告。

3）控制有轨电车信号机的显示，并向中心 ATS 报告状态。

4）进行路口优先级控制，具有下列优先级模式：

① 优先级打开（可由有轨电车司机为有轨电车单独设置，或者由中心调度员为各个路口单独设置）。

② 优先级关闭（可由有轨电车司机为有轨电车单独设置，或者由中心调度员为各个路口单独设置）。

③ 准备起动。

5）所有安全相关功能满足 SIL2 安全等级要求。

6）自诊断功能和故障报警功能。

3. 车载子系统的构成与功能

（1）系统构成　苏州有轨电车 1 号线的每列有轨电车装备有一套 CITYFLO 150 车载子系统，如图 6-15 所示。车载主单元位于有轨电车一端的驾驶室；在有轨电车另外一端的司机室，安装一个 DMI、一个环线发送器、进路选择按钮和一套环线天线，以支持首尾操作。安装在首、尾司机室的设备通过数据通信接口和列车线互相通信。车载设备如下。

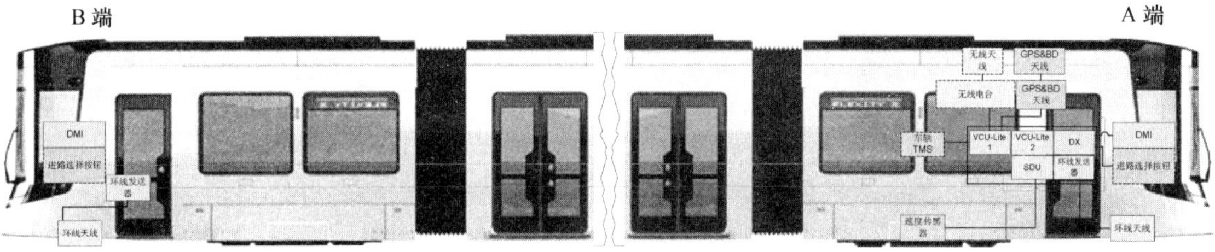

图 6-15　车载子系统构成

1）VCU-Lite 单元。VCU-Lite 是车载系统的中央处理单元。VCU 处理道岔选择命令和平交路口控制器 RJC 优先级控制命令（来自司机），并将其发送至轨旁设备执行。VCU 也处理来自控制中心 ATS 的信息并将其发送至 DMI 显示。VCU 通过车载定位传感器确定列车的速度和位置（GPS/BD + 速度传感器），并持续向控制中心 ATS 报告。另外，VCU 处理和车辆 TMS 的通信，提供时间信息，接收车辆状态（如紧急制动状态）。VCU 也执行车载系统自诊断功能，在 DMI 上显示系统健康状态，并通过无线将其发送至轨旁设备。数据日志功能也在 VCU-Lite 里执行。

2）人机界面 DMI。触摸屏 DMI 安装在有轨电车两端的司机控制面板上。DMI 向司机显示必要的运行信息，如当前速度、到前方障碍物（前方列车、未锁闭道岔、固定限速区段）的距离、前方路口优先级模式、车载系统状态等。司机能够在 DMI 上选择优先级命令。

3）测速测距单元 SDU。SDU 处理来自速度传感器的信号，并向 VCU 报告。

4）DX 单元。DX 单元是接口单元，通过列车线和串行数据通信线路连接列车两端的 DMI 和进路选择按钮。

5）GPS/BD。GPS/BD 接收器处理 GPS/BD 定位信号，并向 VCU 报告当前位置、速度和时间。

6）其他辅助设备包括 GPS/BD 接收天线、速度传感器、环线发送器和环线天线。环线发送器发送司机进路选择命令至轨旁环线。

（2）功能　CITYFLO 150 车载子系统的主要功能如下。

1）远程进路选择功能。

2）列车优先级模式选择功能。

① 优先级打开。

② 优先级关闭。

③ 准备起动。

3）有轨电车定位并向中心 ATS 报告。

4）有轨电车速度检测并向中心 ATS 报告。

5）在有轨电车接近未锁闭道岔时发出声光报警，并在 DMI 上显示距离。

6）DMI 上显示其他运行辅助信息，如有轨电车当前速度、准点信息、距前方有轨电车的距离、距前方固定限速区段的距离，以及限速区段限速值和长度等。

7）与车辆的接口，提供时间信息。

8）自诊断功能和 DMI 故障报警功能，并向中心 ATS 报告。

4. 中心 ATS 子系统的构成及功能

（1）系统构成　EBI Screen 2000 中心子 ATS 系统配置有热备份冗余 ATS 服务器，包括一套冗余应用服务器、一套冗余翻译服务器、一套冗余控制中心通信交换机，如图 6-16 所示。

中心 ATS 子系统还包括大屏显示接口工作站、总调度工作站、调度员工作站、时刻表工作站、维护工作站和在线培训工作站，对全线的运行进行控制，并执行数据记录和模拟功能。

中心 ATS 子系统还包括接口设备，如 ATS Gateway PLC，用于和控制中心的 ISCS 外部子系统进行接口。

（2）中心 ATS 子系统的功能　EBI Screen 2000 ATS 的主要功能是通过提供所有与运行相关的信息来支持运营调度人员的运行管理工作，并处理调度员在正常和非正常运行条件下的请求。

EBI Screen 2000 ATS 系统提供多种不同控制等级的运行控制功能：EBI Lock 400 道岔控制子系统保护下的自动控制模式和手动控制模式。中心 ATS 对全系统的整体监督和控制基于与道岔控制子系统、平交路口控制子系统、车辆段联锁子系统、车载子系统和各种辅助系统的数据交换。

EBI Screen 2000 ATS 的主要功能如下。

1）对正线的运行进行有效监督和控制，并对车辆段内的运行进行集中监督。

2）运行控制支持功能，如列车描述和自动进路功能。

3）权限管理，同一时刻对同一区域只允许具有控制权限的调度员进行控制。

4）时刻表管理，包括长期时刻表和日常修改。

5）向司机发送准点信息，进行有轨电车运行调整。

6）运行辅助功能，向司机发送“障碍物距离”信息并提供报警。

7）与外部系统的接口，如 ISCS 等外部子系统，提供运行信息。

8）维护和诊断功能，包括事件日志、报警处理、报告和回放。

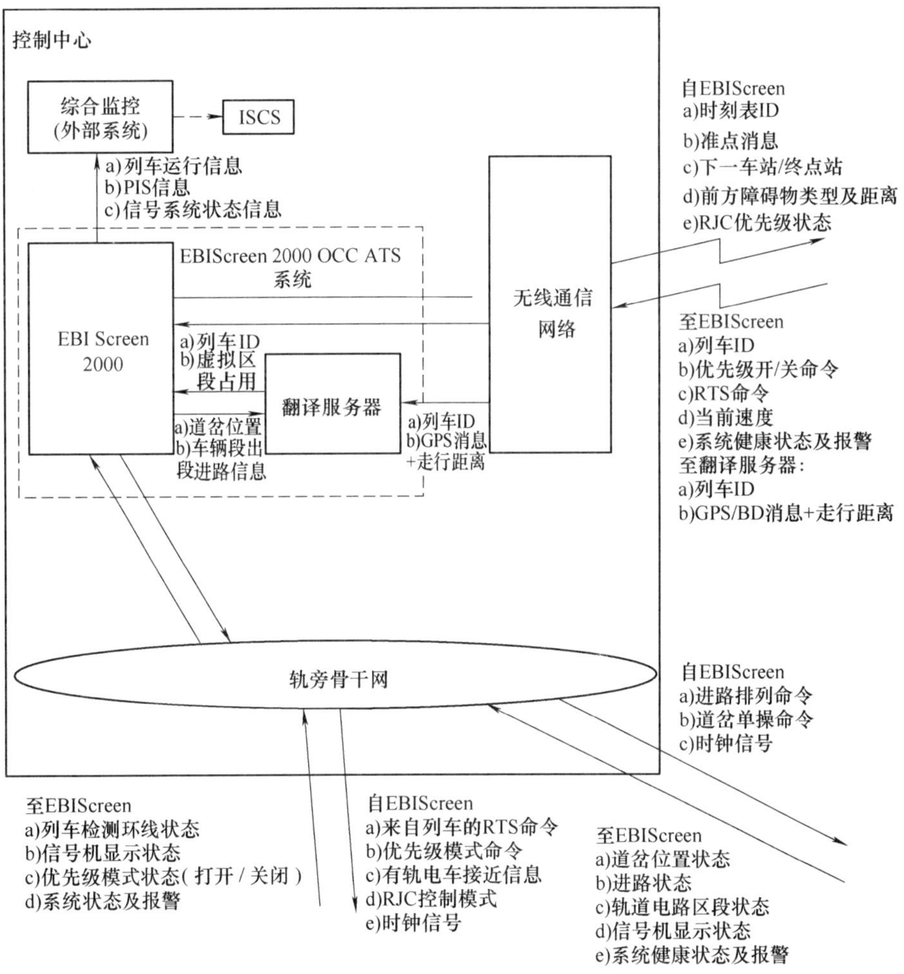

图 6-16　中心 ATS 子系统的构成

9）培训功能。

（四）控制模式和运行场景

1. 概述

有轨电车信号系统采用目视驾驶模式（OS 模式）。司机须观察前方障碍物，并按照轨旁信号机显示、轨道限速要求以及调度命令和行车规则来手动驾驶有轨电车，有轨电车司机对有轨电车的运行安全负责。

CITYFLO 150 系统提供下列运行辅助信息并在 DMI 上显示，供司机参考。

1）前方路口的优先级模式。

2）如果前方道岔未锁闭，则发出声光报警，并显示距离。

3）距前方有轨电车的距离。

4）距前方固定限速区段的距离。

需要说明的是，上述运行辅助信息功能并不是安全功能，仅供司机参考。司机仍然对有轨电车的运行安全负责。

自动进路排列模式是 CITYFLO 150 系统的正常运行模式。当有轨电车接近道岔时，由系统自动设置有轨电车进路，司机无需考虑有轨电车进路排列，从而可以更专注于观察前方信号和前方障碍物，并按照线路限速要求驾驶有轨电车，以保证有轨电车运行的安全性。

2. 正线道岔控制模式

正常情况下，正线道岔控制具有两种不同模式：自动控制模式和司机手动远程控制模式。

（1）自动控制模式　这是正常情况下的系统控制模式。本模式需要所有子系统，包括中心 ATS、轨旁道岔控制器、车载子系统、骨干网络和 TWC 子系统的所有功能正常工作。

对苏州有轨电车一号线的行车间隔模拟计算基于本模式。

在自动控制模式下，由中心 ATS 基于在线时刻表和每列有轨电车报告的位置，自动地排列正线列车进路，包括终点站折返进路和车辆段出入段进路。控制中心 OCC 调度员和司机无需手动排列进路，司机只需根据进路信号机和道岔位置表示器驾驶有轨电车。

正常情况下，有轨电车通过后进路由道岔控制器自动解锁，进路也可由中心调度员手动解锁或取消。

（2）司机手动远程控制模式　如果列车进路未被正确排列，或有不能被控制中心排列，此时可采用手动道岔控制模式。本模式提供了继续运行的可能性。

如果有轨电车正在接近一个红灯显示的道岔防护信号机，或者司机发现列车进路排列不正确，司机可按压安装在司机控制面盘上的进路选择按钮发出进路排列命令。司机须在信号机之前先停车再排列进路。

车载系统通过传输环线将命令发送至轨旁道岔控制器。轨旁道岔控制器设置和锁闭进路，然后开放信号机。有轨电车通过后进路自动解锁。

本模式只需车载子系统、轨旁道岔控制子系统功能正常工作即可，因此可用作自动控制模式的后备模式。

有轨电车通过道岔区段后，道岔控制器自动解除进路，或者进路可由中央调度员手动解锁或取消。

为在某些故障情景下提供继续运行的可能性，CITYFLO 150 系统也提供了下列不同的手动控制模式作为降级模式：中央调度员手动控制模式、司机手动本地控制模式、转辙机人工操作。

1）中央调度员手动控制模式。中央调度员能够在 ATS 工作站上手动排列列车进路，或者分别手动操作单个道岔，如单独操作转辙机、单独锁闭和单独封锁。

本模式不仅可用于系统正常情况下的运行，也用于某些非正常情景，如自动控制模式不可用时。

2）司机手动本地控制模式。如果中央控制和司机远程控制均不能实现，本模式为司机提供了在轨旁排列进路的可能性。

司机在信号机前停车，并离开有轨电车，司机按压安装在轨旁的进路排列按钮，相应的道岔控制器排列列车进路并开放信号机。司机按照信号机的显示驾驶有轨电车。

3）转辙机口操作。在某些极端情景下，如电源系统故障导致道岔控制器无法工作、转辙机不能正常转换时，可用手柄手动切换转辙机。

3. 路口优先级控制模式

CITYFLO 150 系统为司机和调度员提供了非常灵活的路口控制模式，以满足不同情景下在平交路口区域不同的运行要求。CITYFLO 150 系统提供了下列路口优先级控制模式：有轨电车优先级打开、有轨电车优先级关闭、有轨电车准备起动。

（1）有轨电车优先级打开　当有轨电车司机不希望在平交路口前停车时，如有轨电车晚点，司机可通过触摸屏 DMI 上的优先级选择按钮设置有轨电车优先级为打开状态。

车载系统通过无线通信将该命令和有轨电车 ID 号一起发送至中心 ATS。根据收到的有轨电车位置信息，随着有轨电车的前进，中央 ATS 将向各个相应的平交路口控制器转发优先级打开命令。在优先级打开模式下，平交路口控制器向社会车辆交通灯控制器自动发送有轨电车接近请求以使其发起交通相位转换。

平交路口控制器向社会车辆交通灯控制器发送的有轨电车接近请求的时间若足够早，则可保证社会车辆交通灯控制器有充分的时间完成相位转换，并在有轨电车开始制动前发回“冲突相交通灯已关闭”信号。在优先级打开模式下，有轨电车在接近平交路口时按规定限速通过，从而实现最高的运行性能。列车通过平交路口后，路口控制器优先级模式自动恢复为默认模式。

优先级打开模式是平交路口控制器的默认模式（可根据需求配置）。

（2）有轨电车优先级关闭　车载系统通过无线通信将该命令随同有轨电车 ID 号一起发送至中央 ATS，根据收到的有轨电车位置，随着有轨电车的前行，中心 ATS 将向各个相应的路口控制器转发优先级关闭命令。在优先级关闭模式下，平交路口控制器仍将获知有轨电车的接近，但不会向社会车辆交通灯控制器发送有轨电车接近请求。平交路口控制器根据社会车辆交通灯控制器发送的“冲突相位交通灯已关闭”信号控制有轨电车信号机的显示。司机按照有轨电车信号机显示驾驶有轨电车前进。

（3）有轨电车准备启动　如果车站站台区域与前方平交路口临近，由于有轨电车需在站台停车上下乘客，为避免系统较早地发出接近请求（当优先级模式打开时），“自动有轨电车接近请求”功能将被更换为“准备起动”功能。此模式包含两个情景：优先级打开和优先级关闭。

1）优先级打开的情景。有轨电车停在站台，乘客上下车之后，当司机准备发车时，司机按压“准备起动”按钮。车载系统将该命令发送至中心 ATS，中心 ATS 根据收到的有轨电车位置和 ID 号向相应的平交路口控制器转发“准备起动”命令。

平交路口控制器向社会交通灯控制器自动发送有轨电车接近请求，以使其发起交通相位转换。然后，平交路口控制器根据来自社会车辆交通灯控制器的“冲突相交通灯已关闭”信号控制有轨电车信号机的显示。当有轨电车信号机开放后，司机可驾驶有轨电车前进。

2）优先级关闭的情景。有轨电车停在站台上。当优先级关闭时，由于平交路口控制器不会向社会车辆交通灯控制器发送有轨电车接近请求，因此，在乘客上下车后司机准备发车时，司机无需按压 DMI 上的“准备起动”按钮。

此时，平交路口控制器根据来自社会车辆交通灯控制器的“冲突相位交通灯已关闭”信号控制有轨电车信号机的显示，司机可根据有轨电车信号机的显示驾驶有轨电车前进。

控制中心调度员也可在 ATS 工作站上为各个路口控制器分别设置以下优先级模式。

① 优先级列车控制模式：路口控制器优先级模式由接近列车控制。

② 优先级打开：路口控制器优先级固定保持为打开，来自列车的优先级关闭命令无效。

③ 优先级关闭：路口控制器优先级固定保持为关闭，来自列车的优先级开启命令无效。

4. 从正线进入车辆段或从车辆段进入正线

（1）从正线进入车辆段　正线道岔控制子系统在检查到车辆段有出段进路的情况下，不能向车辆段方向办理发车作业；正线道岔控制子系统在检查到车辆段没有出段进路的情况下，可以向车辆段方向办理发车作业。

（2）从车辆段进入正线

1）有轨电车司机开启车载系统，车载系统执行自检并和地面建立无线通信。车载系统在 DMI 上显示车载系统健康状态，并通过无线通信系统实时向中心 ATS 报告。自检时，系统也检查 GPS/BD 接收器的健康状态，但 GPS/BD 定位可用性只有在有轨电车离开车库后才能检查。

2）确定车载系统健康状态后，司机呼叫车辆段调度员设置从车库到转换轨的进路。车辆段联锁系统将和正线道岔控制器进行冲突检查，只有当正线道岔控制器未办理通过相同的转换轨的回段进路时，车辆段联锁才能够排列从车辆段到转换轨的出段进路。

3）信号机开放后，司机按照车辆段限速要求，驾驶有轨电车进入位于车辆段出入线上的转换轨，然后在车辆段边界标牌前停车。

4）停车后，司机需检查确认 DMI 上显示的 GPS/BD 符号，确定 GPS/BD 定位可用。转换轨是系统基于 GPS/BD 定位的有轨电车追踪的第一个区段，系统会根据车辆段进路排列情况自动确定列车所在的转换轨，但为保证有轨电车追踪的正确性，DMI 将显示有轨电车所在的转换轨名称，并要求司机通过按压“确认”按钮进行确认。然后，ATS 系统将根据计划时刻表检查有轨电车 ID 号，如正确，则 ATS 自动向有轨电车分配时刻表。

5）司机向调度员报告并获得调度员许可后，便可驾驶有轨电车前进。正线信号系统追踪有轨电车的运行，并在有轨电车接近道岔防护信号机时自动排列列车进入正线的进路。

6）道岔防护信号机开放后，司机可驾驶有轨电车以目视模式（OS）进入正线。

5. 正线运行

正线运行是指有轨电车按照系统正常运行方向（右侧）运行。司机采用目视模式驾驶有轨电车，中央 ATS 系统通过接收车载系统的位置报告，持续追踪有轨电车的运行。

（1）道岔区进路排列　有轨电车接近道岔区时，中心 ATS 系统根据时刻表自动排列正确的列车进路。司机按照信号机和相应的限速要求驾驶有轨电车，有轨电车通过道岔区后进路自动解锁。

（2）站台运行和运行调整　有轨电车进入站台区域后，ATS 将比较列车的实际到达时间和时刻表中的计划到达时间并计算时间差，并将该信息作为准点信息发送给车载系统以在 DMI 上显示。司机获知有轨电车早点或晚点信息后，可通过下列方法进行相应的运行调节：调整在本站台的停站时间，或者调整到下一车站的区间运行速度。

DMI 持续显示准点信息，直至有轨电车完全离开站台区域。在区间线路上，有轨电车不会接收准点信息，直至列车进入下一个站台区域。停站期间，司机需手动打开正确侧有轨电车车门，并监督乘客上下车。

（3）司机运行辅助信息　有轨电车在正线线路运行时，系统为司机提供下列运行辅助信息并将其显示在 DMI 上：有轨电车接近未锁闭或无位置标示道岔时，发出声光报警，并显示距离；距前方有轨电车的距离；距固定限速区段的距离，以及限速区段的限速值和长度。

需要说明的是，上述运行辅助信息功能并不是安全功能，仅供司机参考，并不提供安全的有轨电车分隔功能和任何保护功能，因此并不能保证有轨电车的运行安全，司机仍然对有轨电车的运行安全负责。

（4）折返运行　折返运行使列车能够在指定的终点站完成折返操作。一般情况下，在乘客离开运行至线路终点站的列车后，执行折返运行。

司机以目视模式，按照信号机和道岔位置表示器的显示驾驶有轨电车。但列车进路，包括进入折返轨的进路和退出折返轨的进路将自动排列。

正常运行时，折返运行在龙康路车站和苏州乐园站进行。

1）龙康路站。司机驾驶有轨电车停在图6-17中上方轨道的站台上。司机打开车门供乘客上下车，同时站台区段的占用将触发进入折返轨的进路。根据时刻表的定义和选择的折返策略，ATS将自动排列至折返轨线1或折返轨2的进路。

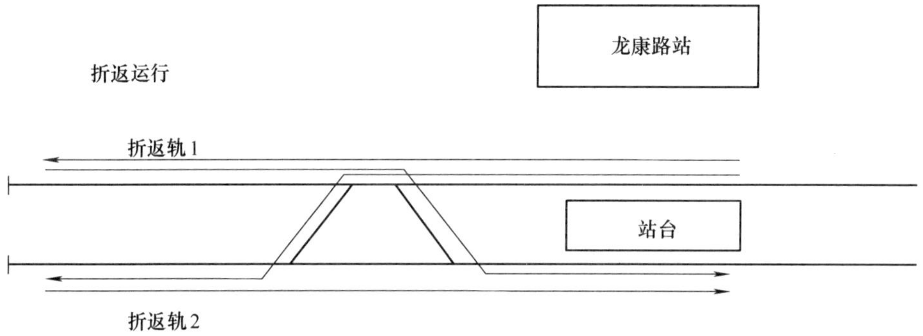

图6-17　龙康路站折返示意图

司机根据信号机的显示驾驶有轨电车从站台运行至折返轨1或折返轨2。有轨电车停在折返轨后，司机关闭驾驶室，步行至有轨电车另一端激活驾驶室。车载系统向ATS报告新激活驾驶室，ATS将改变有轨电车的车次号并自动排列发车进路。有轨电车停在站台后，司机可打开车门让乘客上车。

中央调度员可选择以下折返策略：总是使用折返轨1；总是使用折返轨2；两者交替使用。

2）苏州乐园站。司机在图6-18中下方线路上驾驶有轨电车从左侧到右侧，并接近道岔区。当预先定义的区段被占用时，ATS根据时刻表定义和选择的折返策略自动排列至折返轨1或折返轨2的进路。

司机根据信号机和道岔表示器的显示驾驶有轨电车，有轨电车停在站台后，司机开门让乘客上下车。同时，司机可关闭驾驶室，步行至有轨电车另一端并激活驾驶室。车载系统向ATS报告新激活驾驶室。ATS将改变有轨电车的车次号并自动排列从折返轨1或折返轨2至上方线路的进路。

乘客上下车后，司机关门并根据信号机和道岔表示器的显示驾驶有轨电车离开站台。

控制中心调度员可选择以下折返策略：总是使用折返轨1；总是使用折返轨2；两者交

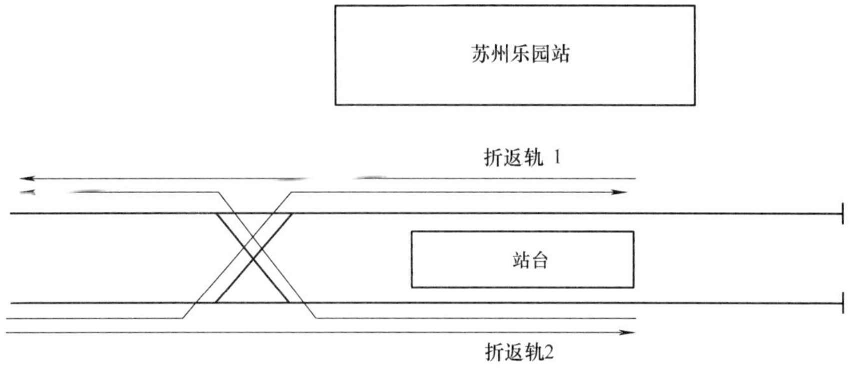

图 6-18　苏州乐园站折返示意图

替使用。

当有轨电车到达站台后，ATS 也发送准点信息。如果有轨电车晚点，司机可缩短停站时间并加速折返运行过程。如果有轨电车早点，折返后司机可延长在站台的停站时间。

3）在其他车站的折返运行。在下列具有道岔的车站，可手动办理折返进路进行折返运行，当时刻表中定义有折返运行时，进路也可自动排列：嘉陵江站；管委会站；太湖大道站；白马涧站；湘江路站；新区公园站。

（5）退出正线的运行

1）退出正线运营和返回车辆段。如果有轨电车在载客运行结束后需返回车辆段，当预先定义的区段被占用时，中心 ATS 系统根据时刻表和有轨电车位置自动触发正线至车辆段入段信号机 1 方向或入段信号机 2 方向的进路。正线道岔控制器将和车辆段联锁进行冲突检查。只有当车辆段联锁未排列通过同一转换轨的出段进路时，正线道岔控制器才能设置回段进路。

正线信号机开放后，司机以目视模式驾驶有轨电车前进，并在车辆段进站信号机前停车。

司机呼叫车辆段调度员排列进入车辆段的进路。信号机开放后，司机驾驶有轨电车通过车辆段入段信号机，并占用转换轨。

当有轨电车完全通过车辆段入段信号机后，中央 ATS 自动将此有轨电车的时刻表从系统中清除，并将车辆识别符从车次号改变为车辆 ID 号，根据计轴区段的占用情况追踪有轨电车在车辆段内的运行情况。

司机无需切换车载系统的驾驶模式，只需根据车辆段内的调车信号机显示和速度限制继续驾驶有轨电车。

2）离开正线和在正线停车。如果有轨电车在载客运营结束后需要在正线停车，当预先定义的轨道区段被占用时，中央 ATS 系统根据时刻表和有轨电车位置自动排列有轨电车当前位置至停车线的进路。如果时刻表中未定义停车线的进路，或者有轨电车需要进行未计划的停车，则控制中心调度员可手动排列列车进路。

信号机开放后，司机驾驶有轨电车进入停车线并停车。中央 ATS 自动将有轨电车的时刻表从系统中清除，将车辆识别符从车次号改变为车辆 ID 号。如果司机关闭驾驶室并切断有轨电车电源，中央 ATS 系统将保留有轨电车最后发送的位置报告，并保持停车线的占用状态。系统在 ATS 工作站上显示车辆 ID 以便于调度员追踪。

3）离开正线并去往其他线路。如果有轨电车需要离开正线前往其他线路，如三号线，当预先定义的区段被占用时，中央 ATS 系统将根据时刻表和有轨电车位置自动排列到联络线的进路。如果时刻表中未定义至联络线的进路，或者有轨电车需要进行未计划的至联络线的运行，则控制中心调度员可手动排列进路。

信号机开放后，司机驾驶有轨电车进入联络线。有轨电车完全通过预定的边界后，轨旁系统将终止和该有轨电车的无线通信并将其从系统中清除。

（6）反向运行　CITYFLO 150 系统支持有轨电车在正线上的反向运行。正线区域的折返线、渡线、车辆段出入段线、停车线和联络线支持双向运行，并提供信号机防护。具有反向信号机防护的反向运行进路可由中央调度员在 ATS 工作站上排列。

（7）中心调度员工作站　中心 ATS 的 EBI Screen 2000 操作员工作站向操作员提供所有必要的基本及高级监测和控制设施，它也可能通过专用数据链路连接到远程操作员工作站。

中心调度员工作站能够定义各种操作员描述文件和角色。典型操作员角色示例如下。

1）信号系统操作员（调度员）：监控、管理并控制给定区域的所有交通。

2）时刻表管理员：负责生成时刻表。

3）监测人员（可选）：引导控制室工作人员。

4）技术人员（可选）：负责常规、预防及纠正维护动作。

5）系统管理员（可选）：负责系统功能的常规、预防及纠正维护动作。

每个操作员工作站向不同类别操作员提供的功能仅仅取决于用于系统登录的操作员描述文件，此操作特性导致系统具有更高的可用性及灵活性。

中心 ATS 和车辆段联锁通过车辆段 ATS 进行接口，可以获取车辆段的区段占用等信息，从而实现以下功能。

1）在中心调度员工作站上，实现所有信号系统控制设备状态的监视功能。

2）在中心调度员工作站上，实现全线（正线及车辆段）车辆的行车信息显示，以便于调度员掌握全线的行车情况。

3）在中心调度员工作站上，能通过修改车次号、目的地号、进路表号、司机号、运行图/时刻表等方式，通过正线地面道岔控制单元实现正线列车进路的自动控制功能。

（8）后备模式　CITYFLO 150 系统具有完整的后备模式。如果出现设备故障或功能故障，系统能够降级至后备模式。

1）中心 ATS 系统出现故障时的后备模式。

① 道岔控制的后备模式。

a. 只有自动进路排列功能出现故障时。如果轨旁系统不能自动排列列车进路，或者进路排列不正确，司机能够就地操纵道岔以排列正确的进路。如果以同一架信号机为起始信号机的进路超过两个时，司机可选择预定的用于正常运行的进路。

ATS 的其他功能，如有轨电车跟踪、时刻表、运行辅助信息、路口控制、与外部系统的接口等仍然可用。

b. ATS 系统完全故障时。控制中心 ATS 设计为热备冗余结构。如果系统 A 故障，则系统 B 将自动接管运行。系统 A 与系统 B 间的切换为无缝切换，不会对线路上有轨电车的运行造成任何影响。如果系统 A 和系统 B 全部故障，如断电，则正线上的运行（包括折返运行、车辆段出入段运行、停车线运行）仍能通过司机手动操纵道岔排列进路继续运行。在此情况下，由于控制中心调度员不能采用 ATS 系统追踪有轨电车的位置，司机需通过无线电口头报告有轨电车位置（需要时）。此时，ATS 的其他功能均不可用。

② 路口控制的后备模式。如果 ATS 系统出现故障，有轨电车接近请求、有轨电车已接近平交路口和优先级模式控制将不可用。

当平交路口控制器和 ATS 通信中断时，平交路口控制器将自动切换至优先级关闭模式。此时，除不能给社会车辆交通灯控制器发送“有轨电车接近”信号外，有轨电车运行情景和一般优先级关闭模式没有差别。在这种情况下，当有轨电车已接近平交路口时，有轨电车信号机有可能突然关闭。

因此，如果中心 ATS 系统出现故障，中央调度员需通知司机。司机在接近平交路口时可采取降速措施，并做好准备在必要时停车。

2）车载设备故障的后备模式。

① 无线通信故障。当车载无线通信设备或无线天线出现故障时，有轨电车不能向 ATS 发送位置报告和运行状态或接收 ATS 的信息，也不能发送路口优先级控制命令。本故障将向司机报警。

在此情况下，中央 ATS 将无法获知有轨电车的位置，因此自动进路排列功能也不适用。此时，中央调度员可手动排列进路以继续保持运行。DMI 上只显示基本运行信息，如有轨电车速度、车载系统状态，此时运行辅助信息不可用。

路口区域的运行情景与 ATS 故障情景相同。在此情况下，司机可采用后备模式继续运行至下一站让乘客下车，然后将有轨电车开至最近的停车线，并退出运行。

由于有轨电车的位置不能保持更新，ATS 将保留故障有轨电车的最后位置报告，并将区段保留为被占用状态，直至下一个带有 GPS 位置报告的有轨电车“清扫”过占用区段。

② GPS/BD 设备故障。如果车载 GPS/BD 定位设备出现故障或 GPS/BD 定位信号不可用，将在 DMI 上报警。有轨电车将根据最后收到的 GPS/BD 定位信息和转速表提供的运行距离计算其位置，并向 ATS 报告。

③ 环线发送单元故障。环线的故障只影响司机手动远程进路排列功能，不会影响系统的其他功能。此时，电车可在自动进路控制模式下继续运行。

④ 车载主机单元故障。车载主机单元故障和无线通信设备故障情景相同，但 DMI 不会显示有轨电车运行信息，故障将对司机报警。

3）道岔控制器主机故障。如果道岔控制器主机出现故障，其将无法命令转辙机进行切换，进路就不能排列和锁闭。根据故障安全原则，所有该道岔控制器控制的目标将设置为安全侧，即道岔起动电路被切断，信号机关闭。

在此情况下，中心 ATS 和道岔控制器之间的通信中断。中心 ATS 将可检测到与道岔控制器的通信中断情况并发出报警。

控制中心调度员此时需通知正在接近故障道岔控制器的有轨电车。此时，如果需要改变道岔位置，可使用手柄将转辙机转换至要求的位置。

4）平交路口控制器主机故障。如果平交路口控制器主机出现故障，根据故障安全原则，所有该平交路口控制器控制的目标和接口将设置为安全侧，即信号机关闭、对社会车辆交通灯控制器的输出将被切换至安全侧。

在此情况下，中央 ATS 和平交路口控制器之间的通信将中断。中央 ATS 可检测到与平交路口控制器的中断情况并发出报警。此时，如果有轨电车接近平交路口，司机可通过观察平交路口的社会交通灯显示和交通情况驾驶有轨电车。

5）正线轨旁通信设备故障的后备模式。骨干网络结构采用冗余以太网设计，如果一个网络路径完全停止运行，系统设计为能够通过其他网络路径持续运行，整个系统的运行不会受到影响。

当有轨电车接近道岔区时，司机在信号机前方停车，并离开有轨电车。司机可通过手动按压“进路选择”按钮排列进路。道岔控制器将排列和锁闭进路，然后开放信号机。司机回到有轨电车继续驾驶至下一个道岔区。

如果骨干网络出现故障，平交路口控制器和中央 ATS 的通信将中断，平交路口控制器将切换至优先级关闭模式。此时的运行情景和中央 ATS 故障情景相同。

6）轨旁信号设备故障。

① 信号机故障。系统提供信号机故障检测功能当 30% 的 LED 灯出现故障时，信号机向道岔控制器/平交路口控制器发出报警，道岔控制器/平交路口控制器将其转发至中央 ATS，此时信号机显示不受影响；当 50% 的 LED 灯出现故障时，信号机将自动切断电灯电源，道岔控制器/平交路口控制器将控制信号机降级显示，即从绿灯降级到红灯，或从红灯降级到灭灯。道岔控制器/平交路口控制器将向 ATS 报警。

② 转辙机故障。如果转辙机出现故障且不能提供位置表示，将不能排列通过受该故障转辙机控制的道岔的进路，信号机不会开放。司机检查和确定道岔位置后，可根据行车规则使有轨电车缓慢通过道岔。如果需要转换道岔位置，司机可先用手柄将转辙机转换至要求的位置。

③ 轨道电路故障。轨道电路出现故障将导致轨道电路区段被占用。在此情况下，在不要求改变被故障占用锁闭的道岔位置时，通过该故障轨道电路区段的进路可能存在，但信号机不会开放。此时，司机可先在信号机前方停车。确定前方没有有轨电车，且道岔在要求位置后，有轨电车可通过红灯信号机继续运行。

如果被故障占用锁闭的道岔不在要求位置，不能排列和锁闭进路，可先用手柄将锁闭道岔的转辙机转换至要求的位置，然后有轨电车可通过红灯信号机继续运行。

如果进路排列和锁闭后出现轨道电路故障，此时有轨电车通过后进路不能自动解锁，而只能由中央调度员手动解锁。

二、信号系统设备

（一）信号机

有轨电车线路的信号机包括正线信号机和车辆段信号机。正线信号机又分为道岔防护信号机和路口防护信号机，车辆段信号机则分为段内调车信号机和进出车辆段信号机。

1. 道岔防护信号机

道岔防护信号机采用条状 LED 灯光显示，分为三显示和两显示信号机，其显示如图 6-19 ~ 图 6-23 所示。

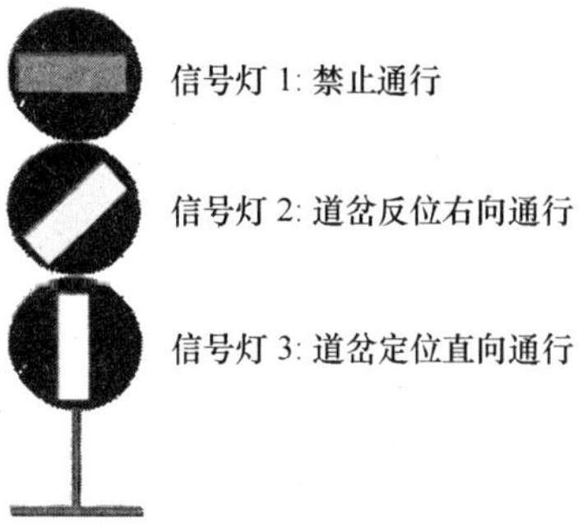

图 6-19　道岔防护三显示信号机灯位（右向）

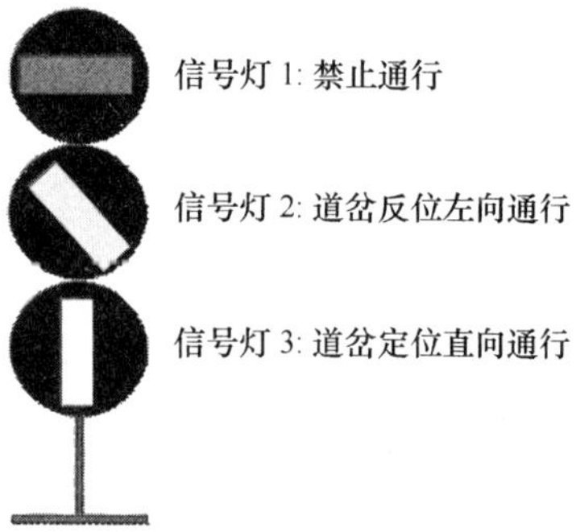

图 6-20　道岔防护三显示信号机灯位（左向）

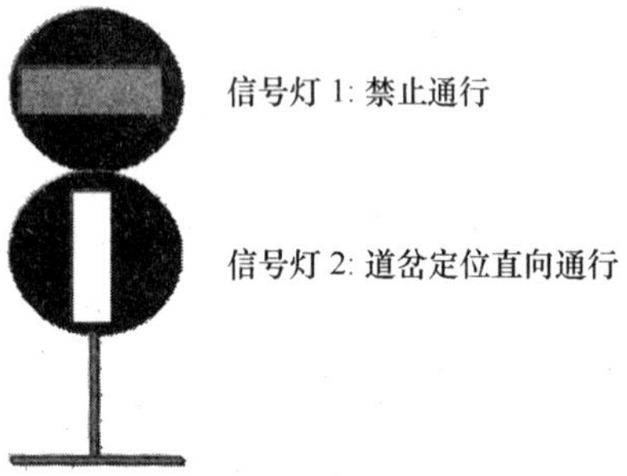

图 6-21　道岔防护两显示信号机灯位（直向）

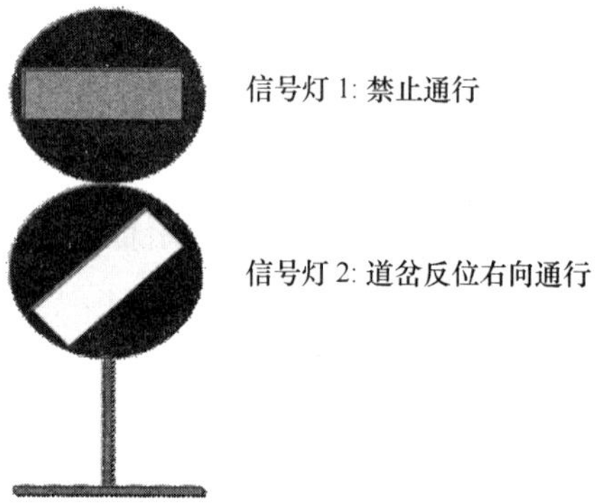

图 6-22　道岔防护两显示信号机灯位（右向）

图 6-23　道岔防护两显示信号机灯位（左向）

2. 路口防护信号机

路口防护信号机采用条状和圆形闪灯 LED 灯光显示，其显示信息如图 6-24 所示。

白色圆形灯位闪灯的闪烁频率为 2Hz。闪灯功能由信号机执行，信号机控制设备 RJC 输出恒定的电压信号。

3. 车辆段调车信号机

车辆段调车信号机采用透镜式色灯信号机，分为红/白灯、红灯、蓝/白灯三种显示。其显示如图 6-25 ~ 图 6-27 所示。

图 6-24　路口防护信号机显示灯位

图 6-25　车辆段红/白信号机灯位

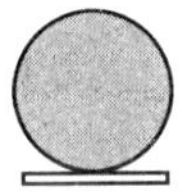

图 6-26　车辆段红色阻挡信号机灯位

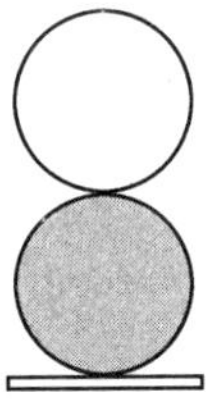

图 6-27　车辆段蓝/白信号机灯位

（二）ZD6 型系列电动转辙机

1. 概述

ZD6 型系列电动转辙机是用来改变道岔开通方向、锁闭道岔尖轨、反映尖轨位置状态的设备，是实现有轨运输现代化和自动化的重要基础设备，包括可挤型和不可挤型两种形式。

ZD6 型系列电动转辙机（以下简称转辙机）的功能是转换、锁闭、表示道岔。当接通转辙机的电源后，按下列顺序自动完成其功能：切断原表示电路→释放道岔锁闭→转换道岔→锁闭道岔→接通新表示电路。

2. ZD6 型系列电动转辙机的结构及传动原理

（1）结构　转辙机整机由几个相对独立的部件组成：电动机、减速器、主轴、自动开闭器、表示杆、动作杆、齿条块、移位接触器、安全接点、底座及机盖等。这些部件可单独安装和拆卸，互不影响，以便检修、保养、维护。ZD6—D 型机的总体结构如图 6-28 所示。

（2）传动原理　传动原理图（图 6-29）中各机件所处的位置是动作杆由右向左移动后

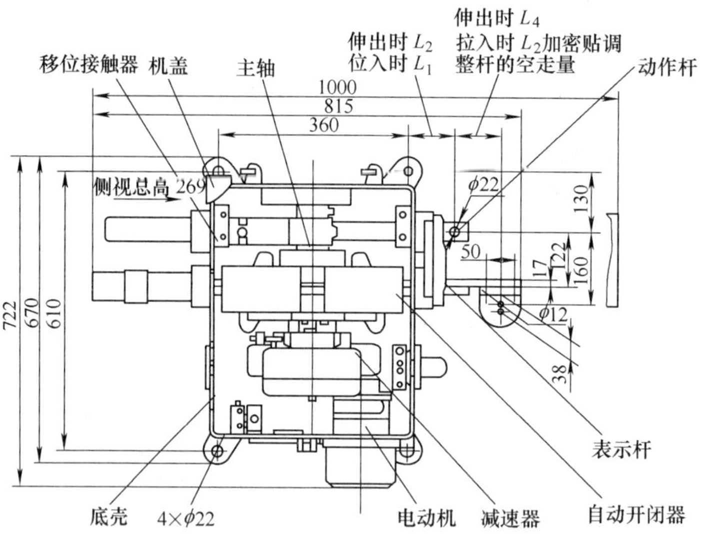

图 6-28　ZD6—D 型机的总体结构

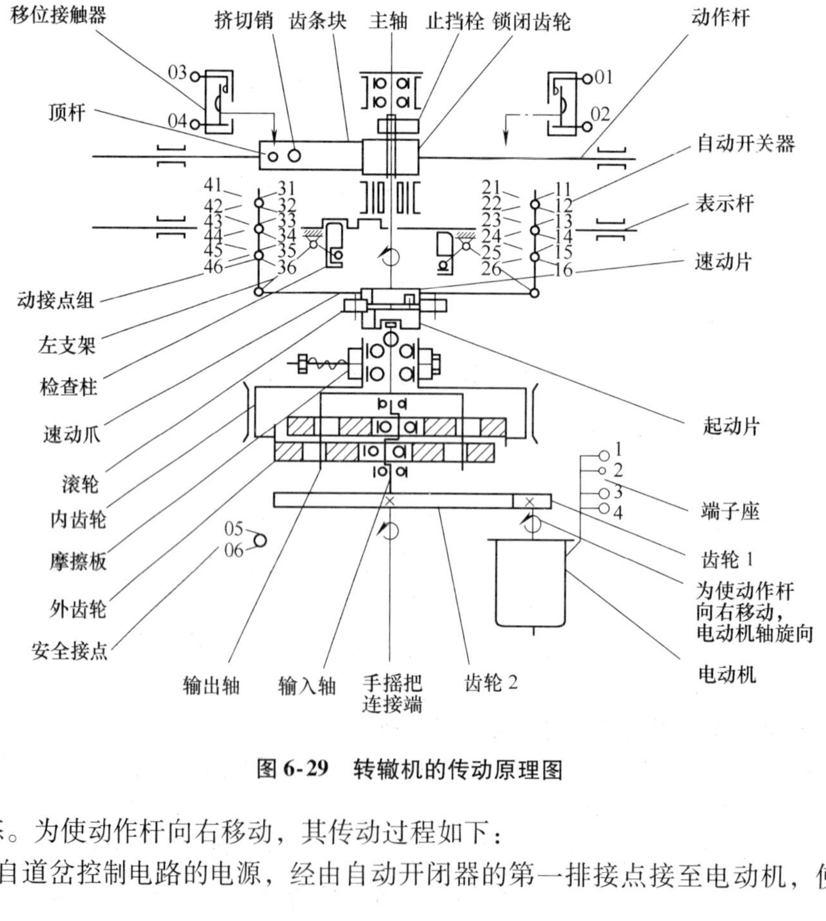

图 6-29　转辙机的传动原理图

的停止状态。为使动作杆向右移动，其传动过程如下：

1）来自道岔控制电路的电源，经由自动开闭器的第一排接点接至电动机，使电动机按逆时针方向旋转（从电动机后端看）。

2）电动机通过齿轮1带动减速器，使输出轴按逆时针方向旋转。

3）输出轴和主轴之间用起动片连接在一起，因此输出轴带动主轴一起旋转。

4）主轴的旋转运动通过锁闭齿轮传给齿条块，变为动作杆的直线运动，实现对道岔的转换和锁闭。

5）自动开闭器支架的摆动带动自动开闭器的接点转换机构和检查柱，实现对表示电路的控制和道岔的密贴检查。

对于可挤型ZD6转辙机，当发生挤岔事故时，道岔尖轨向另一侧运动，通过安装装置，推动表示杆、动作杆向与现在所处状态相反的方向运动。表示杆推动检查柱向上运动，切断表示电路；与此同时，动作杆切断挤切销，使顶杆向上运动，顶开移位接触器，也切断表示电路，并实现挤岔报警。

三、行车标志

有轨电车运行中的行车标志分为线路标志和信号标志，主要用来对列车运行时的驾驶以及运行设备的巡检、维修等指示相关目标、条件和操作要求。各种标志根据线路实际情况可能有增减。

（一）线路标志

表示建筑物及线路设备位置或状态的标志称为线路标志。通过各种线路标志，可以使工作人员知道或明了线路情况，方便进行各种设备维修、检查，使列车操纵者能够掌握和依据各种标志指示的条件与要求驾驶列车，达到运行安全和规范行车的目的。与行车直接有关的线路标志主要有以下几种。

1. 百米标

百米标表示正线距离里程计算起点每100m的长度，以百米为单位。

2. 公里标

公里标表示地铁线路从起点开始计算的连续里程标志，以公里（km）为单位。

3. 曲线标

曲线标是曲线起点和曲线终点标志的简称。它设在曲线中点处，标志上标明了曲线中心里程、半径大小、圆曲线及缓和曲线长度、超高、加宽等有关数据。

4. 圆曲线及缓和曲线始、终点标

圆曲线及缓和曲线始、终点标设在直线、曲线、缓和曲线三者相互联系的节点处或开始与终止处，标明所向方向为直线、圆曲线、缓和曲线。缓和曲线是指线路上直线和圆曲线相接处为减少振动而设置的一段半径渐变的曲线，其起点没有弯度，然后逐渐变弯，弯度加大、半径减小到与圆曲线半径相同时和圆曲线相接。圆曲线是线路上的一段弧，它的弯曲程度用圆半径表示，即曲线半径，以米（m）为单位。曲线半径越大，弯度越缓和；曲线半径越小，弯度越紧促。

5. 坡度标

坡度标设在线路纵断面的变坡点处。它在正面与背面分别表示两边的坡度与坡段长度，箭头所指为上坡或下坡，箭尾数字表示坡度千分率，侧面标明变坡点位置。

6. 桥梁标

桥梁标桥梁位置（中心里程）的标志，一般设置在桥梁中心里程处或桥头端，上面标明桥梁编号及中心里程数。

（二）信号标志

表示运行线路所在地点的情况和状态，指示行车人员依据标志的要求，及时、正确地进行相关作业与操作的标志称为信号标志。与行车相关的信号标志主要有以下几种。

1. 警冲标

警冲标在两条线路汇合处，为了防止停留在一线的车辆与邻线上的车辆发生侧面冲撞而设在两汇合线路之间间隔4m的中间标志。当轨道之间的间距不足4m时，警冲标应设在两线路中心线最大间距的起点处。

2. 站界标

站界标是车站与区间分界处的标志，主要用于车站管辖范围区界划分和列车运行时的位置识别。

3. 鸣笛标

鸣笛标要求司机鸣笛的标志。它一般设在道口、桥梁、隧道口以及线路状况复杂地段的外方规定位置。

4. 停车牌

停车牌是指示列车停车位置的标志。它通常用于车站站台规定的乘客上下车的停车地点以及列车折返时指示司机停车的地点，固定设置在规定位置。

5. 一度停车标

一度停车标是要求列车（机车）在该地点停车后进行确认线路、道岔等相关操作后继续行驶的指示标志。

6. 车挡表示器

车挡表示器是设在线路尽头线车挡上的表示器，便于司机及调车员确认车挡位置。隧道内显示红色灯光；地面线路昼间使用红色方牌，夜间使用红色灯光。

7. 接触网终止标

接触网终止标是表示接触网已终止的标志，设在接触网终端，警告司机不准越过该标，以防止脱弓。

8. 停车标

停车标设于各车站站台端部对开的隧道壁位置和存车线、折返线、信号机前。

第四节　车　辆　段

一、车辆段的概念

车辆段是停放和管理有轨电车车辆的场所，担负着一条或几条线路有轨电车的停放、检查、维修、清洁整备等工作。除停车库及停车场、车辆检修车间、设备维修车间的厂房以外，根据运营管理模式，有的车辆段还负责乘务人员的组织管理、出乘、换班等业务工作。因此，还要有乘务值班室、乘务员公寓等设施。一般而言，车辆段又根据车辆检修设施和运营整备设施的不同，分为检修车辆段（简称车辆段）和运用停车场（简称停车场）两种。国内不少企业为了便于统一管理，往往将机电、通号、工务、仓库、教育培训等部门、设施与车辆基地组建在一起，成为更大的车辆综合维修基地。

二、车辆段的功能、设施与规模

按照《地铁设计规范》（GB 50157—2013）的规定，有轨电车车辆段根据功能可分为检修车辆段（简称车辆段）和运用停车场（简称停车场）。车辆段根据其检修作业范围，可分为架（厂）修段和定修段。独立设置的停车场应隶属于相关车辆段。图6-30所示为苏州高新区有轨电车车辆段示意图。

图6-30　苏州高新区有轨电车车辆段示意图

（一）车辆段的主要功能

1）列车的停放、调车编组、日常检查、一般故障处理和清扫洗刷、定期消毒。

2）车辆的修理，包括月修、定修、架修与临修。

3）有轨电车车辆的技术改造或厂修。

4）段内通用设施及车辆维修设备的维护管理。

5）乘务人员组织管理、出乘计划的编制、备乘换班工作。

根据有轨电车线路的情况，有时可以另外设置仅用于停车和日常检查维修作业的停车场或检车区，管理上一般附属于主要车辆段，它的规模较小，其功能主要如下。

① 列车的停放、调车编组、日常检查、一般故障处理和清扫。

② 车辆的修理，包括月修与临修。

③ 可另设工区管理乘务人员出乘、备乘倒班。

（二）车辆段的必备设施

1）车辆段应有足够的停车场地，确保能够停放管辖线路的回段电动车辆，车辆段的位置应保证列车能够安全、便捷地进入正线运行，并应尽量避免车辆段出入线坡度过大、过长。

2）车辆段内需设检修车间，检修车间的工作地点为架修、定修库和月修库；列检作业在列检库或停车库（线）进行；架修、定修库内要有桥式起重机和架车设备、车轮旋削机床及存轮库，必要时应设不落轮车轮旋床；架修、定修库内应有转向架、电动机、电器、制动机维修间，应设转向架等设备的清扫装置，并单独设立的喷漆库。段内还应有车辆配件的仓库。

3）为保持车辆整洁，应有车辆清洗设备，并设专用的车辆清扫线。

4）车辆段内一般还有为该有轨电车线路供电，提供通信、信号、工务和站场建筑服务的维修管理单位。

5）应设机关办公楼与其他服务设施，如培训场地、食堂、会议厅等。

（三）车辆段的规模

一般情况下，一条有轨电车线应设一个车辆段。车辆段的规模主要是由该线路所拥有的运营列车数决定的，其次是由车辆的技术状况、修程的间隔大小、维修的范围来决定其维修规模。一个城市首建的有轨电车车辆段一般功能较为完善，并应有地面铁路与之相通。为车辆段服务的变电站、通信、信号、工务也需要一定的建筑设施。

以车辆段为主体，常常根据段址区域地形条件，设置供电、工务、通信、信号的工区或段区，成为一个有轨电车综合基地。但是，不是所有的车辆段都具有这样的功能。

下 篇

现代有轨电车司机工作实务

第七章 有轨电车的操作及驾驶

第一节 有轨电车驾驶相关设备说明

一、司机室设备

1. 司机室概述

有轨电车在车辆两端各设一个司机室，司机室内设有电气设备、司机室座椅、灭火器、折叠座椅等设备。司机室电气设备主要包括操纵台、控制屏、综合控制屏、监控显示屏、司机室照明、前照灯、刮水器、电热玻璃、电笛及司机室线槽等。这些电气设备与车底设备、客室内电气设备及车顶电气设备共同完成车辆的牵引、制动、开关门、空调、照明、广播、紧急对讲、客室监视及列车自动控制、车辆通信、车辆与地面通信等功能。司机室设备布置如图7-1所示。

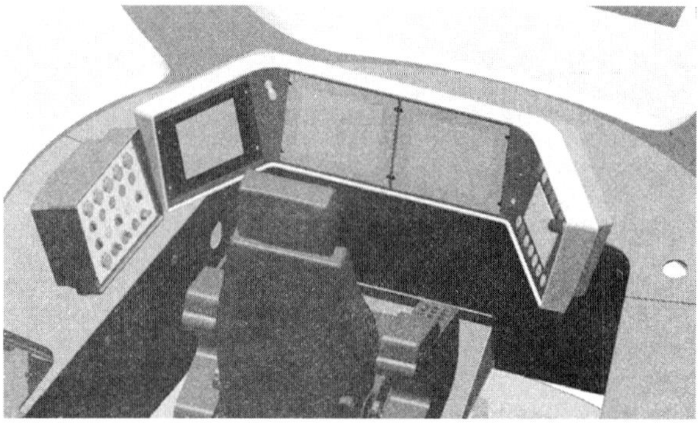

图7-1 司机室设备布置

2. 司控台操作部件的设置和功用

司控台安装在两端司机室内，供司机驾驶列车用。

在结构上，整个司控台分为两大部分：台面设备和车顶电气设备。司控台台面采用复合材料。在功能上，司控台分别有列车牵引、制动控制、照明控制（司机室及客室照明）、门控制、广播控制、无线电台控制、空调控制、前照灯控制、刮水器控制、电热控制、列车故障诊断及紧急对讲、监视等功能。

（1）司控台部件　司控台台面设有TCMS系统显示屏、广播控制面板、ATC系统显示器、无线电台控制盒、空调控制盒、各种信号指示灯、各种按钮开关、转换开关等。驾驶控制器、司控台左侧设无线电台主机，下部设洗涤液箱，中间柜为接线端子排和脚踏部分，右侧柜为广播主机。

（2）司控台台面布置　司控台台面集中了与驾驶操作有关的大部分功能，其布置如图7-2所示。

图 7-2　司控台台面布置

（3）司控台开关、按钮的布置　司控台上的开关、按钮包括以下部分：

1）副司控台详细按钮，如图 7-3 所示。

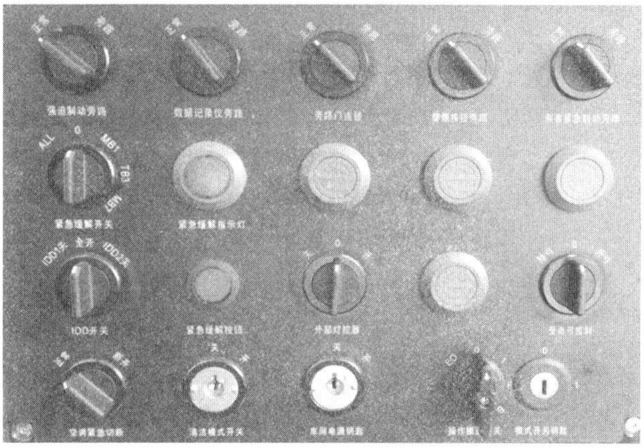

图 7-3　副司控台详细按钮

2）座椅扶手上按钮，如图 7-4 所示。

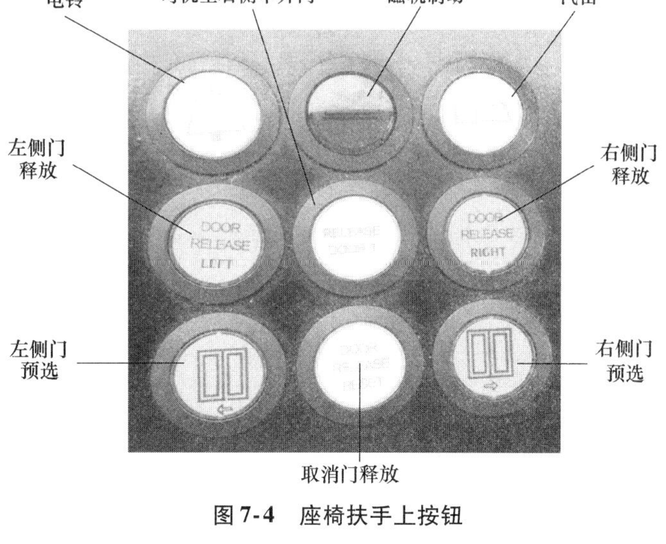

图 7-4　座椅扶手上按钮

3）DMI 屏幕，如图 7-5 所示。

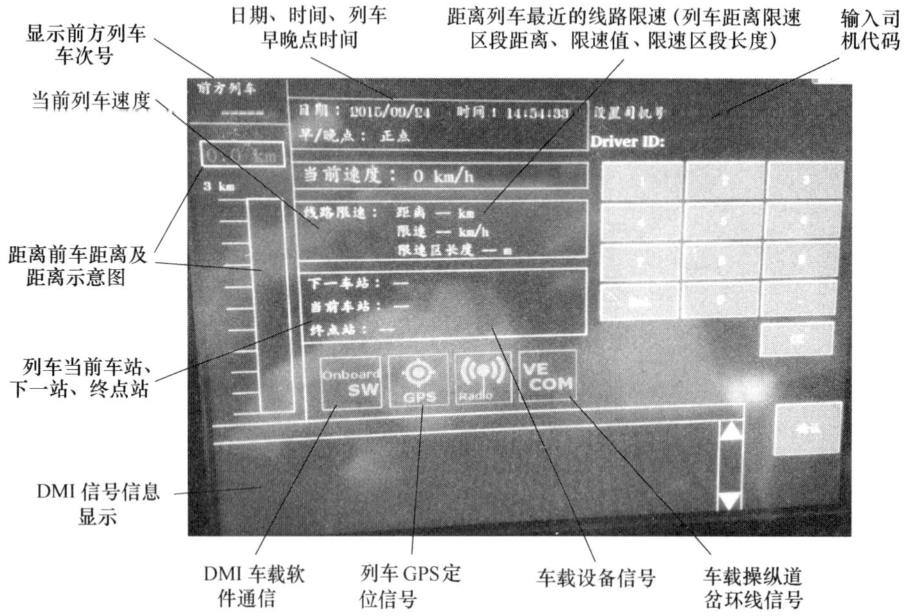

图 7-5　DMI 屏幕

4）PIS 控制台（操纵台最右侧），如图 7-6 所示。

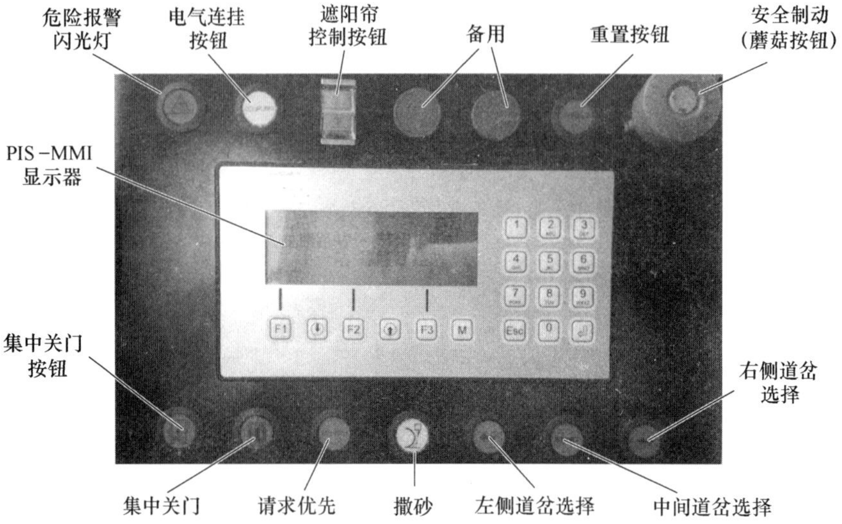

图 7-6　PIS 控制台

5）广播控制盒，如图 7-7 所示。

（4）司机室顶部电器布置　主要操作设备有广播主机、接线端子排、DC 110V/DC 24V 电源变换器。

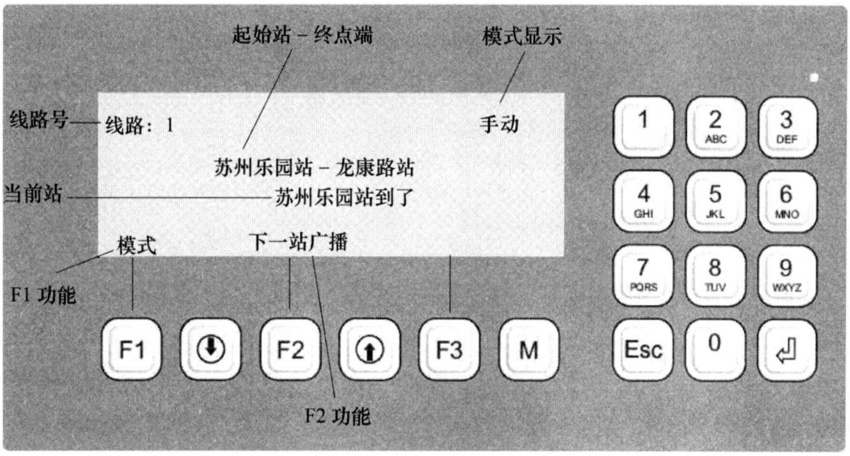

图 7-7　广播控制盒

二、列车控制功能的实现

1. 司机控制器 OS

列车的唤醒操作需要一个步骤，休眠则需要两个步骤。唤醒和休眠操作通过操作司控器 OS 和 IDD 上的软键盘“Vehicle OFF”  来实现。

OS 有 5 个档位，分别是“EO”“0”“1”“F”“B”。其中“EO”表示紧急牵引模式，“0”表示列车休眠，“1”表示列车唤醒，“F”表示方向向前，“B”表示方向向后。司机室设有 OS 的钥匙，OS 必须被钥匙激活后才能手动换档。钥匙与 OS 有机械互锁关系，即钥匙只能在 OS 处于“0”位或“1”位的时候才能移除。具体驾驶模式见表 7-1。

此外，清洁人员通过清洗模式即钥匙开关 CS（Cleaning Mode），也可以唤醒和休眠列车。

表 7-1　驾驶模式概述

序号	开关位置	驾驶模式	列车功能描述
1	OS 在“0”位	列车休眠	蓄电池接触器打开 只有 24VBAT + 电压可用 司机室门可从外面打开/关闭 危害制动指示灯可以点亮 尾灯（前、后的红灯）可以点亮 清洁钥匙可以操作 警铃和喇叭可以操作 可以升、降弓 如果从外面打开/关闭司机室门的话，司机室照明和门区照明可以激活 25s

（续）

序号	开关位置	驾驶模式	列车功能描述
2	OS 在“1”位	列车唤醒，司机室激活，方向没有选择	蓄电池接触器闭合，24VWG + 电压可用 所有系统和列车控制起动 IDD 激活并可操作 激活司机室的外部照明自动点亮 客室照明可以打开（AUX 正常，同时线电压满足要求，否则只有紧急照明点亮） 220V 插座可用（AUX 正常，同时线电压满足要求） 加热、通风和空调系统可操作（AUX 正常，同时线电压满足要求） 广播系统可用 目的地显示激活 所用功能激活（牵引/制动除外） 牵引逆变器线接触器闭合
3	OS 在“F”或“B”位	列车唤醒，司机室激活，方向已经选择	所有序号 2 中的功能可用 驾驶方向选择 牵引逆变器线接触器闭合 列车准备运行
4	OS 在“0”位（之前为“1”“F”或“B”位）	列车唤醒，司机室关断	蓄电池接触器闭合，24VWG + 可用 所有系统和列车控制保持激活状态 序号 2 中的所有功能激活（除了 IDD 不显示之外） 列车不能移动
5	OS 在“0”位，IDD 的“Vehicle Off”软按钮激活	列车休眠程序激活	列车休眠程序激活（最多延时 3min） 加热系统的通风和电气冷却（根据需求预设 2 ~ 3min） 休眠程序的最后步骤如下：关断外部照明，关断客室内部照明（关断程序 1min 后）；门释放信号自动切除（关门）；蓄电池接触器打开，所有系统关断
6	OS 在“EO”位	紧急牵引模式激活（列车和司机室激活，方向为向前）	蓄电池接触器闭合，24VWG + 可用 所有系统和控制待命或保持激活 IDD 激活可用 VCU 关断 车辆只能向前运行 当 OS 处于“0”位时列车立刻关断
7	OS 在“1”位时，IDD 上的“Standby”软按钮激活	列车待命	只有当司机室激活时才激活 当司机室由激活改为关断后，待命模式激活 蓄电池接触器保持闭合
8	CS 在“1”位	清洁模式（列车唤醒，两个司机室均未激活）	蓄电池接触器闭合，24VWG + 可用 所有系统和控制待命 客室门侧选择和门释放自动激活 清洁人员可以通过司机室的按钮激活并打开车门（在 CS 激活的司机室） 司机室照明自动打开 客室照明自动点亮（前提是 AUX 和线电压正常，否则只有紧急照明） 司机室空调单元以及客室加热和通风单元自动打开 辅逆频率设置为 50Hz 牵引逆变器线接触器打开 列车不能移动

2. 主控手柄

主控手柄采用非自复式设计，包括四个档位：牵引位、0位、制动位、危害制动位。手柄本身带有警惕功能，安装在司机座椅的左侧椅臂上。此外，主控手柄和OS没有机械互锁。主控手柄能够提供五种信号：牵引、制动/无制动、无危害制动、0位、牵引/制动力值的6位格雷码。牵引、制动、危害制动的力值均通过6位格雷码来编译。

3. 列车的唤醒

首先需要使用钥匙激活操作模式开关；之后，将OS开关从"0"位转到"1"位，列车的蓄电池接触器将闭合，同时司机室激活。蓄电池接触器闭合后，电气设备同时进入预备阶段，激活司机室的IDD屏也可操作。此时列车已经激活，司机室的激活状态可以直接在IDD上显示，也可以被VCU读取并进行进一步处理。

如果OS重新被置于"0"位，相应的司机室也将关断。此时，蓄电池接触器保持闭合状态（软件控制），车辆也保持激活状态，可以进行司机室转换或休眠列车。

如果OS在列车运行期间（没有零速信号）被置于"0"位，则会触发安全制动（硬线控制）和强迫制动（紧急制动1+2，软件控制）。由于此时丢失了"牵引允许"信号，因此不会施加电制动。

如果两个司机室同时激活，两个IDD上会显示相关信息，此时牵引信号将被封锁（不触发制动）。

列车被激活后，钥匙是不能从钥匙开关中取出的，此时可以进行以下操作：

1）缓解或施加停车制动。

2）升起或降下受电弓。

3）开启或关断列车空调。

当进行以上操作后，即使关断了司控台，即把钥匙沿顺时针旋转至"0"位，停放制动、受电弓和列车空调都能保持原有的状态。所以，激活司控台后升弓，然后再关断司控台，受电弓仍然能保持升弓状态。

4. 列车的休眠

若要休眠列车，首先必须把两个司机室的OS开关都置于"0"位。然后，再操作IDD上显示的软按钮"Vehicle Off"。这是个自动的关断程序，会释放VCU的自保持以及打开蓄电池接触器。

只有当两个司机室的OS都在"0"位时，IDD上才会显示"Vehicle Off"软按钮。

列车休眠涉及如下程序：

1）加热系统的通风以及电动机冷却（预设2~3min的延时时间）。

2）关断外部照明。

3）关断客室内部照明（在按下"Vehicle Off"按钮后1min内关断）

4）门释放信号的自动切断（车门将关闭）。

钥匙只有在OS处于"0"或"1"位的时候才能移除。在没有钥匙的情况下，OS可以从"1"位转为"0"位，却不能从"0"位转为"1"位。

5. 列车的驾驶

车辆运行主要由司机人工负责，司机通过操作司机左侧控制面板上的模式开关，改变车辆的运行模式。模式开关主要有以下档位：紧急牵引、0位、1位、F位、B位。车辆还具有另外两个钥匙：车间人员钥匙和清洁人员钥匙，分别用于激活车辆维护模式和车辆清洁模式及车床模式。

在列车唤醒、司机室激活后，可以通过使 OS 置于“F”“B”位置来激活向前、向后方向。驾驶方向信号将通过硬线发送给牵引控制单元（DCU）、安全板（数据记录仪内）和灯控制器。对于司机来说，向前和向后方向与激活的司机室有关。VCU 根据司机室的模式定义向前和向后方向。向后运行时，列车会进行限速，同时 VCU 也会在车辆后端通过一个警铃发出警报信号。在列车运行过程中（无零速信号），如果驾驶方向发生了变化，将会触发强迫制动，数据记录仪将会记录该强迫制动。

6. 紧急牵引

当 VCU 出现故障或 MVB/以太网总线出现故障时，司机可以选择紧急牵引模式。把 OS 置于“EO”位置时，紧急牵引模式被激活。此时只能向前运行，IDD 上会显示“Emergency Mode Active”，并将该信息报告给数据记录仪、制动控制单元和牵引控制单元。在紧急牵引模式下，VCU 将被关断。此时应该清客，并以一定的速度限制运行至库内。

如果在紧急牵引模式下（无零速信号），OS 被置于“0”位，列车将会施加最大的机械制动直到列车停止。

7. 清洁模式

清洁人员可以通过一个钥匙激活清洁模式开关 CS。CS 有“0”和“1”两个档位，钥匙只有在 CS 处于“0”位时才能移除。

把 CS 置于“1”位后，可以激活清洁模式，同时下述步骤将激活：

1）列车唤醒（蓄电池接触器闭合）。

2）自动释放门释放信号和开门侧选择。

3）可以通过司机室的按钮集中开、关门（在 CS 模式被激活的司机室操作）。

4）自动打开客室紧急照明。

5）自动打开司机室照明。

6）自动打开司机室空调单元、客室空调系统。

7）列车不允许驾驶（牵引逆变器的线接触器打开）。

8）没有司机室被激活。

8. 司机室的选择

在列车静止的情况下，需要按以下步骤切换司机室。

（1）原激活司机室

1）将 OS 开关转到“0”位。

2）用钥匙将 OS 锁定，然后移除钥匙。

3）该端司机室已经关断，但是列车仍然处于激活状态，蓄电池接触器也是闭合的。

（2）待激活司机室

1）插入钥匙，将 OS 解锁。

2）将 OS 从“0”位转到“1”“F”或“B”的任何一位。

3）该端司机室已经激活。

4）当 OS 位于“F”或“B”位时，列车可以运行。

三、车门控制

车门系统由双开门和单开门组成。每辆车安装 8 套双页外滑型电动塞拉门，每侧 4 套，两侧对称布置。每辆车设有 4 个电动单开塞拉门，每侧 2 个，两侧对称布置。单开门为电动塞拉门，向车辆前部打开。

1. 车门控制策略

列车车门的开关由电子门控单元来控制，集中开门信号、集中关门信号、零速列车线、左/右门释放列车线、紧急牵引列车线以及乘客自助开门信号驱动门电动机，从而实现左/右侧车门的开关功能。其中开门信号、关门信号通过 VCU 发送至门控单元，其他信号均通过硬线发送至门控单元。

2. 列车未激活时司机在外部单开门（1 号、9 号）的操作

当列车未激活时，通过 1（9）号车门紧急解锁钥匙，打开 1（9）号门紧急解锁设备，按下紧急解锁设备内部的车外司机室开/关门按钮（带保护盖的黑色按钮）6s，已关闭的 1（9）号车门执行开门动作，司机进入车辆，将 OS 开关置于“1”位，通过按下司机室座椅上的“开关司机室门”按钮关闭已经打开的 1（9）号门。

3. 客室开/关门操作

列车客室开/关门操作由安装在司机室操作台上的“左侧门选择按钮”“右侧门选择按钮”“左侧门释放按钮”“右侧门释放按钮”和 PIS 控制台上的“集中开门按钮”“集中关门按钮”控制，如图 7-8 所示。

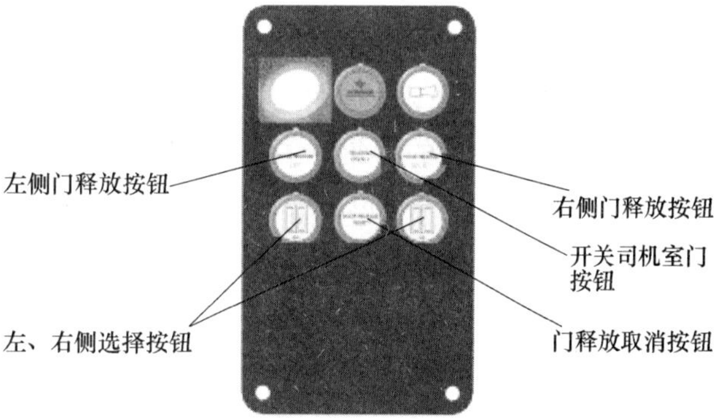

图 7-8　司机座椅上的按钮

（1）开右门操作　列车到站停稳后，在右侧车门侧选择按钮指示灯以及 IDD 上的右侧选择指示模块点亮的情况下，司机按下座椅上的“右侧车门释放”按钮，“右侧车门释放”按钮上的指示灯以及 IDD 上相应的右门释放指示模块点亮后，按下 PIS 台上的“集中开门”按钮，右侧车门执行开门动作。

在紧急牵引模式下，当右侧车门侧选择按钮指示灯点亮时，司机按下座椅上的“右侧门释放”按钮，右侧车门执行开关动作，车门指示灯在开门过程中闪烁（橙黄），门开到位后，车门指示灯灭，开门过程中蜂鸣器发声警报。

（2）关右门操作　按下 PIS 台上的“集中关门”按钮，所有右侧车门延迟 3s 后开始关闭，车门指示灯在关门过程中闪烁（橙色），门关到位后，车门指示灯灭，关门过程中蜂鸣器发声警报。

在紧急牵引模式下，司机按下司机座椅上的“门释放取消”按钮，所有车门关闭。

（3）开左门操作　在列车即将到站时，司机按下司机室座椅上的左侧车门侧选择按钮，在列车到站停稳后，左侧车门侧选择按钮指示灯以及 IDD 上的左侧选择指示模块点亮的情况下，司机按下座椅上的“左侧车门释放”按钮，“左侧车门释放”按钮上的指示灯以及

IDD 上相应的左侧门释放指示模块点亮后，按下 PIS 台上的“集中开门”按钮，左侧车门执行开门动作。

在紧急牵引模式下，当列车即将到站时，司机按下司机室座椅上的左侧车门侧选择按钮，列车到站停稳后，在左侧车门侧选择按钮指示灯以及 IDD 上的左侧选择指示模块点亮的情况下，司机按下座椅上的“左侧门释放”按钮，左侧车门执行开关动作，车门指示灯在开门过程中闪烁（橙黄），门开到位后，车门指示灯灭，开门过程中蜂鸣器发声警报。

（4）关右门操作　按下 PIS 台上的“集中关门”按钮，所有左侧车门延迟 3s 后开始关闭，车门指示灯在关门过程中闪烁（橙色），门关到位后，车门指示灯灭，关门过程中蜂鸣器发声警报。在紧急牵引模式下，司机按下司机座椅上的“门释放取消”按钮，所有车门关闭。

4. 重开门和重关门

当门控单元因重复关门 3 次而障碍物仍未能排除，或者门扇因其他原因未关闭锁闭到位时，司机可按下 PIS 操纵台面板上的“集中关门”按钮。门控单元将检查此时各门的状态，对没有关闭的门将再次执行关门程序和障碍检测功能，已经关闭的门则不动作。若该门仍不能关闭，则乘务员需要对其存在的障碍物进行清除。

当司机按下“集中开门”按钮发出开门指令后，若门扇未打开，司机需再次按下“集中开门”按钮，相应侧门控单元再次接收到开门指令，对于没有打开的门再次执行开门程序。

5. 列车未激活时司机下车开关 1（9）号门的操作

按下 PIS 操纵台上的“集中关门”按钮后，所有车门执行关门动作，将“OS”开关置于“0”位后，司机按下司机室座椅上的“开关司机室门”按钮，打开 1（9 号）门，司机下车，按下车辆外部 1（9）门外部紧急解锁内部的“车外开关司机室门”按钮，关闭 1（9）号门。

6. 车门状态旁路开关的操作

在整车车门安全联锁回路无法贯通，导致列车强迫制动时，除了操作单门隔离装置隔离单门状态外，也可以在司机确认所有门关好之后，通过操作副司控台上的“旁路门联锁”开关来旁路整列车车门状态，从而实现列车牵引。

7. 单门隔离操作

所有车门关好是列车牵引的一个必要条件。当出现单门故障时，整列车的车门安全联锁回路将无法贯通，在车门关闭的情况下，乘务员可通过专用方头钥匙操作该门隔离装置对其进行隔离，车门隔离后将保持关门状态，不再接受开/关门指令信息，该门被机械锁紧的同时隔离开关动作，用以旁路单门安全联锁回路，使得整列车的车门安全联锁回路贯通，从而实现列车牵引。同时，被隔离车门的车门内侧指示灯将常亮。

8. 紧急解锁操作

为了在紧急情况下手动开门，每个门均设有内部紧急解锁装置，每个单页门还设有外部紧急解锁装置。在车门没有收到“零速”信号时，在下拉紧急解锁手柄的过程中，门控器控制电动机施加堵转力，车门将无法打开；若车门收到“零速”信号，紧急解锁装置可被完全下拉到 90°的位置，解锁到位后可手动打开车门。若车门被隔离，则无法进行紧急解锁操作。紧急解锁装置如图 7-9 所示。

9. 维护按钮的操作

维护按钮位于车门上方的电气柜内，可用于关闭已完全打开的一扇门，通过该按钮无法打开已关闭的门或正在关闭过程中的门。断电时按住该按钮，再次接通电源并按住该按钮直到红色故障指示灯熄灭。

10. 车门状态

司机可在司机台 IDD 操作屏的车门状态显示界面（图 7-10）上看到每个车门的当前状态。

图 7-9　紧急解锁装置

图 7-10　车门状态显示界面

IDD 操作屏上各种车门颜色的含义见表 7-2。

表 7-2　IDD 操作屏上车门颜色的含义

车门颜色	含　义
绿色	车门正常关闭
黄色	车门正常打开
红色	车门未知故障
橙色	车门已知故障
白叉	车门已被隔离

第二节　出库检车作业

有轨电车出库前，应按照上线运营标准对其外观及工况进行检查。检查基本内容包括车辆外部静态检查、车辆内部静态检查、控制系统激活后的功能测试、其他设备测试等。

一、车辆内、外部静态检查

1. 有轨电车车辆外观检查

1）检查车体表面是否有损坏，包括车窗各部分、贯通道部分、车门状态，各盖板和裙板是否安装牢固、车体油漆等。

2）检查车辆制动停放状态，重点确认走行部是否存在止轮器。

3）查看车辆是否存在外接连线，如库用电源插座接线。

4）查看液压系统是否存在漏油情况。

2. 车下单开门操作

在司机室未激活时，四个单开门均对应一个位于相应车门外部的被覆盖的开关门按钮，用以打开或关闭单开门，该按钮需要持续按下5s。在有轨电车未激活时操作该按钮，司机室照明以及门区照明会点亮并保持25s。

3. 有轨电车车辆内部检查

1）查看两端司机室的各开关位置，司机座椅、电气柜锁闭情况。

2）查看客室内部设施是否良好，包括座椅、地板、客室PIS显示屏等。

3）检查消防设备是否符合要求。

4）检查随车备品数量及状态，包括应急工具、道岔撬棒等。

二、控制系统的激活及功能测试

1. 有轨电车的激活

有轨电车激活之前，只有永久供电母线得电。此时，除了激活控制电路、尾灯控制电路可用外，其他设备都处于失电状态。激活操作是使列车直流供电母线（包括紧急供电母线和正常供电母线）得电的过程，从而为车载电气设备投入工作做好准备。

正常情况下，司机确认蓄电池电压不低于17V后，插入钥匙，OS开关由“0”位旋转至激活位（1位），蓄电池接触器闭合，向车辆提供DC 24V电源。此时，司控台监控显示屏辅助电源菜单下，直流电压应显示DC 24V以上，有轨电车进入激活状态。

激活后，有轨电车为各系统提供低压供电，包括照明系统、制动控制单元、牵引控制单元、门控系统、空调系统、列车控制系统（TCMS）、各控制电路等。

激活后，仅在激活端司机室单独实现的功能包括受电弓控制、司机台电源管理（司机台上指示灯、电压表等的电源）、列车广播控制单元、司控器电源、开门控制、关门控制、正常照明控制等。

有轨电车两端司机室具有互锁功能，即同一时刻只能有一个司机室被激活，如果非正常情况下两端司机室同时被激活，列车将施加制动，并禁止牵引。如出现因钥匙折断导致司机室一直被激活的情况，可以断开清洗开关断路器，再到另一端插入另一把钥匙并激活司机室。

当列车激活后，列车激活端司机室开始进行自检，激活端司机室所有指示灯均会亮一次，待激活端司机室低鸣后，列车自检完成，方可升弓。

2. 升（降）受电弓操作

在司机室激活、自检完成后，通过司控台左侧的升、降弓控制开关进行升弓或降弓操作。IDD 的受电弓指示灯上会分别显示受电弓的状态，如图 7-11 所示。

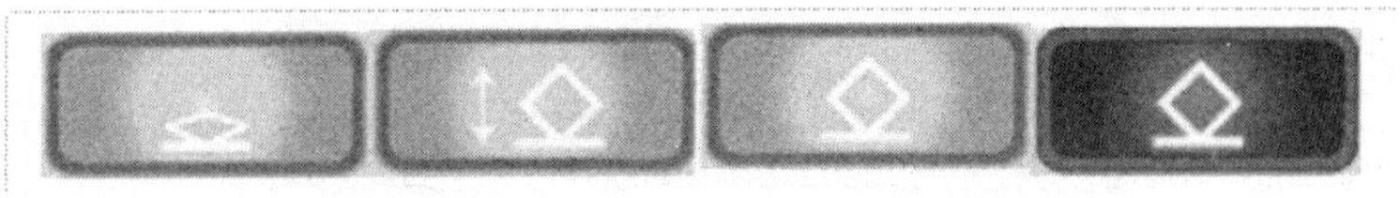

图 7-11　受电弓不同状态下的显示

1）如果受电弓处于降弓状态或降弓到位，“受电弓处于降弓位”的标识以黄色显示。

2）如果受电弓在运动过程中，“受电弓运动中”的标识以黄色显示。

3）如果受电弓升弓到位，“受电弓处于升弓位”的标识以黄色显示。

4）如果受电弓升弓到位且线路电压可用，则受电弓指示灯的颜色由黄色变为蓝色。

（1）升弓操作　升、降弓控制开关由中间位向右旋转至升弓位，保持 1s 松开后，开关自动回复至中间位。同时，司机通过 IDD 的受电弓指示灯观察受电弓状态，升弓动作完成后，司机检查接触网电压表，网压应为 DC 500 ~ 900V，蓄电池电压为 21 ~ 26V（处于充电状态），完成升弓操作。

（2）降弓操作　升、降弓控制开关由中间位向左旋转至降弓位，保持 1s 松开后，开关自动回复至中间位。同时，司机通过 IDD 的受电弓指示灯观察受电弓状态，降弓动作完成后，司机检查接触网电压表，网压应为 0V，蓄电池电压不应低于 21V（处于放电状态），完成降弓操作。

（3）注意事项　车辆蓄电池馈电时（蓄电池电压低于 21V），自动升弓将无法使用，可采用手摇杆进行手动升弓，手摇杆放置于中间转向架模块车厢内，使用时取出连接于软轴的接口上，通过软轴与升弓装置相连。

3. 照明检查

（1）外部照明灯测试

1）远光灯。IDD 激活后，司机可以选择通过 IDD 上的带灯软键“远光灯”来激活远光灯。通过激活该带灯软键，向前驾驶方向上的远光灯将通过相应的 LCU 开启。远光功能可以通过再次按下软键“远光灯”、关闭外部照明或休眠司机室的方式进行关闭。

2）近光灯。当外部照明处于开启状态，且司机室被激活时，激活车端的近光灯通过相应的 LCU 开启。当外部照明处于关闭状态时，近光灯关闭。

（2）司机室灯检测　按下右侧 IDD 上的“司机室灯”开关，司机室顶板上的灯亮；再次按下“司机室灯”开关，司机室顶板上的灯灭。

（3）客室灯正常照明检查　当司机室激活，并升弓起动辅助逆变器后，按下右侧 IDD 上的“正常照明控制”按钮，客室其余的照明灯亮。

（4）客室灯紧急照明检查　当列车激活后，按下右侧 IDD 上的“紧急照明控制”按钮，每个客室门框上对应的紧急照明灯亮，贯通道上的 LED 灯亮。

4. 其他辅助设备的测试

（1）指示灯测试　在车辆起动过程中（车辆初次上电），司机台上所有的指示灯亮。该命令由 VCU 自动发出，司机也可在左侧 IDD 的界面上手动触发“灯测试”按钮（图 7-12），所有指示灯将点亮。

（2）扬声器及电笛测试　按下司机台上的“电笛”按钮，电笛响。当列车处于向前或

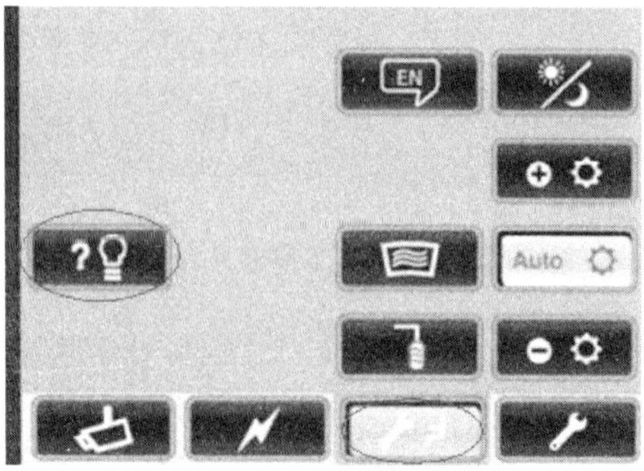

图 7-12 “灯测试”按钮

向后状态时，若采取紧急制动，扬声器将发声直至停车。

（3）刮水器测试　进行刮水器测试时，将右侧 IDD 上的刮水器控制开关（图 7-13）分别置于“速度 1”“速度 2”档，刮水器以不同的速度运行；将司机台上的刮水器控制开关置于“OFF”位，刮水器停止动作；在“间隔 1”“间隔 2”“间隔 3”档位，刮水器按照不同的间隔时间以速度 1 动作。原则上，不允许在玻璃无水状态下“干刮”，以免划伤玻璃。

（4）加热除霜器控制　司机按下左侧 IDD 上的“除霜器”按钮，除霜器开始工作（其界面如图 7-14 所示）；再次按下该按钮，除霜器停止工作。若除霜器工作 10min（时间可调）后司机没有再次按下除霜器按钮，则除霜器自动断开，切断电阻丝电源。

图 7-13 IDD 上的刮水器控制开关

图 7-14 除霜系统界面

5. 开关门测试

按下司机座椅右侧扶手上的“左侧门选择”按钮（该按钮指示灯点亮），然后按下“左侧门释放”按钮（该按钮指示灯点亮），接着按下最左侧司机台上的“集中开门”按钮（该按钮指示灯点亮），左侧车门打开；按下“集中关门”按钮，所有车门关闭，并且“集中开门”和“门释放”按钮上的指示灯熄灭。以同样的方法测试另一侧车门的开关门功能。

注意：在有车门释放的情况下，若要改变车门打开侧，需要先取消车门的释放状态，然后重新进行侧选择。

6. 空调测试

司机将司机室 IDD 操作屏切换到空调界面（触摸“空调界面”软按钮），即可显示客室空调子系统界面，如图 7-15 所示。

（1）客室空调

1）自动模式。选择，客室空调机组根据标准计算并调节客室温度，根据室内、

图 7-15 客室空调子系统界面

外温度，自动进行预冷、预暖、制冷、制暖、通风工况的选择；并可通过 IDD 上的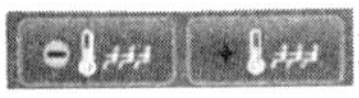软按钮调节客室温度曲线，其范围是 -4K ~ 4K，默认值为 0K。为客室目标温度值。

2）通风模式。司机通过再次选择 IDD 上软按钮，将客室空调运行模式切换为通风模式，图标也变为。

3）停止模式。机组停止运行，变为。

（2）司机室空调

1）自动模式。选择，空调机组根据标准计算并调节司机室温度，根据室内、外温度，自动进行预冷、预暖、制冷、制暖、通风工况的选择；并可通过 IDD 上的软按钮调节司机室温度曲线，范围是 -4K ~ 4K，默认值为 0K。为目标温度值。

2）通风模式。司机通过再次选择 IDD 上软按钮，将司机室空调运行模式切换为通风模式，图标也变为。

3）停止模式。机组停止运行，变为。

7. 广播操作

（1）测试程序 起动列车广播，终点站显示屏、车内信息、动态地图均应点亮，且正常工作。操纵广播按钮，面向客室广播，运行监听。用话筒对客室广播。在客室扳动紧急解锁开关，司机室应有声响，客室可通过紧急对讲向司机室报警。

（2）线路初始化设置 司机可以按下广播控制盒的“M”键进入主菜单，对主菜单第一行的“线路号设置”进行选择并回车确认，进入初始化路线设置界面，通过对起始站和终点站的设置选定行车路线，然后回车确认，接着按下“Esc”键退出主菜单，即可进入行车界面，如图 7-16 所示。

（3）特殊广播设置　按下“M”键进入菜单模式，通过“↑”“↓”键选择菜单和翻页，按“↑”“↓”键或数字键“2”选择紧急广播，按“确认”键进入紧急广播菜单。通过“↑”键或“↓”键选择相应的紧急信息，实现紧急广播和TFT紧急信息显示。当紧急广播播放结束时，系统会自动进入正常广播状态。当不需要进行紧急广播时，司机需按“Esc”键退出紧急广播状态，进入主菜单，系统自动进入正常广播模式。再次按“Esc”键退出主菜单，进入当前站界面。

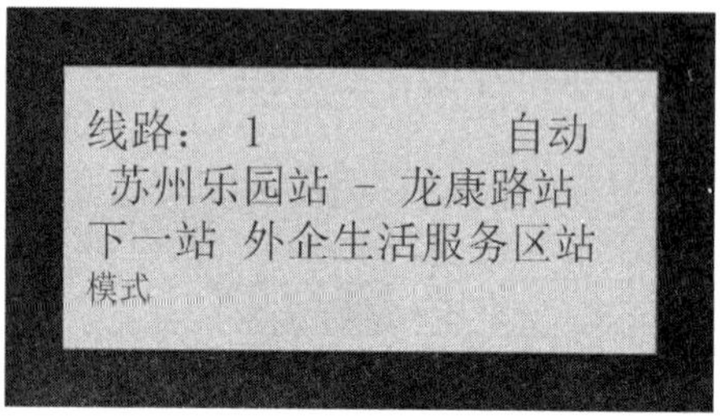

图7-16　广播控制盒面板行车界面

第三节　有轨电车牵引、制动及其他操作

牵引及制动操作是安全驾驶列车、正点运行的基本技能，司机应熟练掌握其操作方法，使列车处于完全由司机人工驾驶的状态。列车牵引、制动完全受控于人工操作，司机应根据线路条件的要求，实施牵引或制动。

一、牵引/制动基本操作

1. 牵引/制动控制的基本原理

把主控手柄向前推，列车实施牵引。若把手柄推回到“0”位，则列车惰行。把主控手柄向后拉，列车实施制动。当把主控手柄向后拉到极限位时，列车实施危害制动。由于OS和主控手柄没有机械互锁，因此主控手柄的操作不受任何限制。但是，只有在选择驾驶方向后，VCU才能接收到手柄产生的牵引/制动力值。

每个主控手柄提供信号给VCU，牵引、制动、危害制动的力值大小是通过6位格雷码来编译的。手柄的凸轮信号通过硬线信号传给牵引逆变器，制动控制单元和数据记录仪中的安全板通过数字量输入传送给VCU。向前牵引列车能够向前加速，如果其速度超过限定值，列车将给出声音警告信号。向后牵引速度达到限速值5km/h时，列车也会给出声音警告信号。

司机操作主控手柄输出格雷码传送给VCU后，VCU把格雷码转化成相应的牵引/制动力值，并传给动车转向架上的DCU和拖车转向架上的BCU。VCU同时进行了速度和加速度的调整。只有常用制动时才执行速度和加速度的调整功能，在危害制动或紧急制动的时候不能执行该功能。

主控手柄会产生“牵引”“惰行”“制动”“危害制动”几个阶段，VCU会读取和评估这几个阶段并进行进一步处理。把主控手柄从“0”位向前移动将会产生“牵引”指令，此时会产生一个格雷码的牵引力值，牵引允许也将被激活。把主控手柄从“0”位向后移动将会产生“制动”指令，此时会产生一个格雷码的制动力值。当手柄既不在“牵引”区域，也不在“制动”区域时，或者列车在运行时手柄被置于“0”位，将产生“惰行”信号。把主控手柄向后移动到底（超过了制动区域），将产生“危害制动”指令，此时的制动力是在DCU和BCU中预设好的。如果编码器和凸轮的“牵引”及“制动”指令不一致，则IDD

会提示错误并保存该故障，同时激活强迫制动。

2. 牵引/制动基本操作

1）确认所有列车门都已关好，司控台上的门关好，指示灯亮。

2）OS 设置在向前位。

3）下压司控器手柄至牵引位。

4）确认停放制动显示缓解。

5）牵引位实现后，根据需要逐步增加或减少牵引力，在线路允许的情况下，要尽量利用惰行。

6）列车运行过程中，每 30s 内须按压警惕按钮一次，每次按压时间不得小于 3s。如果未按上述要求操作，将自动切除牵引并报警，若再过 5s 仍无人干预，则列车将强迫制动。

7）牵引到一定速度惰行后，要进站实行制动停车，电制动控制开关应在闭合状态。在开始实行制动时，应密切注意减速情况，视制动距离调节制动力。

8）当列车制动不及时，造成速度过高而不能在规定距离内停车时，要直接将制动手柄推到危害制动位，以保证行车安全。

9）当发生紧急情况时，司机要迅速按下“紧急制动”按钮，直至停车，不能缓解，待紧急情况解除后才能缓解。实施紧急制动后如要解除紧急制动，必须使右旋紧急按钮复位之后，将司控器手柄拉到危害制动位，再推回零位，才能缓解。

10）列车限制速度为 70km/h，当列车速度超过 65km/h 时，将切除牵引。

二、站台对标停车操作

1. 正常对标情况

正常对标情况下，车辆 6 个车门全部集中开门（两端 2 个单开门，中间 4 个双开门），第 3、4 双开上客门具备刷卡条件，如图 7-17 所示。

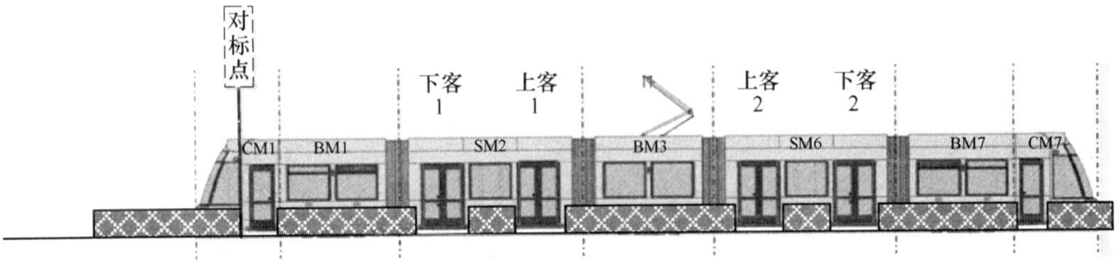

图 7-17　正常对标示意图

站台正常对标的详细操作（列车进站限速 20km/h，对标限速 5km/h）如下：

1）进站前列车减速至 20km/h，加强瞭望，确保站台上无人或异物侵限。

2）进站一半时车速应当控制在 10km/h 左右，手柄在制动区。

3）调整制动力，保证列车在不停车的情况下逐渐减速。

4）列车即将到达对标点时，给制动力直至车速为 3km/h 左右。

5）列车即将停车时，将手柄回至最小制动位，让列车缓慢停车。

2. 过标应急情况

过标应急情况下，可利用第 3 个车门（双开上客门）对齐缺口 2，同时第 5 个车门（双开下客门）对齐缺口4；保证有两个双开门通行（上、下客各1个），如图7-18所示。

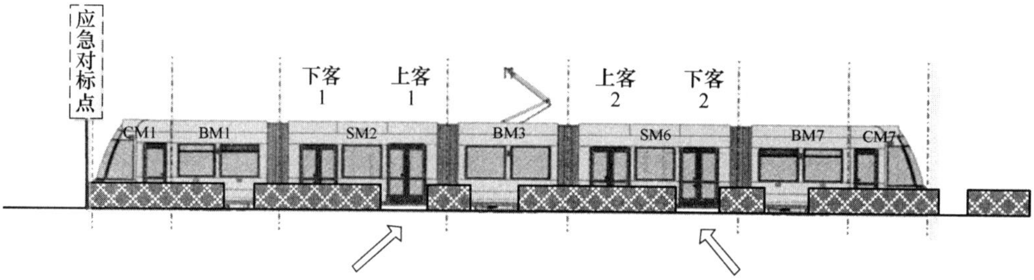

图7-18　应急对标示意图

车辆冲标应急对标的详细操作（车辆应急对标，限速3km/h）如下：

1）列车启用应急对标时，其与应急对标点的距离应小于3m。

2）确认站台及进路安全后，列车开始应急对标。

3）将手柄推至最小牵引位，列车会缓慢缓解液压制动（缓解过程中可以听到液压阀的声音，同时右侧IDD液压制动图标显红消失），缓解过程在2～3s左右。

4）手柄保持在最小牵引位，待列车速度为2～3km/h时，将手柄回零，此时列车缓慢地向前移动。

5）待列车到达应急对标点时，将手柄立即拉到常用制动区（由于是应急对标，列车低速，不再考虑平稳停车）。

6）注意：在应急对标过程中，不需要松警惕按钮，建议在30s内完成操作，否则会由于按压警惕按钮造成列车制动停车。

三、换端操作

1. 站台折返

列车到达折返站，司机在当前已激活司机室打开车门，所有乘客下完后，关闭车门；将当前司机室主控器旋至“0”档位，拔下钥匙去另一端司机室。在另一端司机室，司机插入钥匙，将主控器旋至“F”档位；然后打开车门，等待乘客上车。

2. 站前折返

列车到达折返站，司机在司机室操纵端打开车门，所有乘客下车后，关闭车门。按照行调指示运行到折返处，司机将当前司机室主控器旋至“0”档位，拔下钥匙去另一端司机室。在另一端司机室，司机插入钥匙，将主控器旋至“F”档位。然后发车至龙康路站，打开车门等待乘客上车。

3. 注意事项

每次司机室切换到另一个的时候，在把模式开关置于“F”档位后，应至少等待20s后再发车。如果在换端牵引过程中出现意外情况，如发生制动不缓解故障，可以使用紧急缓解开关对不缓解的转向架进行电气缓解。如果仍然存在该问题可以重启车辆，在车辆完全休眠后，等待1min再激活车辆。

四、入库后停放操作

车辆入库并停靠到位后，应进行如下操作：

1）将主控制器置于惰行位。

2）将列车激活开关置于睡眠位。

3）按下 IDD 上面的“Vehicle Off”按钮，3min 后，列车供电接触器断开，期间列车进入休眠过程。

4）模式选择开关至于“0”位，列车触发停放制动。

5）所有的客室门自动关闭。

6）客室空调自动停止。

7）受电弓自动降落。

第八章 有轨电车故障处理

有轨电车车辆是一个复杂的系统，其设备复杂，零部件很多，且使用环境复杂，经过一段时间的运用后，不可避免地会出现一些问题，各零部件会发生不同程度的自然磨损、松脱、变形、蚀损或物理化学变化。电气装置还会出现断线、接地、电磨损及绝缘老化问题，从而使列车在载客运营中因故障下线、清客、救援的现象时有发生，干扰正常的运营组织，影响车辆的使用寿命和行车安全。为了保持列车技术良好的状态，充分发挥车辆的技术性能，要求有轨电车司机熟悉车辆的构造，应急处置车辆故障时检查顺序合理，具有良好的心理素质和高度的责任心，在学习和经验积累的基础上，及时、正确地判断和处理车辆故障，以确保列车的安全、正点及良好的乘客服务。

为了迅速地排除故障，维持有轨电车运行，本章对有轨电车一些常见故障的应急处理方法做了介绍，以供有轨电车司机在处理车辆故障时参考。

一、车辆故障的原因分析

（一）人为原因（主观性故障）

人为原因是指车辆故障是由相关人员未按已规定的操作规程操作、维护或保养造成的。

1）操作人员违反设备已知的操作规则或程序，造成设备不能正常工作。

2）设备维护、保养不良，导致损耗加速、匹配偏差、磨损加剧。

3）人为有意识或无意识的损坏，包括车辆失修等。

4）机件装配和调整错误。

（二）自然原因（客观性故障）

自然原因是指车辆故障是由环境条件恶化、材料缺陷及设计不合理等造成的，存在一定的不可预知性。

1）环境条件恶化或设备正常老化。

2）不可准确预知的材质问题、零部件不合格。

3）因设备设计不合理产生的次生问题。

车辆发生了故障，正确分析和判别车辆故障的原因是一项重要且细致的工作，不应在未弄清故障原因之前随意、盲目地处理，这样不但不能消除故障，反而可能造成新的故障。

二、故障处理的思路和技巧

（一）故障处理的思路

列车运行中出现的故障具有经常性和突发性，特别是有关功能性的故障较多，其中有的故障容易排除，有些则难以排除。特别是在车辆运行过程中，故障突如其来，如果没有坚实的故障处理基本功，就有可能错过处理故障的最佳时机而酿成事故。因此，能否在规定时间内及时、准确地分析、排除故障，已经成为衡量司机技术业务水平的标志之一。

运行中列车的故障处理，由于受到运行条件、工具配件、司机的故障处理能力等因素的限制，不可能无时间限制地将列车停在正线处理。因此，应急故障处理方法应是简明扼要、简便易行的。此外，司机学习故障处理技术时，要做到举一反三，以应对同一故障的不同形式。要达到以上要求，应从以下两方面着手：

1）深层次了解故障的内在规律，通过现象看本质，思维方式发散，而不是简单地搬用教条。

2）使学习的知识简而精，注重实用性，由故障的表象推出具体的处理步骤，把复杂的问题简单化。

为了降低列车故障发生的频率，平时要做好维修保养工作，司机要规范驾驶列车，合理使用列车的各项功能。一旦列车发生故障，司机要充分发挥综合分析、判断和处理故障的能力，迅速、准确地判断出故障位置。查找故障时，要按照故障发生的概率，先检查故障率高的位置，后检查故障率低的位置；按照“先易后难，先近后远，先低压后高压，先分析后处理”的原则进行处理。

在查找故障时，为了缩小查找范围，通常可采用“观”“听”“辨”等方法。

（1）观　眼睛是获取信息的主要工具。车辆有了故障，查找故障点是关键。通常故障发生后都有一定的表象，司机在故障处理中，首先应通过观察显示屏、指示灯、制动压力仪表的显示状态及主控手柄的位置，搜集故障的最基本信息，尽可能地缩小和确定故障的大致范围，范围越小，故障位置越容易找出。

（2）听　即听列车有无异常声响，如蜂鸣声，听列车操作时继电器吸合断开的声音，以及行调和其他行车人员对司机进行的呼叫声等。行车过程中，司机注意力不可能时刻保持高度集中，因此需要有效地利用听觉器官。特别是在列车运行过程中，车辆行走部既看不到，也摸不着。因此，听行走部有无异响、蜂鸣声以及继电器的动作声，对早期判断故障有着很重要的意义，须引起足够的重视。

（3）辨　在搜集相关信息后，在大脑中还应进行分析判断，辨别现象的真伪，必要时还需通过简单的操作加以辨别和进一步缩小故障的范围。

总之，通过“观”“听”“辨”，可对故障范围有一个综合的认识，利用上述方法不仅能提高司机的信心和心理素质，同时也能缩短查找和处理故障的时间。

（二）故障处理的基本技巧

1. 重试法

重试即再试一次，或换端重试。如同一侧有一个或两个车门故障，可再次按下开/关门按钮，出现故障的门会尝试再开/关一次；如车门仍没有打开/关闭，则重复上述动作一次。又如列车到站后，若车门未正常打开，可按下司控台上的“开门”按钮重新开门。

2. 复位法

根据司机室显示屏或仪表、指示灯的显示内容，检查有关断路器是否落下，若落下，则进行复位处理；若未落下，则重新断合一次。

3. 切除法

有些设备发生故障会直接影响列车的驾驶性能及安全性能，因此，列车在电路设计中对重要部件安装了监控系统，该设备一旦发生故障，车辆控制系统会遵循设备故障导向安全这一设计原则，采取限速运行等手段来确保列车安全。司机必须通过故障现象准确查找故障原因，通过切除故障设备不让其工作的方法来维持列车运行，以减少故障对运营的影响。例如，当牵引电动机出现故障时，可利用显示屏找到故障电动机将其切除。又如车门故障关闭不到位时，司机可以切除该车门继续载客运行。

4. 转换法

司机可利用车辆的备用系统或设备进行转换或切换。如微机控制系统发生故障，可将设备转换到备用系统工作。

5. 旁路（隔离）法

车辆的某些设备或系统发生故障时，会影响列车的驾驶功能，导致列车无法牵引。此时，司机必须按故障情况严格区分故障发生的原因，可尝试使用旁路相关设备的方法维持列车运行。如车门、停车制动、门锁故障时，经行调同意后可进行旁路处理。旁路相关设备时，一定要仔细检查确认，慎重处理。例如，旁路停放制动时，司机必须先确定列车制动已真正缓解后，再使用旁路制动方法排除故障，以防扩大事故。

6. 重启法

控制信号或通信信号发生误差，会造成信息显示紊乱或黑屏，严重的还会影响列车某些设备的正常使用（或死机）。在这种情况下，最好采用重新起动列车或重新启动相关设备的方法，激活故障设备，恢复列车功能。出现显示屏黑屏、死机等故障时，可按步骤对操纵台进行重启。

（三）故障处理的一般原则

1）发生车辆故障时，要沉着冷静，快速地做出正确的判断和处理，尽量缩短在线故障处理时间。

2）当出现非正常情况时，应尽可能进站停车处理。列车故障消失后可以继续运行，但必须报行调后方能动车。列车不能继续运行时，司机必须及时请求救援，并按规定安排列车防护和防溜。

3）当出现《有轨电车故障应急处理》中未列出的故障时，若故障原因不明，司机应在检修工程师的指导下采取相应措施。

4）遇非正常情况，按照各类《非正常行车办法》执行。

（四）故障处理程序

故障处理程序见表8-1。

表8-1 故障处理程序

序号	司机处理过程	所需时间	要　点
1	向行调汇报	1min	五要素：司机代号、车次、车号、地点、故障现象
	做好故障广播		向乘客说明停车原因
2	根据故障处理指南检查各断路器或进行换端处理	1～5min	按照故障处理指南逐一排除故障

（续）

序号	司机处理过程	所需时间	要　点
3	汇报行调后降弓，休眠，重启	7min	降弓30s，关闭钥匙开关，按休眠按钮10s，等30s唤醒，列车休眠后唤醒需要5min，打开钥匙开关、升弓、信号自检50s（依据实际时间测定，与理论数据存在一定误差）
	休眠重启前做好客室广播		吐字清晰，节奏平稳，避免造成乘客恐慌
4	做好清客广播	30s	得到行调批准后实施
			态度诚恳，礼貌用语

三、有轨电车故障应急处理指南

目前，国内各有轨电车公司的车辆一般是采用不同国家的技术，由国内不同生产厂家制造的，车辆的结构、设置及相关部件的名称与符号各不相同，没有统一的标准。所以，车辆故障的处理方法也不同。下面以苏州高新有轨电车一号线车辆为例，对有轨电车故障的应急处理进行介绍。

列车在运行中发生常见故障时，司机不仅需要列车构造原理知识和列车故障应急处理知识，更需要通过“观”“听”“辨”等行之有效的综合诊断和故障处理技巧，循序渐进地进行分析和排查。

（一）车门故障处理

车门是列车运行过程中开关频率、出现故障频率最高的设备之一。因此，掌握车门故障的处理技巧尤为重要。常见车门故障的处理方法见表8-2。

表8-2　常见车门故障的处理方法

序号	故障现象	处理方法	说　明
1	门环路灯不亮	检查IDD上的车门状态，确认左右侧的所有车门是否已关到位 1. 若有个别车门关不到位，司机可以重新开关门作业一次，如门环路灯点亮，列车可继续运行。若仍有个别车门没有关到位，而司机找到未关好的门，可手动关好门，然后进行隔离处理 2. 若所有车门已关到位，司机可以重新开关门作业一次，若门环路灯点亮，列车可继续运行 3. 检查两个司机室后方61电气柜中的DICB1和DICB2是否闭合，若没有闭合则恢复；若闭合，司机重新断合一次 4. 若门环路灯仍没有点亮，则对列车进行小重启，若恢复正常，则继续运行 5. 若以上方法还是无法处理该故障，司机可以将车门联锁旁路开关置于旁路位，确认IDD1中的车门显示关好状态，以继续运行至终点站 6. 到达终点站后，对列车进行大重启，若恢复正常，可继续运行；若不能恢复正常，则清客	单开门故障：一个或两个门出现故障，维持运行 上客门故障：一个门出现故障，维持服务；两个门出现故障，运行至终点站，清客，退出服务 下客门故障：一个门出现故障，维持服务；两个门出现故障，运行至终点站，清客，下线

（续）

序号	故障现象	处理方法	说明
2	门重大故障	司机观察IDD，确认故障车门，并进行故障侧的开/关门作业：若故障消失，则继续运行；若故障依然存在，则将此门隔离并继续运行，待结束运营后回库处理	
3	整侧车门出现故障，无法开门	1. 司机检查车门侧选择是否正确，若选择错误，则重新进行车门侧选择 2. 若车门侧选择正确，则检查车门释放是否激活，若未激活，则重新激活门释放 3. 若车门侧选择和车门释放均正常，司机可以尝试重新给出车门释放信号（即先取消车门释放，然后重新给出车门释放）后重按“集中开门”按钮 4. 若上述操作不能恢复正常，司机应检查两端司机室后方61电气柜中的断路器DRCB1和DRCB2是否闭合，若没有闭合则恢复，若闭合则重新断合一次 5. 若上述操作无效，对列车进行小重启，若恢复正常，则继续运行 6. 若以上方法均无法打开车门，则使用紧急解锁手动开关车门，清客，下线	
4	整侧车门出现故障，无法关门	1. 司机尝试重新按压“集中关门”按钮，若故障恢复，则继续运行 2. 若重新按压“集中关门”按钮无效，司机可以取消该侧门的车门释放信号，车门会自动关上，此时可以使用“门释放取消”按钮进行关门操作。司机在当前站台重新进行集中开关门作业一次，若故障消失，则继续运行 3. 若上述操作不能恢复正常，进行一次小重启，恢复正常后继续行车 4. 若以上方法均无法关闭车门，则列车退出服务，清客，直接下线	

（二）制动故障处理

常见制动故障的处理方法见表8-3。

表8-3　常见制动故障的处理方法

序号	故障现象	处理方法	说明
1	安全制动无法缓解	1. 检查两端蘑菇按钮是否被拍下，若拍下即刻释放 2. 检查两端司机室是否同时激活，若同时激活，则重新选择司机室 3. 若上述方法无法解决故障，则对列车进行小重启，若恢复正常，则继续运行 4. 上述操作若无法恢复，则将列车置于紧急牵引模式，就近退出服务	如故障无法处理，应申请救援，清客，直接下线

（续）

序号	故障现象	处理方法	说　明
2	强迫制动无法缓解	1. 司机检查警惕按钮是否触发，若因司机误操作导致触发，则停车后即刻动车；若警惕按钮有故障，则将警惕按钮旁路开关置于旁路位，然后继续运行 2. 司机检查门环路是否断开，若断开，则按门环路灯不亮的故障处理 3. 司机检查 IDD 界面是否有乘客紧急制动触发。若有乘客紧急制动触发，则司机和客运员按照相关规定处理完紧急事件后，恢复乘客紧急制动手柄并动车。若检查发现没有乘客拉制动手柄，但乘客紧急制动信号已经触发，则司机将乘客紧急制动旁路开关置于旁路位，然后继续动车（此时客运员时刻注意车厢内乘客有无紧急情况） 4. 上述操作无效时，对车辆进行小重启操作，恢复正常后可继续运行 5. 若上述操作还是无法缓解强迫制动，司机可以将强迫制动置于旁路位，继续动车。列车运行至终点站，清客，下线（此时，司机应时刻留意 IDD 上车辆制动施加状态，运行过程中一旦制动施加，须立刻停车，将制动缓解后，方能继续动车）	
3	机械制动无法缓解	1. 司机观察 IDD 屏，确定车辆是哪几个转向架制动不能缓解，对相应的转向架进行紧急缓解操作（如 MB1、TB3、MB7、ALL），而后复位紧急缓解，司机尝试动车，若故障消失，可继续行车 2. 若上述操作无法排除故障，司机对列车进行小重启，若能恢复正常，则继续行车 3. 若上述操作无效，司机可以将对应转向架的机械制动进行紧急缓解，不复位紧急缓解，尝试动车（此时车辆自动限速 30km/h），列车运行至终点站，清客，下线	
4	TB 制动硬线反馈故障	1. 司机观察 IDD 上所报故障详情，若按压“确认”软按键后故障仍然存在，则单击故障详情，依据显示的指导方案进行处理 2. 若上述处理无效，则对车辆进行小重启操作，若恢复正常则继续运行 3. 若上述处理无效，且车辆可以正常动车，则继续运行，待回库处理	

（三）牵引故障处理

常见牵引故障的处理方法见表 8-4。

表 8-4 常见牵引故障的处理方法

序号	故障现象	处理方法	说明
1	列车已被唤醒，已选择当前司机室，且模式开关已选择“F”位。牵引手柄转到牵引位，列车不起动	1. 检查门释放是否取消，若没有则即刻取消，而后尝试动车 2. 检查门环路灯是否点亮，若未点亮，则司机按照上面车门门环路灯不亮故障的处理意见处理 3. 司机重新选择模式开关（将模式开关从“F”位转至“0”位，然后重新转至“F”位） 4. 若上述操作不能恢复正常，则检查 BM1 和 BM7 模块 23 电气柜的断路器 TICB1、TICB2、TCVCB 是否闭合。如没有闭合则恢复，若闭合重新断合一次。若恢复正常，可继续运行 5. 若上述操作不能恢复正常，则对列车进行一次小重启；若恢复正常，可继续行车 6. 若上述方法排除不了故障，司机可以尝试紧急牵引模式运行（限速 30km/h，且空调只能通风），列车在就近站台退出服务，清客，直接下线	若丢失 1 个牵引电动机，车辆会自动限速 50km/h，列车继续运行。若 2 个牵引电动机出现故障，则车辆会自动限速 30km/h。若 3 个牵引电动机出现故障，就近退出服务。若 4 个牵引电动机出现故障，则申请救援
2	司机换端后推牵引，IDD 屏幕上报 CM1 或 CM7 牵引逆变器故障	1. 司机可以重新选择模式开关（将模式开关从“F”位转至“0”位，然后重新转至“F”位） 2. 若上述操作无法排除故障，司机可断合对应的 BM1/BM7 模块 23 电气柜中的 TICB1、TICB2、TCVCB，若能恢复正常，可继续运行 3. 若上述操作无效，则对列车进行小重启，若能恢复正常，可继续行车 4. 若故障无法排除，则依据牵引动力失去数量决定列车运行情况	
3	受电弓故障（运行时车辆降弓网压异常，车辆无牵引）	1. 检查 IDD 上受电弓显示是否处于升弓位置。如果受电弓在升弓位，则与行调联系，确认接触网供电是否正常 2. 若检查 IDD 上受电弓显示不在升弓位，且行调告知接触网供电正常，司机应下车查看受电弓的状态，如果受电弓散架，不是完整状态，则联系行调，申请救援，直接下线 3. 若检查 IDD 上受电弓显示不在升弓位，且司机下车检查受电弓完整，则检查司机室后方 61 柜内的 PANCB 和 BM3 模块 33 柜的 RPCB 是否闭合，在驾驶端尝试升弓，如仍升不了弓，则在非驾驶端尝试升弓；若能升弓，可继续运行，但司机须时刻关注车辆状态 4. 如果尝试上述方法后均不能升弓，则司机进行手摇升弓操作，升弓到位后，检查 IDD 受电弓状态，如果正常，则尝试牵引，能正常行车就继续运行。司机须时刻关注车辆状况 5. 若上述操作均不能升弓，则申请救援，直接下线	

（续）

序号	故障现象	处理方法	说　明
4	车辆紧急制动并进入休眠状态	1. 检查模式开关和主控钥匙开关是否在正常位置，若不在则恢复。重新尝试唤醒列车，如能唤醒，则继续运行，但须时刻监察车辆状态 2. 若不能唤醒，则到非激活端司机室尝试唤醒列车，而后再换到激活端司机室，重新选择司机室，尝试动车。如能动车，则继续运行，司机须时刻监控车辆状态 3. 若均不能唤醒，则检查两端 61 柜 BOCB、CSCB 开关是否闭合，如果没有闭合则恢复，重新尝试唤醒。若此时还是不能唤醒，则申请救援，清客，直接下线	
5	SDR 故障	1. 司机先尝试动车，若能正常动车，则先维持运行，待回库处理 2. 若车辆不能正常动车，则对列车进行小重启操作，若恢复正常则继续运行 3. 若上述操作仍不能恢复，可将 SDR 旁路开关置于旁路位，继续动车，运行到终点站后退出服务	

（四）辅助逆变器故障处理

常见辅助逆变器故障的处理方法见表 8-5。

表 8-5　常见辅助逆变器故障的处理方法

序号	故障现象	处理方法	说　明
1	IDD 屏上报 1 个辅助逆变器 DC 故障或者 1 个辅助逆变器 AC 故障	1. 司机检查 IDD，确定为 SM2 或 SM6 的辅助逆变器单个故障，而非 2 个辅助逆变器均出现故障 2. 司机检查 IDD 网压是否正常，若网压不正常，则按照受电弓故障处理意见处理。若受电弓没有故障且网压正常，可对列车进行小重启，若恢复正常，则继续运行 3. 若进行上述操作后无法恢复正常，列车可以维持运行，但是整车只有 1 个辅助逆变器工作，给整个列车所有负载供电（此时正常照明和空调均能正常工作）	运行至终点站，清客，退出服务
2	IDD 屏上报 2 个辅助逆变器 DC 故障或者 2 个辅助逆变器 AC 故障	1. 司机对列车进行小重启操作，若恢复正常，可继续运行 2. 若上述操作无效，此时列车由蓄电池给所有的直流负载供电，列车无法动车。司机立即报 OCC，申请救援（此时正常照明和空调将被关闭，且蓄电池只能给紧急负载供电 30mln）	申请救援，清客，直接下线

（五）车载设备故障处理

常见车载设备故障的处理方法见表 8-6。

表 8-6　常见车载设备故障的处理方法

序号	故障现象	处理方法	说明
1	IDD 黑屏	1. 检查 IDD 的开关状态（IDD1 关、全开、IDD2 关），应处于全开状态。如有一个屏不亮，则将开关转至“IDD1 关”或者“IDD2 关”，然后转至全开位 2. 检查 61 电气柜中 IDDCB1、IDDCB2、SRCB1、SRCB2、NSRCB1、NSRCB2 是否闭合，应全处于闭合状态 3. 只有一个 IDD 显示时，选择 IDD 开关，将黑屏的 IDD 关闭，两个 IDD 信息反映到一个 IDD 屏上，可继续运行。此时，后视摄像画面会显示在一个 IDD 屏幕上 4. 进行上述操作后，若仍然不能恢复，则司机尝试动车，若不能动车，则司机尝试紧急牵引，可运行至就近站台退出服务，清客，直接下线	
2	空调故障	1. 若一台空调不能起动，另一台空调正常，则检查司机室后方 61 柜的 ACCB，SM2/SM6 的 23 柜的 SACVCB 是否断开，应保持闭合状态 2. 若两台空调不能工作，则检查驾驶端空调紧急关断开关是否在关断位置，将其恢复正常位置 3. 若两台空调均不工作，且空调紧急切断开关在正常位置，则检查司机室后方 61 柜的 ACCB 和 SM2/SM6 的 23 柜中 SACVCB 断路器是否在闭合位置。若开关在闭合状态下，空调仍不能工作，则进入下一步 4. 若空调不能制冷和制热，但能通风，客室内部空气可保持新鲜度，但是空气温度不能维持在适宜的范围，影响服务质量 5. 若空调完全不工作（通风功能也不能实现），车辆可以正常行车，但是客室空气质量较差，影响服务质量	1. 若空调不能制冷，只能通风，或者一个空调故障，则维持服务 2. 若两个空调故障，则听从客运员现场判断，汇报行调。如需下线，则运行至终点站，清客，下线 3. 若空调完全不能工作，则列车运行至终点站，清客，下线
3	PIS 系统故障	1. PIS 系统故障，均不影响正常行车 2. PIS 广播系统故障时，自动广播不能使用，可使用半自动广播；半自动广播不能使用时，使用人工广播；人工广播仍不能使用时，车辆客运员对乘客报站 3. 客室内部监控有部分或全部不显示时，车辆可以正常动车，司机不能观察客室部分区域的视频，可以让客运员加强监控，突发情况时及时和司机沟通 4. 后视监控视频无法显示时，车辆可以正常动车，但是司机无法观察到车辆外部后视视频。列车运行至终点站，清客，下线 5. LCD 多媒体播放、目的地显示地图故障时，不影响车辆动车，可以正常行车 6. 乘客紧急报警在 IDD 上显红，但是客室没有乘客操作。不影响车辆动车，客运员和司机应加强沟通	

（续）

序号	故障现象	处理方法	说　明
4	车辆外部灯故障	1. 运营灯、尾灯、位置灯、雾灯、边缘指示灯、近光灯、远光灯有不亮时，司机将外部灯控器开关重启，若故障恢复，则司机正常动车。若故障不能恢复，则司机重启司机室后方61柜中的LCUCB1和LCUCB2，恢复继续运行，不恢复正常也不影响车辆动车 2. 晚上行车时，若近光灯、远光灯有单个不亮，可以继续运行，暂不做处理，但司机须加强瞭望 3. 晚上行车时，若近光灯不亮，可先使用远光灯，列车维持服务；若远光灯不亮，可先使用近光灯，列车限速30km/h，运行至终点站，清客，下线 4. 晚上行车时，若近光灯、远光灯均不亮，列车在就近站台退出服务，清客，直接下线 5. 制灯、爆闪灯不亮时，列车可以继续运行，维持服务	
5	刮水器故障（雨雪天气，刮水器不能使用）	1. 刮水器有5个工作档位，如果其中一个档位不能使用，则司机将刮水器调节至可用的档位使用，列车继续运行 2. 若所有的工作档位均不能使用，则司机重启司机室后方61柜中的WCB、WWCB断路器，若故障消失，则继续运行 3. 若上诉操作无法修复故障，当雨雪量较大，严重影响司机视线时，列车应就近站台退出服务，清客，直接下线	
6	低音（高音）扬声器故障	1. 若低音扬声器故障，司机可使用高音扬声器；若高音扬声器故障，司机可使用低音扬声器 2. 若低音扬声器和高音扬声器均故障，则司机重启司机室后方61柜中的WBCB断路器。若故障恢复，则继续运行。若故障无法恢复，则列车运行至终点站，清客，下线	
7	POS机故障（刷卡器无法使用或者黑屏）	重启SM2/SM6模块23柜中的TVCB断路器，若故障排除，则列车继续运行。若故障无法排除：一个车体模块只有一个POS机故障，则列车维持服务；一个车体模块有两个及以上POS机故障，则列车运行至终点站，清客，下线	
8	车底异响	1. 司机听到车底严重异响时，应立即停车，下车检查车底有无异物，若有异物，则将异物清理掉后正常行车；若无异物，则继续运行：在低速下运行100m左右，若异响消失，则恢复正常行车 2. 若运行100m后，异响仍然存在，则判断声音是否有规律，若是较规律的撞击声音，则异响发出的转向架轮对疑似有擦伤剥离现象，此时可继续行车，待回库检查 3. 若车底异响较大，且车底无异物，则司机继续动车，司机和客运员严密监控异响情况，报告行调，逐级限速并观察异响情况。同时，车辆技术员应尽快赶往现场，查看车辆异响状况	

(六)司机故障处理单项操作时间标准

司机故障处理单项操作时间标准见表8-7。

表8-7 司机故障处理单项操作时间标准

序号	项　目	时间/s	备　注
1	故障信息确认与判断	30	
2	向行调汇报	40	实际变化比较大
3	客室广播	20	
4	开关车门	20	
5	切除一个车门	60	

第九章 乘客服务

第一节　驾乘人员素质要求

机动车驾驶员在掌握正确驾驶要领的同时，也要注意自己的道德修养，养成良好的行为习惯。驾驶员在行车中，经常会遇到违章行驶、占道抢行、强行超车等不讲文明的行为。此时，驾驶员应正确处理好有理与无理的关系，要宽容、大度和注意礼让；注意保持冷静的心态，尽量避免引起事端，营造一个文明、安全、和谐且有秩序的行车环境。

机动车驾驶员在行车过程中，对行车安全的掌控往往会受到各方面的影响，机动车驾驶员在了解驾驶理论知识、实践知识的基础上，还应具备稳定的心理素质、身体素质和道德素养。

驾驶员的心理和生理对安全行车有着较大影响，影响因素有：①驾驶员安全心理知识；②驾驶员生理状况与安全行车，包括驾驶疲劳对驾驶员的影响、饮酒对驾驶员的影响，以及疾病、药物对驾驶员的影响。

驾驶员文明驾驶习惯有：安全礼让，助人为乐，文明行车。

一、身体素质要求

人、车、路是构成道路交通安全的三要素，在这三要素中，人是道路交通安全中最重要的因素。因为车辆是由人来驾驶的，道路又是由人来使用的，所以说人是保证道路交通安全的核心。道路交通事故调查资料表明，大部分道路交通事故是人为造成的，而人的驾驶活动又受身体条件和心理特征支配，所以，只有掌握人的身体状况与心理特征，才能安全驾驶车辆，减少行车事故。因此，机动车驾驶员身体素质条件不仅关系着其能否胜任驾驶工作，而且与交通事故是否发生有着直接联系。

1. 疲劳驾驶对有轨电车驾驶人的影响

（1）驾驶疲劳的外表征兆　有轨电车驾驶人固定长时间坐在驾驶操纵位置上，活动受到一定范围的限制，工作环境有振动、噪声影响，由于长时间精力集中和判断车内、外各种信息情况，精神状态处于高度紧张中，处理信息量大，判断准确性要求高，从而容易出现驾驶疲劳。故疲劳驾驶是影响安全运行的一个重要因素。

（2）驾驶疲劳对有轨电车驾驶人的影响　有轨电车驾驶人应当注意休息，严禁疲劳驾驶。一般情况下，连续驾驶超过2h，需要进行停车短时休息；24h内累计驾驶不应超过8h；否则容易出现“过度疲劳”，导致行车中困倦、瞌睡、四肢无力，致使判断力下降，不能及时发现和正确处理运行中情况。

（3）预防驾驶疲劳的措施

1）提高对驾驶疲劳的防范意识，充分认识其危害，分析产生的原因，找出其对策，提高思想警觉，形成预防驾驶疲劳减少车辆事故的氛围。

2）提高有轨电车驾驶人员的安全素质，包括思想素质，技术、生理、心理素质。

3）确保待乘驾驶人睡眠质量，使有轨电车驾驶人得到充分的休息和调整。

4）学会掌握持续行车的时间节奏，要求有轨电车驾驶人进行适当活动，呼吸新鲜空气，变换体位姿势，使肌肉、神经感官得到短暂放松休息；出乘前要休息好，使精力、体力充沛。

5）搞好车辆状态维护，确保良好车况，避免和减少途中抛锚，减少不必要的时间、精力、体力的消耗。

2. 有轨电车驾驶人饮酒的危害

有轨电车驾驶人饮酒后，会影响中枢神经系统，导致感觉模糊，发现道路标志的能力差，对速度、距离、信号灯和停车标志的错误判断以及知觉能力下降，大脑反应开始迟钝，头脑昏沉、神志不清、眼花缭乱、精神疲乏，失去自控力。判断失误、反应不当，对安全行车非常有害。特别是饮酒过量，其后果更是极其危险。

3. 有轨电车驾驶人对疾病、药物的反应

有轨电车驾驶人比较常见的疾病有血压高、胃病、腰肌痛、肌炎、神经根炎、下肢静脉曲张、痔疮等。机动车驾驶人在生病状态下开车，其注意力和反应力会大大降低，动作不协调，准确性和反应速度也会下降。慢性疾病同样会增加发生交通事故的可能性。服用如催眠药物、使人恶心和产生变态反应的药物、止痛药物、兴奋剂、治疗癫痫的药物、治疗高血压的药物后，会使机动车驾驶人反应迟钝，降低注意力集中的能力和工作能力，极易引发交通事故。

国家为了公共交通行业的安全驾驶需求，对有轨电车驾驶员的年龄、身体素质提出了特别规定，《机动车驾驶证申领和使用规定》（公安部第令123号）规定：

1）申请城市有轨电车准驾车型的，在20周岁以上，50周岁以下。

2）申请有轨电车驾驶证的，两眼裸视力或者矫正视力达到对数视力表5.0以上，无红绿色盲症；两耳听力分别距音叉50cm能辨别声源方向。

3）上肢双手拇指健全，每只手其他手指必须有三指健全，肢体和手指运动功能正常；双下肢健全且运动功能正常，不等长度不得大于5cm；躯干、颈部应无运动功能障碍。

4）身体状况出现下列情形之一的，不得申请机动车驾驶证：

① 有器质性心脏病、癫痫病、美尼尔氏症、眩晕症、癔症、震颤麻痹、精神病、痴呆以及影响肢体活动的神经系统疾病等妨碍安全驾驶疾病的。

② 三年内有吸食、注射毒品行为或者解除强制隔离戒毒措施未满三年，或者长期服用依赖性精神药品成瘾尚未戒除的。

5）有轨电车驾驶员身体条件不适合驾驶机动车的，不得驾驶有轨电车。

二、心理素质要求

随着社会经济的迅速发展，交通道路的建设也日新月异，车辆增多，交通发达，对道路交通的安全管理提出了更高的要求。在这种局面下，客观上迫切需要有一支技术过硬、思想素质很强的专业驾驶队伍。但伴随而来的道路交通多样化、复杂化，也给驾驶员的心理增加了很大的压力。在涉及行车安全的诸多因素中，人的因素起主要作用。在人的因素中，驾驶员的心理素质又是非常重要的因素。因此，优化驾驶员的心理素质，消除消极的心理行为，对预防车辆事故，保证行车安全具有重要意义。

根据辩证法内外因关系理论，外因是重要条件，内因是根本依据，外因是通过内因而起作用的。一个驾驶员安全行车与其技术水平和心理因素有关。实践证明，心理素质好的驾驶员能做到几十年如一日，安全行车上百万公里；而心理素质差的驾驶员则是大小行车事故接连不断。

驾驶员的心理素质主要是思想修养和职业道德，它是统帅驾驶员行车全过程并制约驾驶员技术水平的关键。驾驶员心理素质差的具体表现如下：

（1）个性方面　以自我为中心，性格急躁粗暴，自由散漫，争强好胜，喜欢寻求刺激，缺乏责任心，行为随意。

（2）智能方面　智育水平低，不愿学习，注意力分配差，深度知觉差，动作反应不当等。

交通安全与驾驶员的心理活动有着密切的联系，驾驶员的心理因素是安全行车的决定因素。驾驶员在驾驶车辆时，只有保持良好的心理特征品质，才能保证行车安全。这是因为：

1）驾驶员积极的心理活动能保障安全行车，而消极的心理活动必然导致事故的发生。

2）驾驶员的个性心理特征对交通安全有着直接的影响，良好的心理特征表现在驾驶车辆时头脑清醒，判断准确，反应迅速，操作敏捷，行动果断。

3）驾驶员因年龄、性别、身高、经验上的不同而存在着很大的差异，只有根据自己的个性，适度地把握自己，不断努力克服弱点、弥补不足，才能减少行为错误，最大限度地避免交通事故的发生。

4）驾驶员在行车时要有效地控制自己的情绪、情感，养成良好的性格是安全行车的重要条件。

5）驾驶员应具有自觉性、果断性、坚持性、自制性等基本的意志品质和一定的注意力转移、分配能力，始终保持良好的心态，安全地驾驶车辆。

因此，机动车驾驶员在驾乘过程中应沉着冷静，反应迅速，动作敏捷，操作准确，反常的心理活动必然会导致不良的行为后果。驾驶员在行车中无论遇到什么情况，当发现自己情绪不稳定时，要进行自我调解和疏导，用各种方法缓解消极情感，尽量减少对行车安全的影响，提高在各种复杂情况下的反应能力、精神承受压力和自我控制调节的应激能力，养成坚定、顽强、沉着、果断、机智的品格，不为情绪左右，不为外界事物分散精力，形成安全驾驶所要求的心理定势，能用正确、敏捷的思路在极短的时间内迅速、果断、安全有效地处理瞬息万变的交通情况。

三、道德修养要求

良好的职业道德可以帮助纠正驾驶员不健康的心理，形成良好的信念、习惯，约束行为，可以调整个人和社会以及人与人彼此之间的关系。所以驾驶员要以高度负责的精神热爱驾驶工作，明确自己的职业责任，忠于职守，爱岗敬业。在日常行车中，以交通法规为准则，不论在什么情况下，坚决不做违犯交通法规、违反安全制度的事情，自觉维护交通秩序，增强自我管教和约束能力，不开赌气车、不开英雄车、不开带病车，发生矛盾时主动礼让，出现意外时尽量忍耐，坚持文明行车。

坚持文明行车，必须具备良好的思想素质。影响驾驶员心理稳定的因素是多种多样的，有些人受社会上各种不正确的人生观、价值观、道德观的影响，染上了许多不良习气，不能正确判别事物良莠，把握是非标准；有的人心胸狭窄，个人主义严重，不能正确处理个人与集体的关系和对待各种利益的调整。因此，驾驶员应该有高度的政治觉悟、良好的道德修养和顽强的意志力，有正确的人生观和良好的思想素质，凡事要从大局出发，思前想后，不断增强自我疏导和道德鉴评能力，消除心理上的逆反心理，有一种向国家和人民负责的高度安全责任感，真正做到“车行万里路，处处保平安”。

坚持文明行车，必须具备良好的驾驶习惯。良好的习惯一旦形成，就具有使动作、行为自动化的作用，如果良好的动作、行为成为习惯，有些处世办事方式也可以成为习惯。反之，如果养成了某种不良习惯，就会有一种惰性心理阻碍接受正确的东西。所以驾驶员要坚决杜绝和摒弃一些强烈的、主动的、长期从事的不良嗜好，时刻把乘客和车辆的安全放在心中，生活上有规律，健康有益的娱乐活动也要有节制，学会用健康的心理、体育活动保健自己，形成热爱学习、钻研技术、爱惜车辆、作风顽强、团结战斗的氛围，逐渐养成从不习惯到习惯，从不自觉到自觉，严格遵守制度的好习惯。

坚持文明行车，需要掌握驾驶环境对安全行车的影响以及与安全行为密切相关的知识，树立交通安全意识，养成安全礼让、文明驾驶的道德意识；遇异常行驶车辆时安全驾驶并礼让；自觉遵守文明行车三条行为守则。

牢记“安全第一，珍爱生命”。首先一定要明确汽车驾驶学习不仅仅是技术学习，更重要的是安全意识的养成。本着对自己和他人生命的尊重与珍爱，牢记“谨慎驾驶”的三条黄金原则：集中注意力、仔细观察和提前预防。在驾驶时，必须考虑其他交通参与者的行为，并采取适当的措施来防止事故的发生。

小知识

多血质类型气质的人驾驶车辆时，动作迅速敏捷、胆大心细、机动灵活，对道路条件适应快，应变能力强，但注意力易转移，耐久力较差；胆汁质类型气质的人驾驶车辆时，经历旺盛、胆大粗心、不易疲劳、反应迅速敏捷，但往往争强好胜、易于冲动、自制力差，表现为强行超车、争道抢行、情绪急躁；黏液质类型气质的人驾驶车辆时，小心谨慎、行动迟缓、遵章守纪、不急不躁、自制力强，但遇突然情况时应变能力差、反应迟钝、固执呆板。

第二节　驾乘人员考试标准

根据国家《机动车驾驶证申领和使用规定》（公安部第 123 号令），有轨电车驾驶员须按照机动车驾驶员标准进行取证考试，但其内容中未包含有轨电车驾驶员考试标准。国内目前仅有江苏省在2014年度出台了《江苏省有轨电车驾驶证申领及考试要求》，明确了有轨电车驾驶证申领规定及各科目考试要求。本文以《江苏省有轨电车驾驶证申领及考试要求》为范本，结合《机动车驾驶证申领和使用规定》，阐述有轨电车驾驶证申领规定及各科目考试要求。

一、考试内容和标准

有轨电车驾驶员考试内容按照《机动车驾驶证申领和使用规定》，分为道路交通安全法律、法规和有轨电车基础知识考试科目（以下简称“科目一”），场地驾驶技能考试科目（以下简称“科目二”），道路驾驶技能和安全文明驾驶常识考试科目（以下简称“科目三”）。

（一）科目一考试

科目一各项目应用全国统一的考试系统考试，考试内容包括道路通行、交通信号、交通安全违法行为和交通事故处理、机动车驾驶证申领和使用、机动车登记等规定以及其他道路交通安全法律、法规和规章。

有轨电车基础知识为补充项目考试，考试不设专项题库，随机出题，闭卷考试，考题不少于20题。内容包括有轨电车基础知识（含有轨电车构造、参数、各系统功能等），线路、信号等有轨电车专业知识；车辆故障及公共交通突发事件应急处置方法等。

（二）科目二考试

1. 考试要求

1）考试分场内线路驾驶考试和应用驾驶模拟器考试两部分。

2）考试车辆使用实际训练车辆及模拟驾驶器。

2. 场内线路驾驶考试内容

1）开启、关闭车辆。

2）车辆起步、运行及开关门作业。

3）定点停车（对标停车）。

4）弯道行驶。

3. 驾驶模拟器考试内容

1）模拟车辆故障排除。

2）模拟雨（雾）天行驶。

3）模拟湿滑路行驶。

4）模拟紧急情况处置。

4. 考试操作要求

（1）开启、关闭车辆

1）开启车辆。在进行开启操作前，对列车进行静、动态检测，包括对车辆内部、外部设备进行检查；列车激活后，对空调、牵引制动、车门、客室照明、广播、视频监控系统、刮水器等设备进行测试以及对仪表进行观察。

2）关闭车辆。做好防溜措施，按顺序关闭各项辅助系统，退出激活列车。

（2）车辆起步、运行及开关门作业　观察各指示灯、仪表状态，认真瞭望线路，确认线路信号、道岔，操作车辆进行开关门，平稳操作流程起步，平稳驾驶列车。

(3) 定点停车(对标停车) 按照线路旁停车标进行对标停车,确保车辆无剧烈冲动感,距停车标前后不超过30cm。

(4) 弯道行驶 进入弯道前速度不低于30km/h,进入弯道时速度不高于20km/h,行驶中平稳减速。

(5) 车辆故障判断和排除 在规定的时间内,发现并排除模拟设定的车辆故障。

(6) 模拟雨(雾)天行驶 通过模拟驾驶器操纵列车减速行驶,雨天视雨量大小选择刮水器档位,雾天开启雾灯、示廓灯、前照灯、危险报警闪光灯。

(7) 模拟湿滑路行驶 通过模拟驾驶器,进入冰(雪)湿滑路前减速行驶,进入湿滑路后低速行驶,平稳控制车辆通过。

(8) 模拟紧急情况处置

1) 前方突然出现障碍物时,应当立即制动,迅速停车,停车后开启危险报警闪光灯。

2) 在行驶途中发现道岔位置不正确时,应立即停车,通过车载道岔控制开关或人工手动控制道岔的方式使道岔恢复正确位置。

3) 在行驶途中车辆突然失火时,应立即停车,打开车门并组织乘员安全撤离。

5. 考试评判标准

(1) 以下情形不及格

1) 开启、关闭车辆操作顺序错误的。

2) 未解除驻车制动便牵引车辆起步的。

3) 出现挤岔、脱轨的。

4) 对标停车距停车标30cm以上的。

(2) 以下情形扣10分

1) 行驶模式开关选择错误的。

2) 操纵主控器手法不合理的。

3) 对标停车时,车辆停止后车前端未定于停车标,且前后不超出30cm的。

(3) 以下情况扣5分

准备作业不认真,对设备检查遗漏的。

(三) 科目三道路驾驶技能考试

1. 考试要求

1) 有轨电车道路驾驶技能考试应在场内线路和实际运营线路上进行。

2) 考试线路:实际运营线路考试路段不少于连续的4站3区间。

3) 考试车辆:至少3个车辆模块。

2. 考试内容

1) 上车准备。

2) 起步。

3) 直线行驶。

4) 直行通过路口及人行横道。

5) 转弯通过路口。

6) 跟车行驶。

7) 通过上、下坡道路段。

8）折返作业。

9）停车。

10）夜间行驶。

3. 考试操作要求

（1）上车准备　观察车辆外观和周围环境，确认安全。

（2）起步　起步前检查车门是否完全关闭，调整座椅，检查仪表，观察信号灯和交通情况，起步过程平稳。

（3）直线行驶　根据道路情况平稳加减速度，合理控制车速，行驶过程中适时观察交通情况、仪表盘、视频监控，视线不得离开行驶方向超过2s。

（4）直行通过路口及人行横道　观察交通情况，减速或停车瞭望，根据不同路口情况采取正确的操作方法，按限速要求安全通过路口。

（5）转弯通过路口　正确使用转向灯，观察两侧交通情况，确认安全后，合理控制车速通过。

（6）跟车行驶　近距离跟车行驶时，控制车速，与前车保持足够的安全跟车距离。

（7）通过上、下坡道路段　车辆途经坡道路段时，通过对车辆牵引、制动的控制，保持车辆平稳行驶。

（8）折返作业　车辆到达终点站，清客完毕，确定信号显示、道岔位置，限速进入折返线。

（9）停车　车辆在行驶中，临时停车、进站停车或终止行驶停车，采取驻车制动措施。

（10）夜间行驶　夜间行驶时开启前照灯，行驶中正确使用灯光。会车，通过急弯、人行横道或没有交通信号灯控制的路口时，应当交替使用远、近光灯示意。

4. 考试评判标准

（1）以下情形不及格

1）起步时车辆后溜距离大于30cm的。

2）驾驶车辆时手离开主控器的。

3）打开主控钥匙，操纵杆未置于制动区的。

4）载客进入折返线或进入折返线前，未确认道岔位置、信号显示的。

（2）以下情形扣10分

1）起步时车辆后溜，但后溜距离小于30cm的。

2）行车途中车速控制不合适，不得已紧急制动的。

3）靠站停车距指定位置超过10cm但不到30cm的。

4）夜间行驶未按规定使用灯光的。

（四）科目三安全文明驾驶常识考试内容和方法

科目三安全文明驾驶常识考试按照《江苏省有轨电车驾驶证申领规定及考试要求（试行）》及《机动车驾驶人考试内容和方法》（GA 1026—2012）通用的机动车驾驶人要求执行。其内容包括安全文明驾驶操作要求、恶劣气象和复杂道路条件下的安全驾驶知识、发生突发事件等紧急情况下的临危处置方法以及发生交通事故后的处置知识等。

（五）各科目考试的合格标准

1）科目一考试（A照题库）满分为100分，成绩达到90分的为合格。

2）科目二考试满分为100分，成绩达到90分的为合格。

3）科目三道路驾驶技能和安全文明驾驶常识考试满分分别为100分，成绩分别达到90分的为合格。

二、考试要求

按照《江苏省有轨电车驾驶证申领规定及考试要求（试行)》的规定，申领有轨电车驾驶证，经具备资质的驾驶培训机构培训并结业考试合格，向工作所在地市级车管所申请考试。

申领有轨电车驾驶证的科目一、二、三考试须连续进行。前一科目考试不合格的，不进行下一科目考试。每一科目申请补考次数不得超过三次；经三次补考仍不合格的，已经考试的其他科目成绩作废，并取消申领有轨电车驾驶证资格。科目三道路驾驶技能考试合格后，方准参加安全文明驾驶常识考试。

执考有轨电车科目二及科目三道路驾驶技能的人员，应经过实际驾驶操作训练并经审核批准，具备有轨电车驾驶人考试员资格。

驾驶技能准考证的有效期为三年，申请人应当在有效期内完成科目二和科目三考试。未在有效期内完成考试的，已考试合格的科目成绩作废。

初次申请机动车驾驶证的，申请人预约考试科目二，应当在取得有轨电车驾驶技能准考证满十日后预约考试；在科目二通过满二十日后预约科目三考试。每个科目考试一次，考试不合格的可以补考一次。不参加补考或者补考仍不合格的，本次考试终止，申请人应当重新预约考试，但科目二、科目三考试应当在十日后预约。科目三安全文明驾驶常识考试不合格的，已通过的道路驾驶技能考试成绩有效。

在驾驶技能准考证有效期内，科目二和科目三道路驾驶技能考试预约考试的次数不得超过五次。第五次预约考试仍不合格的，已考试合格的其他科目成绩作废。

申请人考试合格后，应当接受不少于半小时的交通安全文明驾驶常识和交通事故案例警示教育，并参加领证宣誓仪式。车辆管理所应当在申请人参加领证宣誓仪式当日核发机动车驾驶证。

机动车驾驶员初次申请机动车驾驶证和增加准驾车型后的12个月为实习期。

机动车驾驶员在机动车驾驶证的六年有效期内，每个记分周期均未记满12分的，换发十年有效期的机动车驾驶证；在机动车驾驶证的十年有效期内，每个记分周期均未记满12分的，换发长期有效的机动车驾驶证。

第三节　服务理念

一、端正思想服务乘客

有轨电车服务人员在运营生产第一线，直接与乘客打交道，他们的服务意识水准将直接影响其服务态度、工作热情和责任心。为此，城市轨道交通服务人员必须牢固树立“全心全意为乘客服务”“乘客第一”“乘客是贵宾”等尊重乘客的意识，才能端正服务态度，保持高涨的职业热情，具有强烈的责任感，为乘客提供良好的服务。

（一）摆正与乘客之间的关系

1. 客观依赖的关系

“乘客至上”就是要视乘客如自己的亲人一样对待，没有乘客就没有效益，也就意味着无法生存。

2. 服务与被服务的关系

服务与被服务两者是相辅相成的，片面追求经济效益反而会适得其反，只有为乘客服务好，才会为企业增光添彩，才会为自己增加效益，实际上为乘客服务，最终也就是为自己服务。

3. 理解与被理解的关系

摆正心态运营服务，学会换位思考，理解他人，提供优质特色的服务。

（二）文明礼貌，尊重乘客

1. 尊重他人才能赢得他人的尊重

尊重是个人内在修养的外在表现，尊重是相互的，不伤害他人的自尊，就是维护自己的尊严。

2. 态度宽容、亲和、礼貌

礼貌是宽容的态度、良好的心态、家人一样的亲和力，对他人的问候是对他人的最大尊重。

3. 个人礼仪（仪表、言谈、行为举止）

个人礼仪是其他一切礼仪的基础，是一个人仪表、言谈、行为举止的综合体现，是一个人性格、品质、情趣、素养、精神世界和生活习惯的外在表现。

（三）树立“窗口”意识

随着乘客的期望越来越高，服务的关键因素也越来越多：

1）企业员工的行为。

2）干净、整洁、舒适的乘车环境。

3）放心、安全与效率的服务。

4）虚心采纳意见，重视乘客。

（四）了解乘客心理

1）乘客的共性心理特征。

2）乘客的个性心理特征。

3）不同年龄乘客的心理特点以及乘车表现。

4）特殊类型乘客的心理特点及乘车表现。

二、客运人员服务基本要求

（一）着装要求

1）上岗时统一着装，要求衣着整洁，按规定佩戴领带、肩章、工号牌等。

2）肩章清洁平整；工号牌佩戴于衣服左口袋上方，与袋口平齐；党徽、团徽佩戴于工号牌的中上方。

3）袜子为黑色或深蓝色，无破洞，裤角不露袜口。

（二）仪容仪态要求

1）指甲：保持清洁，不得超过指甲床0.5mm。

2）头发：前不过眉，侧不遮耳，后不盖领，鬓角不过中耳线，不留怪异发型。

3）面部：保持清洁，不得有胡须、眼垢、耳垢。

4）耳朵：不得佩戴耳钉、耳饰等装饰品。

5）手部：可佩戴手表、戒指等，但饰品应选择保守、简单的款式。

6）站立时保持立正姿势，两手自然下垂，眼平视前方，不得背手、手插进口袋或手搭在物品上，不得做伸懒腰等影响司机形象的行为。

（三）用语要求

1）司机在上班期间与相关人员进行交流时，应使用普通话。

2）接待乘客的投诉时，态度要和蔼、得理让人，不得讲斗气、噎人、训斥、顶撞的话。

3）进行工作联系时，应采用行车标准用语，统一采用普通话进行联系，涉及阿拉伯数字联系时的规范按照行规执行。

（四）卫生要求

1）身体清洁无异味，口腔清洁无异味，牙齿无残留物。

2）双手清洁，鞋、袜清洁无异味，勤洗内衣，勤换工作服。

（五）安全要求

遇影响行车或设备、人身安全情况时，须立即采取措施，及时消除隐患，并做好有轨电车状态卡和行车记录的填写工作。

（六）纪律要求

遵守公司通用行为守则，在岗时要精神饱满、言语得当、举止大方。

（七）业务要求

定期参加业务学习、培训，提高业务技能，对司机班组建设提出合理化建议。

（八）驾驶列车动作标准

1）列车运行中，司机工作状态应保持：坐姿端正，左手握紧操作手柄，驾驶时保持不间断瞭望，在危及行车安全时及时采取紧急停车措施。

2）采用人工驾驶模式时，应保持列车平稳运行，集中精神，掌握好速度，对标准确，避免列车二次起动，不得“急推快拉”。

三、讲究服务艺术，提高服务技巧

（一）接待乘客的听、讲技巧

1. 如何更好地倾听

（1）听到与倾听的区别　听到只是耳朵接受对方所说的事情；倾听则是一种情感活动，是真正理解对方所说的意思。

（2）倾听技巧

耐心——不要打断乘客的话题；

反应——不要做空洞的答复；

别急——留给自己几秒钟，仔细思考一下听到的信息。

（3）最好的倾听方法　同理心倾听是指站在乘客的角度考虑问题，将心比心地感受乘客的心情。

2. 语调是表达的关键

技巧练习："你好，我有什么可以帮助你的吗?"（不耐烦）

"你好，我有什么可以帮助你的吗?"（真诚）

试读一遍，可以感受两者差别很大。

可见，语调在客运服务中非常重要。语调包括语速、音量、音调、音强、语态五要素。

3. 肢体语言

肢体语言、表情应与服务同步。

（二）语言技巧

1）语言亲切。

2）商量口气。

3）言辞委婉。

4）恰到好处。

5）留有余地。

6）语言幽默。

7）注意自责。

8）顾全大局。

（三）提供服务的四项技巧

1）友善的服务态度。

2）简单、便捷地解决问题。

3）灵活、变通地服务。

4）弥补和纠正错误。

（四）接待"难对付"乘客的技巧

1）端正心态，避免消极待客情绪，消除对乘客的成见。

2）学会倾听，让乘客发泄。

3）对乘客表示理解与同情，想方设法地平息乘客的抱怨。

4）妥善用词，积极地解决问题，找出双方同意的解决方案。

（五）"一视同仁、区别对待"服务法

1）性格各异，要区别对待。

2）个体不同，但一视同仁。

第四节 司机服务要求及作业标准

一、有轨电车司机服务要求

（一）司机行为规范

司机的主要工作是安全平稳地操纵列车，将旅客送往目的地。

1. 员工必须做到的事项

1）应尽力为乘客提供安全、正点、舒适、高效的服务。

2）应做到遵章守纪、服从指挥，工作中应严肃认真，集中精力。

3）按照规定的时间、地点，准时到达相应的工作岗位。

① 因故需要请假时，按照相关规定程序申请，销假后经允许方准恢复工作。

② 尽力保护公司、员工及顾客的财物不受损失。对因疏忽而遗失或损坏的物品，相关责任人应酌情负责赔偿。

③ 根据生产情况，随时准备延长或更改工作时间。随时准备缩短用餐时间或缩短休息时间，以满足生产组织需要。

④ 员工所做报告、记录或数据应保证真实有效。

⑤ 当班期间按照公司规定着装，保持服装整洁、形象端庄得体。

⑥ 患传染病应及时汇报上级，得到批准方可进入公共场所。

⑦ 应尽量维护工作环境及生产地点的整洁卫生。

⑧ 遵守公司通用行为守则，在岗时要精神饱满、言语得当、举止大方。

2. 员工不得出现的行为

1）利用公司的通信系统或专用设备进行与工作无关的活动，未经允许使用无线电设备或其他电信设备。

2）未经允许将涉及公司的信息利用通信工具、计算机网络或其他信息渠道，直接或间接进行发布或传播（涉及公司的信息包括图片、文字、音频、视频等内容）。

3）未经上级允许擅离工作岗位；私自顶岗、串岗；擅自调换工作岗位。

4）未经许可将公司下列物品复制或转借给他人：公司钥匙、职员卡、员工车票、许可证、通信设备，利用公司设备、资源私自承接外单位业务。

5）使用或侵占属于公司、其他员工或乘客的任何财物。

6）未经批准代替公众看管、运输未经许可的物品。

7）穿着公司制服或佩戴相关证件时，有违反社会道德标准或企业精神的行为。

8）在禁止吸烟的场所吸烟。

9）工作时间阅读或浏览与工作无关的书籍、报刊、电子读物及软件程序或游戏程序。

10）员工直接或间接收受或索取任何与工作相关的财物。

11）在未经允许的情况下接待媒体采访。

12）员工严禁越级汇报。

13）对公司上级进行隐瞒、欺骗，做有损公司形象的事情。

（二）司机广播用语规范

1）当列车自动报站出现故障或其他情况下需要人工报站或播放清客广播时，应使用普通话，保持语调沉稳、声音洪亮、吐字清晰、语速适中。

2）使用规范广播用语，不得擅自删改语句。

二、司机作业标准

（一）出退勤、交接班管理

1. 车辆段出勤

1）司机的出勤必须在规定时间内由本人到派班室办理。

2）司机出勤时必须精神状态良好，按规定着装，并带齐个人备品（上岗证、规章文本、荧光衣、电筒、秒表）。

3）司机在出勤时应认真参加班前会，认真阅读行车注意事项，做好安全预想，并在《司机日志》上做好记录。

4）领取司机报单及行车备品，认真检查行车备品是否携带齐全、作用良好，并在《司机出退勤登记簿》上登记。

5）由派班人员（含派班司机、下同）确认司机符合出勤条件并在《司机报单》和《司机日志》上签章后，司机方可出勤。

6）到车辆段调度员处领取一套客车钥匙、《运用有轨电车状态卡》并做好登记签名，与调度员确认客车状态和停放股道位置。

7）到相应股道按规定检车列车。

2. 正线出勤

1）司机的出勤应当在规定时间内由司机本人到正线派班室办理，特殊情况下可以采用电话出勤。

2）司机出勤时必须保持精神状态良好，按规定着装，并带齐个人备品。

3）司机在出勤时应认真参加班前会，认真阅读行车注意事项，做好安全预想，并在《司机日志》上做好记录。

4）司机在派班人员处领取司机报单、客车钥匙和行车备品，确认备品携带齐全、作用良好，并在《司机出退勤登记簿》上登记。

5）由派班人员或车队长确认司机符合出勤条件并在《司机报单》上签章后，司机方可出勤。

6）到指定位置接车。

3. 电话出勤

1）出勤人员应保持精神状态良好，着装符合上岗要求，带齐个人备品，按出勤时间提前 10 分钟到换乘室（车站车控室）打电话给派班人员出勤。

2）派班人员确认来电显示为电话出勤地点，传达行车指示内容给出勤司机。

3）出勤司机记录下派班人员所传达的行车指示并复诵给派班人员，然后传达给共同出勤人员。

4）由派班人员确认记录正确后，司机方可出勤。

5）出勤完毕，司机按要求到达接班地点接班值乘。

4. 回场退勤作业

1）客车回场后，应停在接车股道的指定停车位置。

2）填写《司机报单》和《运用有轨电车状态卡》。

3）到车辆段调度处归还客车钥匙、《运用有轨电车状态卡》。

4）向派班人员汇报当班的运营情况，发牛事件时填写《行车事件单》，确认交还的行车备品齐全、无损坏，并注销登记。

5）由派班人员盖章确认《行车事件单》《司机日记》和下个班的出勤时间和地点正确后，司机方可退勤。

5. 正线退勤作业

1）司机必须在完成交接班后方可办理退勤，如因交通混乱或其他原因造成交接班时间到点而无人交接班时，司机应坚守岗位，按顺序继续值乘，等待车队长安排替班人员完成交接班后方可退勤。

2）司机必须对当日列车运营情况和车辆故障情况进行记录、做好交接。对有故障的车辆，司机必须认真填写《运用有轨电车状态卡》。

3）司机应将运营中发生的事故或事件详实地记录于《司机报单》。

4）司机退勤时应确认交还的行车备品齐全、无损坏，并注销登记。

5）由派班人员盖章确认《行车事件单》《司机日志》和下个班的出勤时间和地点正确后，司机方可退勤。

6. 电话退勤

1）完成本班工作，与接班司机进行交接后，到换乘室打电话给派班人员退勤，汇报本班工作情况及落实归还行车备品。

2）当班期间发生特殊情况时须填写《行车事件单》，原则上应亲自交给派班人员确认。

3）向派班人员报告下一个班的出勤时间和地点，得到其允许后方可退勤。

4）当班期间发生安全问题的，不得采用电话退勤。

7. 交接作业

（1）停车库备用车的交接　司机在停车库内交接班时，接班司机应与交班司机进行对口交接，交接内容包括有轨电车钥匙、驾驶专用物品以及当日正线运行注意事项，并对有轨电车进行检查和试验，了解列车的技术状况，一旦发现列车出现故障或车辆状况不符合出库要求，应及时信调报告。

（2）终点站折返时的交接　交班司机需等到接车司机上车，交接完毕后方可关闭车门。交接内容包括列车的技术状况、继续有效的行车命令以及其他有必要交接的内容。若遇设备故障、发生突发情况或在规定时间内未交接完毕的，应随车继续交接，直至处置和交接完毕。

（3）存车线备用车的交接

1）交接司机应跟车进出存车线线路，必须步行进入的，交接司机应向行调申请。按照面向来车方向通行路径，说明进出路线，得到其同意并穿好荧光衣后，方能下线路与备用车司机交接班。进入线路行走时，应尽量靠线路限界外侧行走，以确保自身安全。

2）交接期间，如遇接车司机没及时到岗，下班司机必须继续值乘，坚持将列车开到终点站后，再听从车队长安排。

（二）检车作业

检车作业注意事项如下：

1）检车作业前必须了解列车停放位置及列车状态，到达相应的股道后，确认股道、车号符合《运用有轨电车状态卡》的记录，列车两端无警示标志，无异物侵限。

2）严格按照《运用有轨电车检车作业流程》做好列车检车和试验，确保列车在投入服务前技术状态良好。

3）检查列车走行部时，必须确认列车已降下受电弓。受电弓升起后，严禁触摸电气带电部分、进行地沟检查及攀登车顶。

4）司机在出场前，应在状态卡上填写消防器材状况。

5）司机应在离列车规定出场时间前 10min 检车完毕并报信调；不能按时检车完毕的，

应向信调报告检车作业情况。发现列车出现故障或不符合运行技术要求时，司机应立即向信调报告并按照规定对故障进行处理，直至检修人员到位后交其处理或按信调的指示执行。

6）严格按照有轨电车运营要求，做好列车检车和试验。

7）检车作业过程中发现故障时，按车辆段相关规定执行。

（三）出入车辆段

1. 列车出场作业程序

1）司机出勤后，到规定地点检车完毕后，联系信调，并于列车发车端等待信号开放。

2）司机收到信调的动车指令后，凭开放的调车信号动车，运行至转换轨一度停车牌前停车。

3）到达转换轨停稳后，联系行调，按行调指示投入载客服务。

2. 列车入场作业程序

1）列车在××站停稳后，需确认为回场列车，分客室照明回场。

2）回场列车在转换轨停稳后，使用无线调度电话联系信调，确认停放股道并在状态卡上记录。

3）列车司机收到信调的动车指令后，凭开放的入段信号动车，越过入段信号之后，凭调车信号机开放的白色灯光回库。

4）列车进场停稳后，施加停放制动、分高速断路器，确认空压机停止工作后降弓，关主控钥匙，分蓄电池。

3. 列车出、入场作业注意事项

1）到达规定时间仍未收到信调的动车指令，要主动与信调联系。

2）列车出、入场时司机应加强瞭望，由近及远确认进路、信号及道岔位置正确，发现危及行车安全时立即停车。

3）有轨电车在牵出线办理发车作业时，司机应提前做好转线准备。

4）设备故障时的出入场组织，按车辆段相关规定执行。

（四）正线作业

1. 正线运行规定

1）在正常情况下，列车采用人工驾驶模式、目测行车法，司机在站凭《运营时刻表》时刻运行，开关车门后方可动车。

2）在运营时间内，有轨电车运行速度按行车组织规则有关规定执行。

2. 列车运行

1）司机严格按照行调命令，根据运营时刻表掌握各站停车时间、折返时间。

2）严格遵循线路允许和运营限制速度驾驶列车，在各区间限速牌前注意控制速度。

3）司机要注意观察列车显示屏信息、各指示灯和仪表显示，平稳操纵，准确对标。

4）司机须严格执行呼唤应答制度，加强瞭望，确保运行进路安全；遇危及行车或人身安全时，立即采取紧急措施，并报告行调。

5）列车运行期间在区间发生故障时，司机应尽可能维持进站处理；遇故障列车需维持运行至终点站时，司机必须时刻关注列车运行状态，防止故障的进一步扩大。

6）进行车辆/信号故障应急处理时，参照车辆/信号故障处理指南处理和汇报，操作各旁路开关前，必须确认符合安全条件，并取得行调的授权，同时手指口呼操作。

7）信号系统故障时，司机应主动与调度联系确定列车位置，按照行规的规定和调度命令驾驶列车运行。在发生异常情况时，司机需加强与行调的联系，按安全应急处理程序进行处理，并加强乘客服务广播。

8）司机加强与行调的联系，对于命令必须执行复诵制度，命令不清、不明时不准动车，严禁臆测行车。

9）接受调度命令或行车指示时，司机必须认真逐句复诵并领会命令内容，同时记在司机日志上，并做好交接班。

3. 司机轮换时的交接作业

交接过程中，接班司机应认真做好记录，清点确认行车备品。交班司机交班时应用语简洁，井然有序地交接，不因慌乱造成遗漏或忘记想要交接的东西。接班司机根据行调命令动车，交班司机于站台上目送列车尾部出清站台后完成交接；如因交接时间较短，未能在动车前交接清楚，司机必须随车交接，直至交接完毕后方可下车。基本交接内容如下。

（1）交班列车状况性能

1）止轮器是否在司机室。

2）接触网及受电弓状态。

3）车灯照明是否良好。

4）牵引制动系统。

5）客室门的状态，是否有隔离门或故障门。

6）其他有必要交接的列车信息。

（2）行车备品交接

1）手持台及数量。

2）手持台耳机及数量。

3）手信号灯及数量。

4）随车的文件夹（包括行车通告及时刻表、培训记录表、考勤签到表、司机报单）。

5）方孔钥匙及数量。

6）电客车运用状态卡（放于两端司机室）。

7）其他有必要交接的物品。

（3）行车信息的交接

1）列车起始里程。

2）行车注意事项。

3）运行线路状态（积水、施工、侵线、信号故障、其他有必要交接的内容）。

4）列车运行时是否发生故障，以及故障位置、故障类型、是否排除。

5）列车当前存在的、无法排除、不影响行车的故障。

6）列车运行车次及线路折返。

7）行调当前发布的调令、限速命令及限区段。

第十章 交通安全法律法规

第一节 道路交通信号

道路交通信号是指在道路上约束车辆、行人交通行为的特定信号，包括交通信号灯、交通标志、交通标线、交通警察指挥手势信号，不包括警灯、交通信息板。

我国实行统一的道路交通信号。

一、交通信号灯

交通信号灯是交通信号中的重要组成部分，是道路交通的基本语言。交通信号灯由红灯（表示禁止通行）、绿灯（表示允许通行）、黄灯（表示警示）组成，广泛用于公路交叉路口、弯道、桥梁等存有安全隐患的危险路段，指挥司机或行人交通，促进交通畅通，避免交通事故和意外事故发生。

交通信号灯的种类有机动车道信号灯、人行横道信号灯、非机动车道信号灯、方向指示信号灯、移动式交通信号灯、太阳能闪光警告信号灯、收费站天棚信号灯。

1. 指挥灯信号

1）绿灯亮时，准许车辆、行人通行，但转弯车辆须不准妨碍直行的车辆和被放行的行人通行。

2）黄灯信号的含义介于绿灯信号和红灯信号之间，既有不准通行的一面，又有准许通行的一面。

黄灯亮时，警告驾驶员和行人通行时间已经结束，马上就要转换为红灯，应将车停在停止线后面，行人也不要进入人行横道，即不准车辆、行人通行。

黄灯亮时，已越过停止线的车辆和已进入人行横道的行人可以继续通行，在不妨碍被放行的车辆和行人通行的情况下，右转弯的车辆和 T 形路口右边无横道的直行车辆可以通行；已在人行横道内的行人要视来车情况，或尽快通过，或原地不动，或退回原处。

3）红灯信号是带有强制意义的禁行信号，遇此信号时，被禁行车辆须停在停止线以外，被禁行的行人须在人行道边等候放行；机动车等候放行时，不准熄火，不准开车门，各种车辆驾驶员不准离开车辆；自行车左转弯不准推车从路口外边绕行，直行不准用右转弯方法绕行。

红灯亮时，不准车辆、行人通行，车辆应停在停车线外。右转弯的车辆和T形路口右边无横道的直行车辆，在不妨碍被放行车辆和行人通行的情况下，可以通行。

4）绿色箭头灯亮（图 10-1）时，准许车辆按箭头所示方向通行。

2. 车道信号灯

车道信号灯（图 10-2）由绿色箭头灯和红色叉形灯组成，设在可变车道上，只对本车道起作用。绿色箭头灯亮时，准许本车道车辆按指示方向通行；红色叉形灯或箭头灯亮时，禁止本车道车辆通行。

图 10-1　绿色箭头灯

图 10-2　车道信号灯

3. 人行横道信号灯

人行横道信号灯由红、绿两色灯组成。在红灯镜面上有一个站立的人形象，在绿灯镜面上有一个行走的人形象。人行横道灯设在人流较多的重要交叉路口的人行横道两端。灯头面向行车道，与道路中心垂直。

人行横道灯信号包括绿灯亮、绿灯闪烁和红灯亮：绿灯亮时，准许行人通过人行横道；绿灯闪烁时，不准行人进入人行横道；红灯亮时，不准行人进入人行横道，但是已经进入人行横道的，可以继续通过或者在道路中心线处停留等候。

4. 闪光警告信号灯

闪光警告信号灯为持续闪烁的黄灯，提示车辆、行人通行时注意瞭望，确认安全后通过。这种灯没有控制交通先行和让行的作用，有的悬于路口上空，有的在交通信号灯夜间停止使用后仅用其中的黄灯加上闪光，以提醒车辆、行人注意前方是交叉路口，要谨慎行驶，认真观望，安全通过。在闪光警告信号灯闪烁的路口，车辆、行人通行时，既要遵守确保安全的原则，还应遵守没有交通信号或交通标志控制路口的通行规定。

二、道路交通标志和标线

道路交通标志是用文字或符号传递、引导、限制、警告或指示信息的道路设施，又称道路标志。道路交通标志和标线是交通管理中十分重要的组成部分，对道路交通安全、道路畅通有序起到了积极的作用。

设置醒目、清晰、明亮的交通标志是实施交通管理，保证道路交通安全、顺畅的重要措施。交通标志有多种类型，按其作用不同分为主标志和辅助标志两大类。另外，还可用其他方式区分为可动式标志和固定式标志；照明标志、发光标志和反光标志；以及反映行车环境变化的可变信息标志。

我国道路交通标志和标线的特点是：

1）采用国际标准，引进国外先进科学技术。标准设计超前，以适应道路交通发展的需要。

2）以高速公路、高等级道路、立体交通为重点，各类标志、标线品种齐全，图形形象直观，版面美观大方，结构合理。

3）形状、颜色、字符等设计具有醒目度、易读性、公认度，为车辆驾驶员提供完善和清晰的情报。

4）增加了很多新的标志、标线内容，为道路交通参与者提供了许多新的信息，对交通安全起到了积极的作用。

1. 警告标志

警告标志是警告车辆、行人注意道路交通的标志，用于提醒人们注意周围环境，避免可能发生的危险。

警告标志大多来自交通安全类，如预告前方是道路交叉口、道路转弯、铁路道口、可能落石路段等，提醒大家注意安全。

警告标志的颜色为黄底、黑边、黑图案，形状为等边三角形，顶角朝上。

常见警告标志的种类及设置地点见表10-1。

表10-1　常见警告标志的种类及设置地点

序号	名　称	形　状	设置位置
1	十字交叉		除了基本形十字路口外，还有部分变异的十字路口，如五路交叉路口、变形十字路口、变形五路交叉路口等。五路以上的路口均按十字路口对待
2	T形交叉		T字形标志原则上设在与交叉口形状相符的道路上。右侧丁字路口，此标志设在进入T字路口以前的适当位置
3	Y形交叉		设在Y形路口以前的适当位置
4	向左急弯路		向左急弯路标志设在左急转弯的道路前方适当位置
5	向右急弯路		向右急弯路标志设在右急转弯的道路前方适当位置
6	连续弯路		此标志设在有连续三个以上弯路的道路以前适当位置

2. 禁令标志

禁令标志是交通标志中的一种主要标志，它是禁止或限制车辆、行人交通行为的标志，如禁止通行、禁止停车、禁止左转弯、禁止鸣喇叭、限制速度、限制重量等。禁令标志根据红圈内的图案不同可以表示不同的含义，提示人们不能再向禁止方向行驶。

1）禁令标志表示禁止、限制及相应解除的含义，道路使用者应严格遵守。

2）禁令标志的颜色，除个别标志外，为白底、红圈、红杠、黑图形、图形压杠。

3）禁令标志的形状为圆形，但“停车让行标志”为八角形，“减速让行标志”为顶角向下的倒等边三角形。

4）禁令标志设置于禁止、限制及相应解除开始路段的起点附近。

常见禁令标志的种类、作用及设置地点见表 10-2。

表 10-2　常见禁令标志的种类、作用及设置地点

序号	名　称	形　状	作　用
1	停车让行标志		表示车辆必须在停止线以外停车瞭望，确认安全后才准许通行 此标志的形状为八角形，红底、白字、白边 停车让行标志在下列情况下设置：①与交通流量较大的干路平交的支路路口；②无人看守的铁路道口；③其他需要设置的地方
2	减速让行标志		表示车辆应减速让行，告示车辆驾驶员必须慢行或停车，观察干路行车情况，在确保干道车辆优先的前提下，认为安全时方可续行 此标志的形状为倒三角形，颜色为白底、红边、黑字 此标志设在视线良好交叉道路的次要路口
3	禁止通行标志		表示禁止一切车辆和行人通行。设在禁止通行的道路入口附近
4	禁止驶入标志		表示禁止车辆驶入。设在禁止驶入的路段入口或单行路的出口处，其颜色为红底中间一道白横杠
5	禁止鸣喇叭标志		表示禁止机动车鸣喇叭。设在需要禁止机动车鸣喇叭的地方。禁止鸣喇叭的时间和范围可用辅助标志说明

3. 指示标志

指示标志是交通标志中的一种主要标志，用以指示车辆和行人按规定方向、地点行驶，在组织疏导方面也起到了很大的作用。

指示标志的颜色为蓝底、白图案；形状分为圆形、长方形或正方形。

常见指示标志的种类及用途见表 10-3。

表 10-3　常见指示标志的种类及用途

序号	名　称	形　　状	作　　用
1	立交行驶路线标志		表示车辆在立交处可以直行和按图示路线左转弯（或直行和右转弯）行驶
2	人行横道标志		表示该处为专供行人横穿马路的通道。此标志设在人行横道的两侧
3	鸣喇叭标志		表示机动车行至该标志处必须鸣喇叭。设在公路的急弯、陡坡等视线不良路段的起点
4	允许掉头标志		表示允许机动车掉头。设在允许机动车掉头路段的起点和路口以前适当位置

三、交通警察手势信号

交通警察手势信号共有 8 种，但与有轨电车有关的日常行车手势信号有三种，分别是停止信号、直行信号、减速慢行信号。交通警察可以徒手或使用发光棒（或反光棒）做规定动作。与有轨电车运行相关的常见交通警察手势信号见表 10-4。

表 10-4　与有轨电车运行相关的常见交通警察手势信号

序号	名　　称	形　　状	手势示意
1	停止信号		不准前方车辆通行
2	直行信号		允许右方直行的车辆通行
3	减速慢行信号		右臂向右前方平伸，掌心向下；右臂与手掌平直向下方摆动，车辆应当减速慢行

第二节　道路交通安全

一、道路交通安全基本规定

为了维护道路交通秩序，预防和减少交通事故，保护人身安全，保护公民、法人和其他组织的财产安全及其他合法权益，提高通行效率，第十届全国人民代表大会常务委员会第五次会议通过了《中华人民共和国道路交通安全法》。有轨电车司机应遵循以下规定：

1）驾驶员应当按照驾驶证载明的准驾车型驾驶机动车；驾驶机动车时，应当随身携带机动车驾驶证。

2）驾驶员驾驶机动车上道路行驶前，应当对机动车的安全技术性能进行认真的检查；不得驾驶安全设施不全或者机件不符合技术标准等具有安全隐患的机动车。

3）机动车驾驶员应当遵守道路交通安全法律、法规的规定，按照操作规范安全驾驶、文明驾驶。

4）饮酒、服用国家管制的精神药品或者麻醉药品，或者患有妨碍安全驾驶机动车的疾病，或者过度疲劳影响安全驾驶的，不得驾驶机动车。

任何人不得强迫、指使、纵容驾驶员违反道路交通安全法律、法规和机动车安全驾驶要求驾驶机动车。

5）交通信号灯由红灯、绿灯、黄灯组成。红灯表示禁止通行，绿灯表示准许通行，黄灯表示警示。

6）车辆、行人应当按照交通信号通行；遇有交通警察现场指挥时，应当按照交通警察的指挥通行；在没有交通信号的道路上，应当在确保安全、畅通的原则下通行。

二、机动车通行规定

1）机动车上道路行驶，不得超过限速标志标明的最高时速。在没有限速标志的路段，应当保持安全车速。

2）夜间行驶或者在容易发生危险的路段行驶，以及遇有沙尘、冰雹、雨、雪、雾、结冰等气象条件时，应当降低行驶速度。

3）机动车通过交叉路口，应当按照交通信号灯、交通标志、交通标线或者交通警察的指挥通过；通过没有交通信号灯、交通标志、交通标线或者交通警察指挥的交叉路口时，应当减速慢行，并让行人和优先通行的车辆先行。

4）在车道减少的路段、路口，或者在没有交通信号灯、交通标志、交通标线或者交通警察指挥的交叉路口遇到停车排队等候或者缓慢行驶时，机动车应当依次交替通行。

5）机动车通过铁路道口时，应当按照交通信号或者管理人员的指挥通行；没有交通信号或者管理人员的，应当减速或者停车，在确认安全后通过。

6）机动车行经人行横道时，应当减速行驶；遇行人正在通过人行横道时，应当停车让行。机动车行经没有交通信号的道路时，遇行人横过道路，应当避让。机动车行驶时，驾驶员、乘坐人员应当按规定使用安全带。

7）机动车在道路上发生故障，需要停车排除故障时，驾驶员应当立即开启危险报警闪光灯，将机动车移至不妨碍交通的地方停放；难以移动的，应当持续开启危险报警闪光灯，并采取在来车方向设置警告标志等措施扩大示警距离，必要时迅速报警。

8）警车、消防车、救护车、工程救险车执行紧急任务时，可以使用警报器、标志灯具，在确保安全的前提下，不受行驶路线、行驶方向、行驶速度和信号灯的限制，其他车辆和行人应当让行。

9）在道路上发生交通事故后，车辆驾驶员应当立即停车，保护现场；造成人身伤亡的，车辆驾驶员应当立即抢救受伤人员，并迅速报告执勤的交通警察或者公安机关交通管理部门。因抢救受伤人员变动现场的，应当标明位置。

在道路上发生交通事故，未造成人身伤亡，当事人对事实及成因无争议的，可以即行撤离现场，恢复交通，自行协商处理损害赔偿事宜；不即行撤离现场的，应当迅速报告执勤的交通警察或者公安机关交通管理部门。

在道路上发生交通事故，仅造成轻微财产损失，并且基本事实清楚的，当事人应当先撤离现场再进行协商处理。

第三节　交通事故处理规定

交通事故是指车辆在道路上因过错或者意外造成人身伤亡或者财产损失的事件。随着国民经济的快速发展，对交通安全的要求越来越高，但交通事故的发生是难以避免的。《道路交通事故处理程序规定》对机动车驾驶人员在道路上发生交通事故做了下述规定。

一、报警和受理

1）道路交通事故有下列情形之一的，当事人应当保护现场并立即报警：

① 造成人员死亡、受伤的。

② 发生财产损失事故，当事人对事实或者成因有争议的，以及虽然对事实或者成因无争议，但协商损害赔偿未达成协议的。

③ 机动车无号牌、无检验合格标志、无保险标志的。

④ 载运爆炸物品、易燃易爆化学物品以及毒害性、放射性、腐蚀性、传染病病原体等危险物品车辆的。

⑤ 碰撞建筑物、公共设施或者其他设施的。

⑥ 驾驶人无有效机动车驾驶证的。

⑦ 驾驶人有饮酒、服用国家管制的精神药品或者麻醉药品嫌疑的。

⑧ 当事人不能自行移动车辆的。

发生财产损失事故，并具有前款第二项至第五项情形之一，车辆可以移动的，当事人可以在报警后，在确保安全的原则下对现场拍照或者标划停车位置，将车辆移至不妨碍交通的地点等候处理。

2）公路上发生道路交通事故时，驾驶人必须在确保安全的原则下，立即组织车上人员疏散到路外安全地点，避免发生次生事故。驾驶人已因道路交通事故死亡或者受伤无法行动的，车上其他人员应当自行组织疏散。

3）公安机关及其交通管理部门接到道路交通事故报警，应当记录下列内容：

① 报警方式、报警时间、报警人姓名、联系方式，电话报警的还应当记录报警电话。

② 发生道路交通事故的时间、地点。

③ 人员伤亡情况。

④ 车辆类型、车辆牌号，是否载有危险物品、危险物品的种类等。

⑤ 涉嫌交通肇事逃逸的，还应当询问并记录肇事车辆的车型、颜色、特征及其逃逸方向、逃逸驾驶人的体貌特征等有关情况。

二、道路交通事故处理

1）在道路上发生交通事故时，车辆驾驶人应当立即停车，保护现场；造成人身伤亡的，车辆驾驶人应当立即抢救受伤人员，并迅速报告执勤的交通警察或者公安机关交通管理部门。因抢救受伤人员变动现场的，应当标明位置。乘车人、过往车辆驾驶人、过往行人应当予以协助。

在道路上发生交通事故，未造成人身伤亡，当事人对事实及成因无争议的，可以即行撤离现场，恢复交通，自行协商处理损害赔偿事宜；不即行撤离现场的，应当迅速报告执勤的交通警察或者公安机关交通管理部门。

在道路上发生交通事故，仅造成轻微财产损失，并且基本事实清楚的，当事人应当先撤离现场再进行协商处理。

2）车辆发生交通事故后逃逸的，事故现场目击人员和其他知情人员应当向公安机关交通管理部门或者交通警察举报。举报属实的，公安机关交通管理部门应当给予奖励。

3）公安机关交通管理部门接到交通事故报警后，应当立即派交通警察赶赴现场，先组织抢救受伤人员，并采取措施，尽快恢复交通。

交通警察应当对交通事故现场进行勘验、检查，收集证据；因收集证据的需要，可以扣留事故车辆，但是应当妥善保管，以备核查。

对当事人的生理、精神状况等专业性较强的检验，公安机关交通管理部门应当委托专门机构进行鉴定。鉴定结论应当由鉴定人签名。

4）公安机关交通管理部门应当根据交通事故现场勘验、检查、调查情况和有关的检验、鉴定结论，及时制作交通事故认定书，作为处理交通事故的证据。交通事故认定书应当载明交通事故的基本事实、成因和当事人的责任，并送达当事人。

5）对交通事故损害赔偿的争议，当事人可以请求公安机关交通管理部门调解，也可以直接向人民法院提起民事诉讼。

经公安机关交通管理部门调解，当事人未达成协议或者调解书生效后不履行的，当事人可以向人民法院提起民事诉讼。

6）医疗机构对交通事故中的受伤人员应当及时抢救，不得因抢救费用未及时支付而拖延救治。肇事车辆参加机动车第三者责任强制保险的，由保险公司在责任限额范围内支付抢救费用；抢救费用超过责任限额的，未参加机动车第三者责任强制保险或者肇事后逃逸的，由道路交通事故社会救助基金先行垫付部分或者全部抢救费用，道路交通事故社会救助基金管理机构有权向交通事故责任人追偿。

7）机动车发生交通事故造成人身伤亡、财产损失的，由保险公司在机动车第三者责任强制保险责任限额范围内予以赔偿；不足的部分，按照下列规定承担赔偿责任：

① 机动车之间发生交通事故的，由有过错的一方承担赔偿责任；双方都有过错的，按照各自过错的比例分担责任。

② 机动车与非机动车驾驶人、行人之间发生交通事故，非机动车驾驶人、行人没有过错的，由机动车一方承担赔偿责任；有证据证明非机动车驾驶人、行人有过错的，根据过错程度适当减轻机动车一方的赔偿责任；机动车一方没有过错的，承担不超过10%的赔偿责任。

交通事故的损失是由非机动车驾驶人、行人故意碰撞机动车造成的，机动车一方不承担赔偿责任。

8）车辆在道路以外通行时发生事故，公安机关交通管理部门接到报案的，参照本法有关规定办理。

三、自行协商与简易处理

1）机动车与机动车、机动车与非机动车发生财产损失事故，当事人对事实及成因无争议的，可以自行协商处理损害赔偿事宜。车辆可以移动的，当事人应当在确保安全的原则下对现场拍照或者标划事故车辆现场位置后，立即撤离现场，将车辆移至不妨碍交通的地点，再进行协商。

非机动车与非机动车或者行人发生财产损失事故，基本事实及成因清楚的，当事人应当先撤离现场，再协商处理损害赔偿事宜。

对应当自行撤离现场而未撤离的，交通警察应当责令当事人撤离现场；造成交通堵塞的，对驾驶人处以200元罚款；驾驶人有其他道路交通安全违法行为的，依法一并处罚。

2）具有上述规定情形，当事人自行协商达成协议的，填写道路交通事故损害赔偿协议书，并共同签名。损害赔偿协议书内容包括事故发生的时间、地点、天气、当事人姓名、机动车驾驶证号、联系方式、机动车种类和号牌、保险凭证号、事故形态、碰撞部位、赔偿责任等内容。

3）对仅造成人员轻微伤或者仅具有财产损失事故的，公安机关交通管理部门可以使用简易程序处理，但是有交通肇事犯罪嫌疑的除外。

4）交通警察使用简易程序处理道路交通事故时，应当在固定现场证据后，责令当事人撤离现场，恢复交通。拒不撤离现场的，予以强制撤离；对当事人不能自行移动车辆的，交通警察应当将车辆移至不妨碍交通的地点。

撤离现场后，交通警察应当根据现场固定的证据和当事人、证人叙述等，认定并记录道路交通事故发生的时间、地点、天气、当事人姓名、机动车驾驶证号、联系方式、机动车种类和号牌、保险凭证号、交通事故形态、碰撞部位等，并根据当事人的行为对发生道路交通事故所起的作用以及过错的严重程度，确定当事人的责任，制作道路交通事故认定书，由当事人签名。

5）当事人共同请求调解的，交通警察应当当场进行调解，并在道路交通事故认定书上记录调解结果，由当事人签名，并交付当事人。

6）有下列情形之一的，不适用调解，交通警察可以在道路交通事故认定书上载明有关情况后，将道路交通事故认定书交付当事人：

当事人对道路交通事故认定有异议的。

当事人拒绝在道路交通事故认定书上签名的。

当事人不同意调解的。

第四节　常见交通违法行为及其处罚

一、记分

道路交通安全违法行为累积记分周期（即记分周期）为 12 个月，满分为 12 分，从机动车驾驶证初次领取之日起计算。

依据道路交通安全违法行为的严重程度，一次记分的分值为 12 分、6 分、3 分、2 分、1 分五种。

机动车驾驶员一次有两个以上违法行为记分的，应当分别计算，累加分值。

机动车驾驶员对道路交通安全违法行为处罚不服，申请行政复议或者提起行政诉讼后，经依法裁决变更或者撤销原处罚决定的，相应记分分值予以变更或者撤销。

有轨电车驾驶常见道路交通安全违法行为记分分值见表 10-5。

表 10-5　有轨电车驾驶常见道路交通安全违法行为记分分值一览表

序号	违法行为	考核分值
1	饮酒后驾驶机动车的	12
2	造成交通事故后逃逸，尚不构成犯罪的	
3	机动车驾驶证被暂扣期间驾驶机动车的	6
4	驾驶机动车违反道路交通信号灯通行的	
5	驾驶机动车不按照规定避让校车的	3
6	驾驶机动车行经人行横道，不按规定减速、停车、避让行人的	
7	驾驶机动车违反禁令标志、禁止标线指示的	
8	在道路上车辆发生故障、事故停车后，不按规定使用灯光和设置警告标志的	
9	上道路行驶的机动车未按规定定期进行安全技术检验的	
10	驾驶机动车行经交叉路口不按规定行车或者停车的	2
11	驾驶机动车有拨打、接听手持电话等妨碍安全驾驶的行为的	
12	驾驶机动车不按规定使用灯光的	1
13	驾驶机动车不按规定会车的	

国家对发生道路交通违章形为造成严重后果或予以处罚的行为进行了规范，特规定，发生以下违法行为的，禁止申领驾驶证：

1）造成交通事故后逃逸构成犯罪的。

2）饮酒后或者醉酒驾驶机动车发生重大交通事故构成犯罪的。

3）醉酒驾驶机动车或者饮酒后驾驶营运机动车依法被吊销机动车驾驶证未满五年的。

4）醉酒驾驶营运机动车依法被吊销机动车驾驶证未满十年的。

5）因其他情形依法被吊销机动车驾驶证未满两年的。

6）驾驶许可依法被撤销未满三年的。

7）法律、行政法规规定的其他情形。

二、处罚

对道路交通安全违法行为的处罚种类包括警告、罚款、暂扣或者吊销机动车驾驶证、拘留。

机动车驾驶员违反道路交通安全法律、法规关于道路通行规定的，处警告或者二十元以上二百元以下罚款。

对机动车驾驶员的道路交通安全违法行为，处罚与记分同时执行。

1）饮酒后驾驶机动车的处罚规定：

① 饮酒后驾驶机动车的，处暂扣六个月机动车驾驶证，并处一千元以上二千元以下罚款。因饮酒后驾驶机动车被处罚，再次饮酒后驾驶机动车的，处十日以下拘留，并处一千元以上二千元以下罚款，吊销机动车驾驶证。

② 醉酒驾驶机动车的，由公安机关交通管理部门约束至酒醒，吊销机动车驾驶证，依法追究刑事责任，五年内不得重新取得机动车驾驶证。

③ 饮酒后驾驶营运机动车的，处十五日拘留，并处五千元罚款，吊销机动车驾驶证，五年内不得重新取得机动车驾驶证。

④ 醉酒驾驶营运机动车的，由公安机关交通管理部门约束至酒醒，吊销机动车驾驶证，依法追究刑事责任；十年内不得重新取得机动车驾驶证，重新取得机动车驾驶证后，不得驾驶营运机动车。

⑤ 饮酒后或者醉酒驾驶机动车发生重大交通事故，构成犯罪的，依法追究刑事责任，并由公安机关交通管理部门吊销机动车驾驶证，终生不得重新取得机动车驾驶证。

2）有下列行为之一的，由公安机关交通管理部门处二百元以上二千元以下罚款：

① 未取得机动车驾驶证、机动车驾驶证被吊销或者机动车驾驶证被暂扣期间驾驶机动车的。

② 将机动车交由未取得机动车驾驶证或者机动车驾驶证被吊销、暂扣的人驾驶的。

③ 造成交通事故后逃逸，尚不构成犯罪的。

④ 强迫机动车驾驶员违反道路交通安全法律、法规和机动车安全驾驶要求驾驶机动车，造成交通事故，尚不构成犯罪的。

⑤ 违反交通管制的规定强行通行，不听劝阻的。

3）违反道路交通安全法律、法规的规定，发生重大交通事故，构成犯罪的，依法追究刑事责任，并由公安机关交通管理部门吊销机动车驾驶证。

4）机动车驾驶员在一个记分周期内累积记分达到 12 分的，公安机关交通管理部门应当扣留其机动车驾驶证。

机动车驾驶员应当在十五日内到机动车驾驶证核发地或者违法行为地公安机关交通管理部门参加为期七日的道路交通安全法律、法规和相关知识学习。机动车驾驶员参加学习后，车辆管理所应当在二十日内对其进行道路交通安全法律、法规和相关知识考试。考试合格的，记分予以清除，发还机动车驾驶证；考试不合格的，继续参加学习和考试。拒不参加学习，也不接受考试的，由公安机关交通管理部门公告其机动车驾驶证停止使用。

机动车驾驶员在一个记分周期内有两次以上达到 12 分或者累积记分达到 24 分以上的，

车辆管理所还应当在道路交通安全法律、法规和相关知识考试合格后十日内对其进行道路驾驶技能考试。接受道路驾驶技能考试的，按照本人机动车驾驶证载明的最高准驾车型考试。

机动车驾驶员在一个记分周期内记分未达到 12 分，所处罚款已经缴纳的，记分予以清除；记分虽未达到 12 分，但尚有罚款未缴纳的，记分转入下一记分周期。

三、审验

持有有轨电车准驾车型驾驶证的驾驶员，发生交通事故造成人员死亡承担同等以上责任未被吊销机动车驾驶证的，应当在本记分周期结束后三十日内到公安机关交通管理部门接受审验。机动车驾驶证审验内容包括：

1）道路交通安全违法行为、交通事故处理情况。

2）身体条件情况。

3）道路交通安全违法行为记分及记满 12 分后参加学习和考试的情况。

持有有轨电车准驾车型驾驶证的驾驶员，发生交通事故造成人员死亡承担同等以上责任未被吊销机动车驾驶证时，审验时应当参加不少于三小时的道路交通安全法律法规、交通安全文明驾驶、应急处置等知识的学习，并接受交通事故案例警示教育。

第十一章 突发事件应急处置

第一节　突发事件分类分级及应急处置原则

一、突发事件简介

《中华人民共和国突发事件应对法》（后简称《突发事件应对法》）第三条规定：突发事件是指突然发生、造成或者可能造成严重社会危害，需要采取应急处置措施予以应对的自然灾害、事故灾难、公共卫生事件和社会安全事件。

突发事件的发生，往往伴随着人身伤害和财产损失，具有以下特性：

（1）突发性　事件发生的真实时间、地点、危害难以预料，往往超乎人们的心理惯性和社会的常态秩序。

（2）危险性　事件给人民的生命财产或者给国家、社会带来严重危害。这种危害往往是社会性的，受害主体也往往是群体性的。

（3）紧迫性　事件发展迅速，需要采取非常态措施、非程序化作出决定，才有可能避免局势恶化。

（4）不确定性　事件的发展和可能的影响往往根据既有经验和措施难以判断、掌控，处理不当就可能导致事态迅速扩大。

根据突发事件发生的原因、机理、过程、性质和危害对象，《突发事件应对法》将突发事件分为四类：

（1）自然灾害　由自然因素直接所致，主要包括水旱灾害、气象灾害、地震灾害、地质灾害、海洋灾害、生物灾害和森林草原火灾等。

（2）事故灾难　由人们无视规则的行为所致，主要包括工矿商贸等企业的各类安全事故、公共设施和设备事故、核与辐射事故、环境污染和生态破坏事件等。

（3）公共卫生事件　由自然因素和人为因素共同所致，主要包括传染病疫情、群体性不明原因疾病、食品安全和职业危害、动物疫情以及其他严重影响公众健康和生命安全的事件。

（4）社会安全事件　由一定的社会问题诱发，主要包括恐怖袭击事件、民族宗教事件、经济安全事故、涉外突发事件和群体性事件等。

根据不同类型突发事件的性质、严重程度、可控性和影响范围等因素，《突发事件应对法》将自然灾害、事故灾难、公共卫生事件、社会安全事件分为特别重大（Ⅰ级）、重大（Ⅱ级）、较大（Ⅲ级）、一般（Ⅳ级），并依次采用红色、橙色、黄色、蓝色来加以表示。

一般突发事件是指事态比较简单，仅对某辖区较小范围内的社会财产、人身安全、政治稳定和社会秩序造成严重危害和威胁，已经或可能造成人员伤亡或财产损失，但只需要事发地辖区有关部门就能够处置的突发事件。

较大突发事件是指事态比较复杂，仅对辖区一定范围内的社会财产、人身安全、政治稳定和社会秩序造成严重危害和威胁，已经或可能造成较大人员伤亡、财产损失或环境污染等后果，但只需要事发地区政府调度辖区有关部门，必要时由市相关专业应急机构业务指导就能够处置的突发公共事件。

重大突发事件是指事态复杂，对辖区一定范围内的社会财产、人身安全、政治稳定和社会秩序造成严重危害和威胁，已经或可能造成重大人员伤亡、财产损失或生态环境破坏后果，需要市专业应急机构或事件主管单位调度有关部门、区政府相关单位联合处置的突发公共事件。

特别重大突发事件是指事态非常复杂，对社会稳定、社会秩序造成严重危害和威胁，已经或可能造成特别重大人员伤亡、财产损失或环境污染等后果，需要市以上处置突发事件委员会统一协调，指挥各方面资源和力量处置的突发公共事件。

二、苏州有轨电车突发事件分类

按照突发事件的性质、演变过程和发生机理，有轨电车运营突发事件划分为自然灾害类、事故灾害类、公共卫生事件类、社会安全事件类。

1）自然灾害类：地震、汛期防洪、恶劣天气。

2）事故灾害类：钢轨折断、弓网故障、接触网停电、列车冲突、列车故障救援、列车挤岔、列车倾覆、列车脱轨、外界设施侵限、线路下沉、隆起、坍塌、线路胀轨路道、电客车火灾、突发大客流、公共交通事件。

3）公共卫生事件类：国家或地方发生疫病传播等紧急事件。

4）社会安全事件类：毒气袭击、爆炸、突发治安事件。

三、有轨电车突发事件应急处置原则

有轨电车在运行中，不仅受到轨道交通设备设施质量、联动系统运作的影响，还会受到来自公路交通、其他公共事件、自然灾害的影响。当这些影响扩大，形成轨道交通突发事件时，如何快速有效处置，是每个有轨电车司机必须掌握的技能。

有轨电车运行中发生突发事件时，应遵循以下应急处置原则：

1）突发事件抢险组织工作要贯彻“高度集中，统一指挥，逐级负责，先通后复”的原则，确保抢险救援工作反应及时、措施果断、有序、可控、快速、及时，减少事故影响。

突发事件处理要力争做到早发现、早报告、早开通、早修复，减少损失和影响，防止事件扩散。

2）发生突发事件时，现场员工应迅速、准确地报告事故情况，确保信息渠道畅通。

3）各部门、员工均应积极采取措施，迅速组织救援处理，尽快抢救伤员，尽快恢复运营，尽量减少事故损失。

4）列车在运行中，遇影响行车或设备、人身安全情况时，须立即采取措施，及时消除隐患。

5）列车运行在区间发生故障时，司机应尽可能维持进站处理；遇故障列车需维持运行至终点站时，司机必须时刻关注列车运行状态，防止故障影响的进一步扩大。

四、有轨电车司机遇到突发事件时应遵循的原则

1）立即汇报行车/车场调度员。

2）如发生列车区间停车，短时间内不能及时动车，应对来车方向做好防护，防止列车追尾、冲突。

3）如发生人身伤害、财产损失等事件，按照“先救人、后救物”的原则处置。

4）如发生人车冲突、公共交通事件或电车火灾、爆炸事件，应在立即汇报行车/车场调度员的同时，立即拨打110进行汇报。

五、突发事件应急信息报告原则

有轨电车司机在运行中遇列车故障或其他应急信息时，应立即按照以下规定汇报：

1）遵循迅速准确、简单明了，逐级上报的原则，在车辆段内向车场调度员汇报，在正线向行车调度员汇报。

2）一时无法确认突发事件原因、影响以及处置进度的，按及时续报原则汇报。

3）发生人员伤亡、火灾、爆炸、毒气袭击等事故时，应在第一时间直接拨打110进行报告。

4）发生各类突发事件时，根据时间、地点、事态严重程度，分别执行相关报告程序。

六、突发事件信息报告内容

在突发事件发生后，司机须在第一时间向行车调度员汇报如下内容：

1）呈报人姓名/代码、列车车次、车次号/车体号。

2）事件发生时间（时、分）。

3）事件发生地点（车站、上下行线、接触网杆号/路口等）。

4）事件概况，包括现象及发展态势、可能影响运营程度、人员伤亡情况、设备损坏情况及影响范围。

5）事件的起因或故障症状。

6）现场情况。

7）已采取的行动和请求支援事项。

第二节　突发事件应急处置要点

按照城市轨道交通事故事件分类及分级，根据其发生的不同地点，分为车辆段突发事件和正线突发事件。车辆段内发生突发事件时，可周转余地大，影响较小，在处理时，随时会有相关部门专业指导；正线发生突发事件时，可周转余地小，一旦处理不当，会造成较大社会影响。

一、自然灾害类事件处置

（一）地震

列车在运行过程中，发生列车跳动、蛇形运动等异常情况时，应立即采取制动减速措施，必要时立即停车，并汇报行车调度员，做好乘客安抚工作，接到恢复运行命令时，按调度指令执行。

（二）恶劣天气

1. 汛期防洪

列车运行中，若发生暴雨，司机应立即报行车调度员，接调度启动相应专项应急预案命令后，加强瞭望，及时汇报暴雨造成的影响。

如发现线路水浸，立即报告行车调度员，根据行车调度员要求执行；如暴雨影响瞭望，应降低运行速度，必要时可停车；若发现异物侵限影响行车，立即停车，确保安全，并加强与行车调度员的联系。

当发现线路积水，应按照车辆部门给出的列车涉水深度要求决定限速或终止运行。

2. 暴雪

列车运行中，如发生暴雪，司机应立即报行车调度员，接调度启动相应专项应急预案命令后，加强瞭望，及时向行车调度员汇报暴雪造成的影响。

如发现线路、道岔因积雪覆盖，无法确认或异物侵限影响行车等情况时，立即停车，报告行车调度员，按行车调度员指令执行；如暴雪影响瞭望，应降低运行速度，必要时停车；发现异物侵限影响行车时，立即停车，确保安全，并加强与行车调度员的联系。

3. 雾霾

雾霾是最恶劣的气候之一，主要影响列车司机瞭望，对行车极为不利，稍有不慎，将会酿成碰撞事故。司机在运行中发现雾霾影响瞭望，无法确保安全距离时，应适当降低运行速度，确保安全；如无法确认前方进路安全，或发现前方路段有障碍物无法判明情况时，应立即采取停车措施，并汇报行车调度员。

4. 大风

列车运行中，受大风影响，发现列车摆动严重时，应立即采取减速措施，并汇报行车调度员。运行中须加强接触网及线路瞭望，发现异物时根据不同情况分类处置。

二、事故灾害类事件处置

（一）事故灾害类

1. 冲突、挤岔、脱轨、倾覆事故处理

在车辆运行过程中，发现走行部有异响或听到“紧急停车”的呼叫后，司机应立即采取紧急停车措施；判断为挤岔时，电车停车待令，不得擅自移动，并对来车方向做好防护。专业人员到达后，按照现场指挥的要求，将电车移出故障区域，在车辆检修部门确定走行部无异常后，按照调度命令动车到指定地点。

如无法动车须救援时，司机应配合做好车辆连挂救援工作。

2. 电车火灾

电车司机发现或接报火灾信息后，立即停车，打开车门组织乘客疏散，向行车调度员汇

报火灾情况，并组织客运员扑灭初期火灾，做好列车防护措施，配合现场组织开展救援工作。

（二）设备设施类

1. 钢轨折断、变形（含线路下沉、隆起、坍塌，线路胀轨跑道）

列车运行过程中，除非现象明显，列车司机是无法判断钢轨折断、变形的。当列车司机感觉列车跳动或有漂移感时，应立即采取减速或停车措施，并汇报行车调度员；现象极为明显、感觉强烈时，应汇报行车调度员请求下车检查确认线路及电车走行部。

当确认为钢轨折断、变形时，立即汇报行车调度员，按照行车调度员的命令执行，并配合现场抢修。

2. 接触网停电、弓网故障

（1）接触网停电　发生在车站，应听从行车调度员命令做好清客工作；若发生在区间，应尽量维持列车进站，尽量避免停于路口，列车迫停时应关注蓄电池电压状况，列车休眠前做好乘客安抚工作。如需进行区间乘客疏散，则按照行车调度员命令执行。

根据行车调度员命令配合现场抢修人员做好故障修复工作。

（2）弓网故障　发生弓网故障时，往往伴随着大电流脱扣现象，会产生电火花及爆炸声响。列车司机在运行中，如遇上述情况，应立即采取停车措施，确认故障情况，判断对行车的影响，并向行车调度员汇报弓网损坏及车辆故障显示情况。

此时严禁擅自动车，保护好现场，做好乘客疏散工作，积极配合现场处置，按照现场负责人的指令动车。如需安排救援连挂，应配合做好救援连挂工作。

3. 列车故障救援

列车故障救援是所有设备故障中较常见的一种。在救援过程中，涉及故障车及救援车，故本文分别描述其处置办法。

（1）故障车

1）申请救援。列车故障规定时间内无法处理时，报行车调度员申请救援（或行车调度员在司机处理一定的时间后下达救援命令）。报告内容为故障车停留位置（区间、路口、站名）和需要协助的内容等事项。

2）防护、准备。当行车调度员发布救援命令时确认救援来车方向，打开列车头灯，做好救援防护工作，等候救援列车，防止列车冲突。

3）连挂试拉。当救援列车在20m外一度停车时，将头灯关掉；至3m处一度停车时，司机确认救援车车钩位置，指挥救援司机连挂，显示连挂手信号，并试拉。

4）缓解动车。试拉完成后，确认是否满足动车条件。

5）确认命令。与救援车司机确认命令内容、运行目的地、速度等，按调度命令要求指挥动车。

6）指挥进站。负责前方线路瞭望，确认进路、道岔正确，以及信号已开放。遇危及行车安全时立即通知救援司机停车，当通知不到时，应鸣示“紧急停车信号”。如需进站停车，指挥救援车司机按“三、二、一车”限速要求对标停车。

7）指挥退出。指挥救援列车司机动车，当进入存车线或折返线后，按“三、二、一车”指挥，故障车接近停车位置10m时，一度停车，再指挥对标停车。

8）制动解钩。故障列车在规定位置停稳后，做好故障车防溜措施，通知救援列车司机解钩。

（2）救援车

1）接令清客。接到救援命令后，明确救援命令内容、运行目的地、故障车位置等事项，原则上救援列车空车前往救援，救援列车在车站播放清客广播两次后，确认动车条件。

2）前往救援。列车运行至距故障车 20m 外一度停车，限速 5km/h 接近故障车，3m 处一度停车，确认故障车车钩位置。

3）连挂车辆。联系故障车司机，了解其状态（重点是防溜措施）及连挂要求后，确认故障车司机的连挂指令（无线手持台、手信号）并复诵后，限速 3km/h 连挂。如列车处于坡道或弯道，则须严控速度。

4）请求试拉。在得到试拉指令后试拉（方向手柄向后，控制好牵引力）。

5）动车、确认。试拉后，联系故障车司机，确认故障车制动已缓解，按动车指令动车；动车后，配合故障车司机确认调令内容，途中加强联系，收到停车指令、发现异常、听到紧急鸣笛声时，应立即停车。

6）对标停车。按故障车司机指挥动车，当进入存车线或折返线后，按“三、二、一车”限速要求严控速度，一度停车后，限速 3km/h 运行，并做好随时停车的准备。

7）解钩续报。得到故障车司机的解钩指令并复诵后，操作解钩，将方向手柄向后，退行约 30cm 停车，下车确认离钩状态，立即换端，报行车调度员。

4. 外界设施侵限

电车司机发现外界设施侵限后，应立即采取制动措施停车，不得越过异物；同时利用广播系统安抚乘客；尽快了解现场情况，及时向行车调度员报告；如判断影响行车，应下车排除异物，确认无碍行车后，汇报行车调度员动车；如无法处理，则按行车调度员的指令执行。

三、社会安全类事件处置要点

1. 毒气袭击、爆炸

电车司机接报毒气袭击、爆炸信息后，立即停车，打开车门组织乘客疏散，向行车调度员、110 汇报相关信息，做好列车防护措施，配合现场组织开展抢险救援工作。

2. 突发治安事件

电车上发生治安事件时，立即报行车调度员、110，将电车停于站台，做好电车防护工作，配合客运员将肇事人员清下车；若肇事人员不愿下车，且无其他影响，则继续运行。

在处理突发治安事件的过程中，首先应保证人身安全。如发生人员伤亡情况应及时拨打 120，同时组织做好现场急救。

四、公共交通事故

有轨电车公共交通事故发生后应按照以下规定处置。

1. 信息通报

发生道路交通事故时，应第一时间通报行车调度员及 110，并适时做好信息续报工作。

2. 列车防护

发生道路交通事故后，若短时间内列车难以动车，应及时对来车方向做好列车冲突防护。

3. 损失判断

发生道路交通事故后，应准确判断事故损失，采取相应措施，根据当地有轨电车事故处理相关规定执行，尽快开通线路。

4. 排除险情

事故发生后，若有威胁乘客的安全因素并未完全消除，电车司机应想办法排除险情，防止扩大事故后果。

5. 抢救伤员

发生伤亡事故时，客运员及司机应在现场全力组织抢救，帮助乘客自救、互救，拦截车辆送伤员到医院及时救治，尽可能地减少伤亡。

6. 保护现场

电车司机在抢救伤员的过程中要注意保护好事故现场，做好标记，尽可能地减少对事故现场的破坏，防止破坏现场，不得故意破坏和伪造事故现场。

第三节　伤员救护及常见危险化学品知识

交通事故发生后，现场紧急救护是否得当，直接关系到伤员的生命安危。因此，每个驾驶员、客运员必须了解交通事故的急救知识，掌握必要的事故现场急救技巧，这样才能在紧急情况发生时，做好现场救护工作，以便迅速及时地抢救伤员的生命。

一、现场急救的原则

一旦发生交通事故，在到达事故现场进行急救工作时，应遵循以下原则。

1. 人道原则

当事故发生后，救护者必须怀着崇高的人道主义精神，千方百计地利用现场一切可利用的条件抢救伤员。救护者应保持镇定、清醒的头脑，使伤员尽快得到现场治疗，并及时呼救，转入后续治疗。

2. 快速原则

在车祸救护工作中，时间就是生命。“快抢、快救、快送”是决定伤员能否自下而上或减少伤残和后遗症的关键。救护人员要珍惜每一秒钟，火速急救，火速护送伤员到医院治疗。

3. 有序原则

交通事故的特点是“伤情复杂、严重、复合伤多”。因此，在抢救中一般应本着“先抢后救”“先重后轻”“先急后缓”“先近后远”的顺序，灵活掌握。首先采取止血，保持呼吸道的通畅，抗休克等措施；第二是处理好内脏器官的损伤；第三是处理好骨折；第四是包扎处理一般伤口。

4. 自救原则

“自救原则”是车祸现场救护、抢救伤员生命的一条宝贵经验，尤其是对发生在偏僻地区的车祸更是显得重要。在车祸现场不能消极等待，要积极采取“自救、互救”措施，充分利用救治器材以赢得求援时间。

二、事故现场伤员情况判断

交通事故发生后，由于车祸的“强烈袭击”，可使人体心、肺、神经、内分泌机能发生严重障碍，尤其是大量失血，直接威胁伤员生命，有些受伤者可能很快出现休克或者死亡。这就需要很好地判断伤情，以便实施急救。最早接触受伤者时，首先必须判断受伤者是否活着，有无呼吸和心跳，意识是否清楚，救护者必须对受伤者的伤情作出初步判断，以便按“轻重缓急”的原则急救和后送。

1. 呼吸的判断

为了确定受伤者是否呼吸，可以将耳朵贴近受伤者的口，同时平视他的呼吸，并看到他胸腹的动作。在呼吸极微弱时，不易见到胸廓起伏，可用一小块棉花絮或薄纸片、树叶等放在病人鼻孔旁，看这些物体是否随呼吸来回飘动，以判断有无呼吸存在。垂危病人呼吸变快、变浅、不规则，一般受伤者在临死前呼吸变慢、不规则，直至呼吸停止。这时的特征是胸廓起伏消失，鼻孔不出气。

2. 心跳的判断

脉搏是血液流经动脉血管时的压力波动，直接显示心脏的跳动，一般测试腕动脉（桡动脉）。检查心脏跳动的受伤者时，常检查他的颈动脉，在喉结与相连肌肉间的颈窝处，可以触知颈动脉的搏动。心跳停止时，颈动脉搏动消失，受伤者意识丧失，瞳孔散大，皮肤发紫。

3. 意识的判断

在事故现场判断意识，以直观受伤者瞳孔的变化为主。正常时，两眼的瞳孔等大等圆，遇到光线能迅速收缩。当受伤后，两眼瞳孔不一般大，可能缩小或放大；用手电筒光线刺激，瞳孔不收缩或收缩迟钝。当瞳孔逐渐散大，固定不动，对光反应消失时，病人陷于死亡。

检查瞳孔的方法是：右手持手电筒，左手拇指及食指分别将两侧上眼睑向上拉开，暴露瞳孔。正常瞳孔直径为3~4mm，双侧等大等圆，当受到光线刺激后双侧瞳孔立即缩小，移开光源后瞳孔迅速复原，受伤者死亡的特征就是呼吸、心跳停止和瞳孔散大、固定。

4. 意识状态

正常人的意识是清楚的，反应是灵敏的，但当车祸发生后，因受伤部位的不同，其意识改变不尽相同。意识改变一般是由于脑部损伤、创伤性休克、剧烈疼痛等因素造成的。若脑部有一时性不省人事，且时间不超过10~20min，则表示伤势不重；如受伤后一直昏迷或伤后昏迷→清醒→再昏迷，则表示脑损伤严重，同时伴有剧烈持续的头疼和频繁的呕吐，以及瞳孔扩大或大小不等的改变。创伤性休克伤员，除休克的表现外，一般在休克晚期会出现昏迷。而剧烈疼痛引起的意识丧失仅为一时性“应激”改变，会迅速恢复。

5. 脉搏、呼吸的变化

正常人的脉搏（65~85次/min）、呼吸（16~20次/min）节律是均匀的。当发生车祸后，若伤员脉搏细快，面色苍白，皮肤湿冷，烦躁口渴，呼吸浅快甚至困难，是出血性休克和肺、胸膜损伤的表现。若脉搏慢而洪大，呼吸慢而深，则是脑损伤的表现。这些都是危险信号，应火速送往就近医院抢救。

6. 确定受伤的部位、性质、范围和程度

在交通事故现场短时间内，要确定伤员受伤的部位、性质、范围和程度有一定的难度，但只要细致观察，就可以做出初步判断。一般来说，伤情的轻重与全身情况是一致的，否则就可能有多发伤和内脏伤。因此，必须首先明确判断伤员伤情是出血性休克还是颅脑损伤；是内脏伤还是骨折；是脊髓损伤还是一般的外伤；是开放性的还是闭合性的损伤，以及受伤范围的大小和轻重程度等，以便于及时救护。

三、伤员自救、急救知识

1）抢救伤员时，应先救命，后治伤。

2）遇伤者被压于车轮或货物下时，正确的方法是：设法移动车辆，采取相应的救护方法，搬掉货物。

3）受伤者在车内无法自行下车时，可设法将其从车内移出，尽量避免二次受伤。

4）遇重、特大事故有众多伤员需送往医院时，应首先将处于昏迷状态的伤员送往医院。搬运昏迷或有窒息危险的伤员时，应采用侧俯卧的方式。救助休克伤员时，应采取保暖措施，防止热损耗。遇伤员无呼吸时，应立刻对伤员进行人工呼吸。

5）抢救失血伤员时，应先止血。在紧急情况下急救伤员时，须先用压迫法止血，然后根据出血情况改用其他止血法。

6）伤员较大动脉出血时，可采用指压止血法，用拇指压住伤口的近心端动脉，阻断动脉运动，达到快速止血的目的。

7）颈总动脉压迫止血法常在伤员颈部动脉大出血而采用其他止血方法无效时使用。

8）伤员上肢或小腿出血，且没有骨折和关节损伤时，可采用屈肢加垫止血法止血（在腋窝或肘窝加垫屈肢固定）。

9）包扎止血常用的物品有绷带、三角巾、止血带等。为伤员用绷带包扎打结时，不要在伤口上方，也不要在身体背后，以免睡觉时压住不舒服。在没有绷带急救伤员的情况下，可用毛巾、手帕、床单、长筒尼龙袜子等代替绷带包扎。止血带止血是用弹性的橡皮管、橡皮带，上肢结扎于伤员上臂上1/3处，下肢结扎于大腿的中部。用止血带为伤员止血时，一定要扎紧，如果扎得不紧，深部动脉仍会有血液流出。

10）救助全身燃烧伤员的正确措施是：迅速扑灭衣服上的火焰，向身上喷冷水，脱掉烧着的衣服。烧伤伤员口渴时，可喝少量的淡盐水。

11）救助有害气体中毒伤员的急救措施是迅速将伤员移到有新鲜空气的地方。

12）对无骨端外露骨折伤员的肢体，用夹板或木棍、树枝等固定时，应超过伤口上、下关节。关节损伤（扭伤、脱臼、骨折）的伤员应避免活动。抢救脊柱骨折的伤员时，应用三角巾固定，保持脊柱安定，严禁乱加搬动，勿扶持伤者走动。伤员大腿、小腿和脊椎骨折时，一般应就地固定，不要随便移动伤者。骨折伤员固定伤处力求稳妥牢固，要固定骨折的两端和上、下两个关节。

四、事故现场伤员的运送

搬运和运送伤员是一项重要措施，先行现场抢救，再转送附近医院。

1. 现场抢救

现场抢救的主要任务是使伤病员迅速脱离出事地点，将其转移到安全和便于救治的地方，以进行及时的止血、包扎和固定。现场的搬运方法为：

1）单人搬运法抢救是主要方法之一，可分侧身匍匐搬运法，牵拉法和单人背、抱法，而以后者为最常用。背伤病员时，应将其上肢放在搬运者的胸前，搬运者背负伤病员胸腹，并用两手托伤员两大腿。抱伤病员时，搬运者一手抱扶病员腰部，另一手扶托伤病员大腿中部。

2）双手搬运法比较常用，有座椅式与抬式搬运法，可用于一般伤员，但不宜用于脊柱损伤伤员等。

3）救治伤病员时，应了解伤病部位，以便搬运时保持合适的体位，避免加重病情或发生意外。

① 颅脑伤患者宜处半卧位或侧卧位，保持呼吸道通畅，妥善保护暴露的脑组织，防止或减少振动，可用衣物将患者头部垫好。

② 胸部伤患呼吸困难，宜采用半卧位，可用衣物座椅式双人搬运法或用座椅搬运。

③ 腹部开放性损伤者，腹腔脏器可自创口脱出，一般不宜回复，可用碗等覆盖保护，然后包扎。如脏器大量脱出或脏器已嵌顿，血液循环障碍者，应适当消毒后回纳包扎。搬运时，患者仰卧于木板上，下肢屈曲，然后抬送。

④ 脊柱损伤者在搬运时务必注意保护脊髓，以免其受损伤或加重损伤。禁用一人抱胸，另一人抬腿的双人搬抬法，因采用这种体位搬运可加重脊柱压缩和脊髓受压。正确的方法是可由数人共同进行，使身体平直，用均衡协调的力量抬起或滚动，采用俯卧位放置在木板或担架上，如采用仰卧位，宜用小枕或衣服加垫于脊椎骨折部位，使脊柱过度后伸，然后抬送。如为颈部损伤，应稳定头部，适当牵引，数人协调将患者滚动仰卧至木板或担架上，颈下垫小枕，头部两侧用软物固定，避免头部摇动。

⑤ 骨盆部损伤者可采用仰卧位于木板或担架上，髋、膝部屈曲，膝下可垫软物，以保护体位。

⑥多数上肢伤病患者可步行，但下肢伤病常需背、抱或双人搬运，一般宜作固定后再行抬运。

2. 运转

重伤员经现场抢救后，应迅速送医院治疗。

1）木板或担架抬运法：适用于一般伤情、损伤、情况严重等病例，呼吸困难者不适用。

2）背、抱转送法：较适用于体重轻者、儿童等病例，路短易于完成，需要时可轮流背、抱。转送路程远者不适用。

3）推车、三轮车、拖拉机、汽车运送，适用于道路较平坦的地区。

4）各种船只运送，适用于水网地区。

5）伤病员转运最好用救护车实施。

3. 转送时的注意事项

1）注意观察病情，特别是脉搏、呼吸、神志等的改变；开放性伤口应注意出血，必要时需重新包扎处理。

2）注意保持伤员的特定体位。

3）有颈、胸部伤情者，应维持呼吸道通畅。

4）注意观察经固定的肢体，定时检查末梢循环，如出现循环障碍者，应及时处理。

5）腹部损伤、昏迷、呕吐及估计需尽快手术治疗者，应禁饮食，一般病例可适量饮水。

五、常见危险化学品知识

危险化学品是指物质本身具有某种危险特性，当受到摩擦、撞击、振动、接触热源或火源、日光曝晒、遇水受潮、遇性能相抵触物品等外界条件的作用时，会导致燃烧、爆炸、中毒、灼伤及污染环境事故发生的化学品。

1）爆炸品是指有整体爆炸危险的物质和物品。火药、炸药和起爆药属于爆炸品；火柴、硫磺和赤磷属于易燃固体。

2）压缩气体遇燃烧、爆炸等险情时，应及时采取对瓶体实施遮阳、冷水喷淋降温等措施，并及时将气瓶移出危险区域。

3）腐蚀品、易燃液体着火时，要立即用干沙、干土覆盖灭火，不得用水扑救。

4）扑救易散发腐蚀性蒸气或有毒气体的火灾时，扑救人员应穿戴防毒面具和使用相应的防护用品，并站在上风处施救。

常见危险品的分类见表 11-1。

表 11-1　常见危险品的分类

序号	类　别	标　识	主要品名
1	火药类	 	放烟筒、花炮、导火线、爆发钉等（爆发性非常弱的物品可以装载）
	引火性瓦斯		小型燃料瓦斯气瓶、抽烟用气体打火机、引火性烟雾气
2	非引火性、非毒性瓦斯		消化器、压缩酸素、液体氨、非引火性烟雾气、冷冻用瓦斯类等，深冷液化瓦斯
	毒性瓦斯		一氧化碳、氧化乙烯、液体氨等
3	引火性液体		汽油、油漆、印刷墨、香料、灯油、酒精、粘接剂等

（续）

序号	类　别	标　识	主要品名
4	可燃性物质		安全火柴、硝纤象牙、金属粉末、磷、硫黄等
	自燃性物质		活性炭、硫化钠、金属催化剂等
	与水反应的可燃性物质		钙、碳化物、镁、钡、碱土金属合金等
5	氧化性物质		化学氧气发生器、过氧化水素水、盐素酸盐类、硫酸铵肥料等
	有机过氧化物		甲醇、酮、醅氧化物（树脂或封印催化剂）等
6	毒物		杀虫杀菌剂、消毒剂、染料、水银化合物、医药品等
	易染病毒物质		细菌、病毒、医药用废弃物等
7	放射线物质		含有各种对人体有害射线的物质
8	腐食性物质		酸类、碱类、电池（内含电池液物质）、腐蚀物质等

（续）

序号	类　别	标　识	主要品名
9	其他的 有害物件		除以上危险物以外的物质、内燃机（车等）、少量化妆品等，干冰、磁性物质

第四节　事故案例分析

一、公共交通类事故

有轨电车与汽车冲突

1）×月××日，SS现代有轨电车开通首日上午10时许，有轨电车线路刚刚开通不到1个小时，一辆编号为“018”的白色有轨电车由奥体中心开往×××新城。一辆黑色吉普车与其同向行驶。两辆车遇红灯停下。转绿灯后，有轨电车正常直行，右侧的吉普车要左拐，两车相撞。

2）×月××日早8时30分许，YY大道×××路路口，一辆红色小轿车和白色的有轨电车在停止线内并排等红灯。绿灯亮起，有轨电车向前行驶，而停在有轨电车右侧的小轿车同时左转，结果小轿车和有轨电车撞在了一起。

3）××月××日，ZZ有轨电车试验线，事发前轿车跟在一辆由南向北行驶的电车后面，等待转弯。因其与有轨电车间的距离太近，导致轿车车主视线被遮挡，此时对面方向正好行驶过来另一辆电车，轿车刹住了车，但电车由于惯性大而没有刹住车，电车头部撞上轿车头部，轿车因为制动油管被撞断刹不住车弹了出去，撞到人行道台阶后停住。

分析：以上交通事故虽然均是由于轿车司机在运行过程中违章造成的，但对于有轨电车司机来说，应注意提前进行两侧观望，特别是在信号灯变化以及视线受阻的情况下，更要做好预防措施，减速慢行，防止机动车抢道，违章左转、掉头。

二、自然灾害类事故

××年9月2日沈阳局部地区降下了阵雨，浑南地区还下起了冰雹。由于强降雨的影响，浑南有轨电车银卡路附近的轨道被积水淹没，部分有轨电车在行驶到这样的路段时被迫返回。返回的有轨电车将乘客带至有公交站点的路段后，让乘客转乘公交车。

分析：根据相关应急预案管理规定，积水面超过轨面时，禁止列车通过。电车在运行中遇暴雨时，司机应加强线路信号瞭望，确认轨面积水情况，严格按照限速要求行车。

三、列车冲突类事故

1. 罗马尼亚有轨电车事故致50余人伤，追尾车欲制动已迟

2012年5月10日，罗马尼亚首都布加勒斯特发生3列有轨电车追尾事故，其中2列电车脱轨，造成50多人受伤（图11-1）。当天早晨7时25分左右，一列有轨电车因技术故

障，停在了布加勒斯特西部的一条隧道内，随后一列有轨电车停在其后等候。第三列有轨电车司机进入隧道时发现前面有异常情况紧急制动，但为时已晚，撞上第二列有轨电车，第二列随即撞上第一列，从而发生3列有轨电车追尾事件。

图11-1　罗马尼亚有轨电车事故列车

分析：前方列车故障检修，未做好尾部防护工作；列车故障停车信息未能够及时通报后续列车；后续列车在运行过程中，未能够加强瞭望，并超速运行，导致3列车相撞、2列脱轨、50多人受伤事故发生。

2. 捷克俄斯特拉发有轨电车冲突事故

2008年4月11日，捷克东部城市俄斯特拉发生2辆有轨电车相撞事故，造成4人死亡，35人受伤（图11-2）。由于其中一辆有轨电车的司机未遵守驾驶规则，致使自己驾驶的车和迎面驶来的另一辆车相撞。

图11-2　列车冲突救援现场

分析：按照轨道交通运输规律，列车正面冲突一般发生在同一条线路相向运行，或转线折返的过程中。在列车运行组织过程中，当发生突发情况，需要同一条线路相向运行或转线折返时，除行车调度员须做好相关安排外，所有列车司机均应重视相关列车运行调整信息，加强列车运行监控，严格控制列车运行速度，遇道岔或折返时应强化安全意识，加强瞭望。

3. 东京有轨电车追尾事故

2006年6月13日，日本东京荒川线一辆从三轮桥始发开往早稻田的有轨电车（单节车厢）追尾撞上了一辆试运行电车。事故共造成26人受伤，其中3人受重伤（图11-3）。

被追尾的有轨电车刚接受完三年一度的常规检查，没有安装防追尾信号设备或自动停车装置（ATS）等安全装置，由驾驶员通过目视做出判断，当时最高时速为40km。其在试运行过程中突然紧急制动，后车制动不及时，造成了追尾事故。

分析：列车试验、调试应在车辆段试车线内进行，需要在正线进行时，不得在运营时间内进行；必须在运营时间进行时，列车应符合上线运行标准，须制定详细的安全防护措施，且需对行车组织做好安排，预防其他事件发生。

列车上线运行应确保各安全装置作用良好，严禁安全装置不良、不全的列车上线运行。

列车运行过程中，严禁擅自切除安全保护装置，对于安全保护装置失效的列车，应尽快组织下线，并做好防护措施。

图 11-3　东京有轨电车追尾事故

四、列车挤岔事故

2010 年××月××日，某车辆段内，列车（3 节编组）准备转线加油作业，司机向信号楼请求 33 道（实际列车在 34 道）至 D7 进路，信号楼准备好进路后，无线电通知司机 33 道至 D7 信号准备好，司机复诵后，起动列车。当列车开出 20m 左右后，司机发现列车有异常跳动，立即停车检查，发现 33 道道岔被挤，此时已有两辆挤过道岔。

分析： 调车司机在转线作业过程中，无法确认前方信号时，未按规定下车确认信号机显示及道岔位置，简化作业程序，未认真执行呼唤应答制度，没有实现安全互控，臆测行车，造成编组越过 D34 信号机，挤上 D33 道岔。

五、列车故障救援

1）2005 年××月××日，N 市××站至××站间，列车司机报列车产生紧急制动，无法缓解，经处理 7min 后仍不能动车，OCC 决定救援。后经检查为司机在作业过程中误碰紧急制动按钮，未查明故障原因，未按照故障处理指南进行处理。

分析： 列车运行中，司机应严格按照标准化作业流程作业，每一步操作均应按照规定动作执行。

列车发生故障无法动车，一时无法判明原因时，应从制动和牵引两个方面分别判断故障原因，检查 DDU 显示、所有仪表、按钮、各断路器开关位置是否正常，尝试各种缓解列车制动的办法，确认是否因制动原因造成故障，根据故障现象采取相应措施。

2）2013 年××月××日，S 市××终点站××次列车折返后，DDU 黑屏，列车紧急制动不缓，司机按照 DDU 故障处理指南进行处理，一端无法处理，换端操作后未按照处理流程进行处置，仍然无法处理，造成列车救援。

分析： 换端操作时，DDU 黑屏的原因基本为操纵端操作系统未被激活，“0”速继电器在得电吸合状态，故同时伴有列车紧急制动不缓现象。在进行故障处理时，应考虑到可能发生 DDU 故障的各种原因和现象，如伴有紧急制动不缓现象时，在处埋 DDU 黑屏的同时，确认制动缸压力为紧急制动时，按照紧急制动处理流程进行处置。

第十二章 司机作业程序和标准

一、有轨电车司机的基本要求

1）有轨电车司机必须牢记“安全第一”的宗旨，学习和遵守有关的安全规定和运行规则，严格按照安全制度、行车规则执行乘务驾驶任务。

2）有轨电车司机必须掌握有轨电车（车辆）的基本构造、性能，具有一般的故障处理能力，熟悉有轨电车线路和站场等基本设施情况，包括必须明确所担任驾驶区段、站场线路纵断面情况。

3）有轨电车司机还必须掌握其他相关的业务和具有一定的应变能力。如懂得救援的过程和方法、懂得消防灭火的要求、学会扑灭初起火灾的方法、知道常用灭火器的使用方法等。

二、有轨电车司机安全作业标准

1. 三严格

1）严格遵守各项规章制度，正确执行各项操作程序，确保电车运行安全。

2）严格按照有轨电车运行图行车，维护运行秩序；工作中严守岗位，不得擅自离岗。

3）严格按照要求规范使用司机室设备，爱护有轨电车，精心操作。

2. 八必须

1）电车司机必须经考试合格，并取得岗位资格后，方准独立驾驶。

2）电车司机必须严格执行有关行车安全规章制度，服从调度指挥，按照运行图行车，为乘客提供安全、正点、快捷、舒适的服务。

3）升弓前，必须确认所有人员在安全区域后，方可鸣笛升弓。

4）司机在动车前，升降弓、遇鸣笛标、过平交道口、遇天气不良时以及在其他需要鸣笛警示的场合，必须鸣笛。

5）整备作业或正线运行，需要离开司机室时，必须锁闭司机室门窗。

6）起动有轨电车前，必须确认信号（地面信号及车载信号），防止冒进信号。

7）班前充分休息，做好行车预想，班后做好行车总结。对于行车工作中发生的事故，必须及时、准确地汇报，以便于有关人员进行调查处理。

8）行车调度员发布口头命令时，受令司机必须认真逐句复诵，领会命令内容，并做书面记录，以备与接班司机进行交接。

3. 十严禁

1）横越线路时，严禁跨越地沟，钻车底。

2）穿越道岔区时，严禁脚踏尖轨与道岔转动部分。

3）受电弓升起后，严禁触摸电气带电部分、进行地沟检查及攀登车顶。

4）上、下有轨电车时须站稳抓牢，严禁飞乘飞降。

5）严禁学员在没有司机的监督下擅自操作有轨电车。

6）司机当班时，必须集中精力，认真瞭望，严禁做与行车无关的事。

7）严禁有轨电车在无人引导的情况下推进运行。

8）在非正常行车的情况下，严禁无凭证（或携错误凭证）开车。

9）折返作业时，严禁没有指令和未确认道岔动车。

10）严禁擅自带无关人员进入司机室，因工作需要登乘有轨电车司机室时，必须严格执行公司登乘制度。

三、有轨电车司机安全作业程序

（一）司机出勤的安全规定

出勤是有轨电车司机在投入运行前重要的准备阶段，在这个阶段中，司机应做好出勤前的各项准备工作，包括业务准备、心理准备、生理准备。它主要包含以下五条内容：

1）司机在出勤前必须充分休息，班前八小时严禁饮酒，其身体状况必须符合工作要求。

2）司机出勤必须按照运转行车计划表，提前到达指定地点接受派班员的点名、询问与检查。

3）点名时要按规定穿戴规定的识别制服、标志。

4）有轨电车司机在运行途中交接班时，必须交接清楚有轨电车的运行技术状态，并填写在司机报单上，内容包括制动性能、故障情况、线路情况、调令接受情况以及其他必须交接的情况。

5）司机点名出勤时，应抄录有关的运行、安全注意事项，了解值乘有轨电车（车辆）的技术状况与故障记录，对于临修后的有轨电车要认真验收确认。

（二）有轨电车整备作业安全规定

整备作业对有轨电车司机而言，是指在出勤后按技术规定和操作规范对即将投入运营的有轨电车部件、性能进行各种检测、试验，以保证有轨电车具有良好的运用状态。

有轨电车的整备作业有目测检查、升弓试验、制动机试验、有轨电车动态试验以及其他操作性能测试等项目，具体要求按“有轨电车司机一次出乘作业标准”有关条款执行。禁止以下行为：

1）跳越地沟。

2）紧靠移动中的车辆行走和在移动的车辆前抢越。

3）横跨线路时从停留的车辆下部钻越或从有轨电车顶部翻越。

4）未经登记、许可操作各类电气开关、闸刀。

5）飞乘、飞降，以及未抓稳、扶牢即上车和下车。

6）车辆未停稳就开始进行各种抢修、检修工作。

7）横越线路和行走时脚踏道岔尖轨与道岔转动部分。

8）在检修工作场地中的吊装物件下部停留或行走。

9）在工作时嬉闹及抛扔工具、杂物。

（三）退勤的安全规定

有轨电车司机的退勤是指司机在完成正线运行任务后，将有轨电车驶回停车库或者交给其他接班司机继续运行后离开驾驶岗位，到规定的地点办理规定手续的程序。司机退勤有以下要求：

1）回库有轨电车在进库停妥后，司机要全面巡检有轨电车，并按规定“收车”。

2）有轨电车回库退勤时，司机要将有轨电车运行中发生的技术异常情况、安全异常情况向派班员汇报，并将司机报单交至派班员处，去场调室归还有轨电车钥匙和状态卡。

3）司机在运行中发生有轨电车晚点、发生事故时，应写出书面材料或说明交派班员。

4）在正线运行的途中退勤，还必须向接班司机明确该有轨电车的技术状态、运行状态以及其他有必要交接的项目和内容。

5）有轨电车司机在运行过程中发生有关运行事件、行车事故等，有关安全职能部门、行车运转管理部门认为有必要令其退勤时，司机应按规定立即退勤到规定处所报到，配合有关部门做好事件（事故）的分析、调查、处理工作。

6）司机退勤工作结束后，应至司机公寓（换乘室）向乘务组长汇报工作，总结当日工作情况，并听取次日行车工作计划与安全注意事项。

（四）有轨电车出库及出场运行的安全规定

有轨电车司机按规定出勤（出乘）后，进行相关的作业，在确认有轨电车情况良好，已经具备运行条件后，应该立即做好出库与出场准备，等待出库、出场投入运营。

1. 有轨电车出库

1）有轨电车司机必须掌握该有轨电车的出库时间，保证按照规定正点出库。

2）有轨电车出库时，司机必须在动车前认真确认有轨电车周围的安全情况与状态。

3）有轨电车出库时，司机应使有轨电车头部越出车库大门时一度停车。有轨电车出库时应再次确认有轨电车四周以及停车库门前平交道口的安全情况，然后按规定速度行驶出库。有轨电车在库内行驶速度为5km/h，禁止超速运行。

2. 有轨电车出场

有轨电车出场行驶是其出库后在车场内运行至车站进站的运行过程。

1）有轨电车在站场内动车时，必须严格按信号显示要求进行。

2）有轨电车出场运行经路按相关的行车管理办法执行。

3）有轨电车出场运行，应在规定的位置一度停车，进行相关的准备后进站，在车站规定站台停车牌处停车。

4）有轨电车出场时，严禁冒进信号进入车站或正线。

在信号等行车设备出现故障的情况下，有轨电车司机必须等待设备修复或在接到调度命令准许或收到引导信号后才能动车进入。

（五）有轨电车入场及回库运行安全规定

有轨电车的入场和回库运行一般是指该有轨电车已经完成运营任务按运行图的规定退出

正线运行，或者该有轨电车因有故障经行车调度员准许退出运行进行维修，以及因其他因素而退出运行、行驶回场的过程。

1. 有轨电车入场

1）有轨电车入场时必须按要求和有关规定执行，严格控制有轨电车的运行速度，认真确认信号，有轨电车入场按运行图规定执行，特殊情况按命令执行。

2）有轨电车驶离车站进入车场时，有轨电车司机必须认真确认车场入场信号机的显示，并确认车场内的进路以及调车信号机的显示状态。

3）有轨电车入场运行中，禁止司机驾车越过显示红色灯光的入场信号机与车场内调车信号机。

2. 有轨电车入库

有轨电车的入库运行是该有轨电车当日行车操作的最后阶段，在有轨电车入库作业时，司机应注意以下两点要求，并认真执行。

1）有轨电车入库运行至停车库前平交道应一度停车，确认停车库周围的安全情况。

2）有轨电车库内运行速度为5km/h，在规定的位置停车，司机在驾驶有轨电车接近停车位置时应严格控制速度，防止意外发生。

（六）有轨电车正线运行安全规定

有轨电车正线运行是指其在正线为了“运营”这一目的而形成的按运行图运转的过程。所谓“正线”是指有轨电车区间和直接延伸至车站的线路，也就是连接车站并贯穿或直股伸入车站的线路。

1. 有轨电车司机的一般要求

1）有轨电车在运行过程中，即有轨电车行驶时，不允许担任操纵的司机离开驾驶位置。当班值乘的司机必须对所担当的该次有轨电车的安全负责，有新司机或实习司机跟车学习、练习操纵时，有轨电车安全由值乘司机负责。

2）有轨电车在运行时，值乘司机和实习人员不得做与行车工作无关的事情，如闲谈、看书报杂志、听无线电广播、抽烟等，随时准备应付突发事件的发生，要切实做到“车动集中看，瞭望不间断”，密切关注与确认区间和车站站台的情况、动态。

3）司机在运行时必须平稳操作、规范操作、认真瞭望、按图运行，对发现的危害行车安全和人身安全的情况要反应准确、措施及时，正确记录有轨电车故障和线路异常情况。

4）有轨电车司机在驾驶过程中，还必须遵守和执行行车相关的各种限速规定、线路标志规定、信号规定，严格执行行车调度员的有轨电车运行调整指令，防止责任运缓，确保运行过程中技术速度和旅行速度的实现，确保行车安全。

5）除运行图规定以外，任何情况下改变运行方式都必须得到行车调度员的准许，禁止有轨电车司机擅自改变运行方式，以确保行车安全。

6）有轨电车在运行中遇到紧急情况时，司机要立刻采取紧急停车措施，并报告行车调度员。

7）有轨电车在区间内运行时，若遇到道岔防护信号，则必须按信号显示的要求进行，不得擅自越过显示停车信号的信号机。同时，还必须确认该道岔防护信号机与该有轨电车的运行进路是否符合，防止由于信号系统失误或其他因素造成的不良后果。

2. 运行中对有轨电车司机的“特殊”规定

1）有轨电车在运行过程中遇到瞭望视线不佳、确认有困难时，如大雾、大雨、烟雾、大雪等，为了防止行车线路中有行人或者线路两侧有异物侵入运行限界，以及看清进路情况，司机应加强瞭望，在进站时鸣笛示警，发现险情立即采取停车措施。

2）有轨电车在行驶中越过显示禁止信号而发生挤岔事故后要就地停车，严禁擅自移动有轨电车，并立即报告行车调度员。车场内作业时要立即报告车场调度员，等待有关人员到达后处理；在有关人员到现场确认后，司机应根据允许动车的手信号驾车越过或退回该架信号机，并减速运行至规定位置。

3）有轨电车在正线运行时发生故障，司机应立刻采取处理措施并报告行车调度员。司机要根据车辆故障情况快速判断，如果确定或者经处理短时间内无法恢复有轨电车车辆正常运行状态，则司机应及时请求救援并做好故障救援的技术准备、清客服务准备（已请求“救援”的有轨电车不得擅自移动）。

4）有轨电车在正线区间运行，发生人员伤亡事故或者发现运行线路限界内以及瞭望视线所及范围内有伤亡人员时，司机必须立即停车并向行车调度员报告情况，要比较准确地记录下时间、地点，要在停车后及时抢救伤员，配合有关部门进行救助。在处理过程中，司机只能根据有关规定移动有轨电车，有轨电车重新投入运营必须有行车调度员的命令。

5）有轨电车在运行中发生其他恶性事故（事件）时，司机必须立刻报告行车调度员，并且组织乘客自救与疏散，最大限度地努力防止事故（事件）的扩大和升级，等待有关部门的救援。

6）报告以上情况时，必须讲清事由、地点、时间、状况，内容要清楚明了。

7）有轨电车救援推进运行时，救援有轨电车司机负责操纵有轨电车，被救援有轨电车（故障有轨电车）司机负责瞭望线路，前、后司机保持不间断联系，及时、准确地通报信息，发现异常立即采取措施。

3. 有轨电车到发时的安全规定

（1）有轨电车发车　正线运营有轨电车的发车是指有轨电车在车站内停车后具备了开行的条件，然后由车站出发开往前方运行区间、进入下一个车站。

1）有轨电车司机在有轨电车停站后应认真监护乘客的上下乘降情况。

2）司机必须确认有轨电车客室车门关闭情况良好，包括确认车门无夹人、夹物，才能够准备发车。

3）有轨电车发车时，必须确认进入区间的凭证正确（速度码、路票、电话记录号码、调度命令）。

（2）有轨电车到达

1）运行中的有轨电车在接近车站时要做好客室的广播工作，并进行监听与确认，以防止漏播和错播；及时更正客室广播的失误。

2）有轨电车进站司机必须加强瞭望，密切注意车站站台乘客及线路，防止乘客进入站台下和异物进入行车限界，如果发现异常情况，司机必须迅速采取制动措施，确保人身安全和行车安全。

3）有轨电车进车站停车时，应按规定停车位置停车，停站后司机应立即开客室车门，确保乘客及时上下车。

（七）洗车作业安全规定

1. 回库洗车作业程序

1）正线有轨电车回库时，必须在一度停车牌前停车，并与车场调度员联系停车股道。

2）在得到车场调度员（后简称场调）洗车作业通知后，司机按规定复诵，凭开放的“白灯”信号动车，严格遵守车场内的限制速度，确认信号、道岔位置正确。

3）运行至平交道口前一度停车，然后限速5km/h运行至“预备位停车”牌前一度停车，联系洗车机操作人员。

4）在得到洗车机操作人员的“可以进洗车库作业”指令后，确认洗车库门前的信号机显示绿灯后（红灯必须停车），将有轨电车驾驶模式转至“洗车”模式，限速3km/h运行。

5）运行中加强瞭望，严格按《洗车作业操作规定》执行。

6）洗车作业完毕后（与洗车作业人员联系确认），得到洗车库操作人员“洗车库作业结束，司机可联系场调回库”的指令后，与场调联系（“场调，洗车库的××有轨电车洗车作业完毕”），严格执行“问路式”调车，根据场调口头命令，并确认信号开放后动车回库。

7）严格执行“问路式”调车，根据场调口头命令，并确认信号开放后动车，严格遵守出入洗车库限速3km/h的规定，在平交道口前一度停车。

2. 库内转线洗车作业要求

1）有洗车作业需求时，根据作业单，派班室安排司机进行配合作业，司机应了解所洗有轨电车的停放股道及有轨电车车体号。

2）司机带好行车备品（手持台、方孔钥匙、调车作业单等，有轨电车主控钥匙于场调处领取）。

3）做好“四确认”，根据《有轨电车检查作业标准》检查有轨电车。

4）检查作业完毕后，与场调联系。

5）洗车作业线路图：车库（停车列检库或月检库）→洗车库→车库（停车列检库或月检库）

6）洗车出库以后在信号机前停妥，司机联系场调回库作业，根据场调命令，手指呼唤确认信号、道岔开放状态正确后，起动有轨电车。

7）严格执行“问路式”调车的规定，以及作业标准化的相关规定，执行《洗车库作业规定》。

3. 有轨电车出入洗车库洗车作业规定

（1）有轨电车清洗区行车信号布置（图12-1）

（2）司机注意事项

1）注意各行车信号灯的显示，不得冒进锁闭区。

2）停车刷洗前、后端面时，司机室车窗停在“前端洗停车”牌±0.5m区域内。此时前端洗信号灯2亮红灯，待前端洗结束后，该信号机亮绿灯。刷洗后端面时，司机室车窗停在“后端洗停车”牌±0.5m的区域内。此时后端洗信号灯3亮红灯，待后端洗结束后，该信号机亮绿灯。

3）行车清洗速度应保持在3km/h内，必须采用洗车模式，如低于1km/h或高于5km/h，则需调整车速；有轨电车清洗过程中，司机不得打开车门，擅自进入洗车区域；在清洗有轨

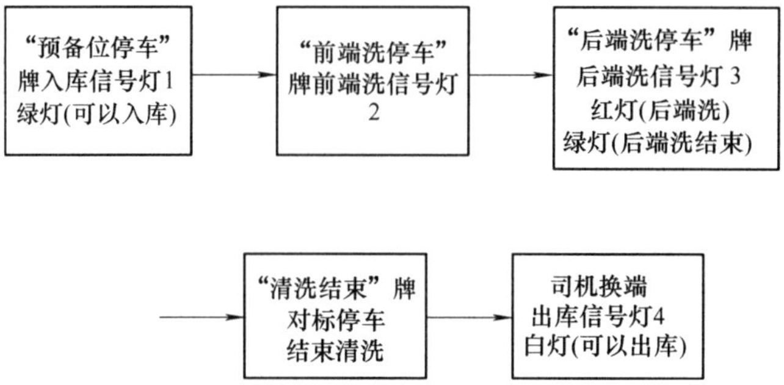

图12-1　有轨电车清洗区行车信号布置

电车头部时，不得起动有轨电车刮水器。

4）行车时，司机应打开手持台，随时与操作人员联系或听取操作人员的指令；无法与操作人员联系时严禁动车。

5）司机在清洗区发现任何危害行车及清洗工作故障时，应立即停车，并报告给操作人员。

6）注意观察端洗机构端刷是否停在端洗机构预定位置，使有轨电车正常通过；端洗机构内有无风、水、电线误入车辆限界内。

4. 车辆段内调车及运行时的注意事项

1）司机首先应做到四确认。

2）要清楚调车作业内容，采取“问路式”调车作业方式。

3）动车前须确认信号及库门开启的情况并鸣笛以示动车警告；出入车库限速5km/h，车站或车辆段调车限速10km/h。

4）尽头线调车时，应严格控制速度，并留有5m的安全距离，必须进入5m安全距离时，要降低速度。遇轨面潮湿时要提前制动，注意防滑。

5）列检库转周月检库的进路。列检库→牵出线（在信号机前停妥）→换端→周月检库。

6）周月检库调库转列检库的进路。周月检库→牵出线（在信号机前停妥）→换端→列检库。

7）调车作业前，司机应了解车辆技术状况、运行路径和作业要求。在停车场内调车时，遇三钩以上的调车作业——司机应凭派班员发布的调车单执行调车任务；遇三钩及以下的调车作业时，司机应凭派班员发布的口头命令执行调车任务，并掌握调动有轨电车车号、停放股道及掉头地点。

8）司机确认调车信号开放，并及时与场调联系（司机用语如：“场调，××道，××车整备完毕”）；出库信号开放好后，与场调联系（场调：“××司机有没有，××道到出段线（入段线）进路已开放，凭地面信号动车”；司机复述：“××道到出段线（入段线）进路已开放，凭地面信号动车，××司机明白”）。信号正确可以动车，并进行相应的手指呼唤（动作：左手握拳，食指和中指并拢平伸，指尖需指向调车信号机，呼唤“白灯”）。鸣笛后，起动有轨电车，并在库门平交道口前一度停车，确认平交道口无行人及异物侵入限界后，方可动车。

9）在车场内调车时，有轨电车限速为10km/h，司机应认真确认进路中每个调车信号机的显示及每个道岔的开通位置，并进行相应的手指呼唤（在调车信号机前动作：左手握拳，食指和中指并拢平伸，指尖需指向调车信号机，呼唤“白灯”；在道岔前动作：左手握拳，食指和中指并拢平伸，指尖需指向道岔，呼唤“道岔好”）。

10）利用牵出线、尽头线调车，当有轨电车接近终点时，司机要控制好车速，在停车位置10m前一度停车，然后以3km/h的限速接近停车位置并停车。

11）在调车过程中，如遇信号显示或进路错误，司机应立即采取紧急制动措施，将有轨电车停下，并立即与场调联系，等待信号重新开放或由场调通知后，根据要求动车。当场调发布调令命其越过蓝灯时，司机除复述调令外要加以追问，动车后减速运行，加强对线路及信号的瞭望，在信号系统严重故障、行进线路信号全部不能开放时，应根据场调的调车手信号或口头命令动车。

12）在车辆段调车时，严禁司机采用限速向后模式动车，如遇特殊情况必须退行时，司机与场调联系开放有轨电车后方进路，并且在后端司机室安排专人瞭望进路，后退时加强联系，如遇紧急情况可拍下紧停按钮。

13）组织两列客车或机车在同一股道作业时，应通知一列客车或机车在指定位置停车（客车降弓）待令，向另一列客车或机车司机布置安全注意事项及存车位置情况后，再开放防护信号机放行该客车或机车到指定位置停止作业。

14）调车信号机故障开放不了，须越过关闭的信号机时，调车员联系场调，得到口头命令并复述，必要时进行追问，确认进路开通后方可动车越过该信号机。

15）调车员应在调车正面（司机驾驶侧）正确、及时地显示信号，司机应认真、不间断地确认信号，并鸣笛回示。没有调车员的起动信号禁止动车；没有鸣笛回示时，调车员应立即显示停车信号。信号显示错误或不清时，司机应立即停车。

16）越出段界调车时，应得到行调同意、邻站承认后方可办理。无行调命令时，禁止越出车辆段限界调车。

17）机车车辆在段内通过平交道前，应一度停车，瞭望平交道是否有障碍物或行人，确认安全后方可继续通过平交道。

18）调车信号机开放后，需要取消时，场调应通知司机或调车员，并得到应答确认电车停车或未动车后，方可关闭信号机。

19）电车进入牵出线后需转线时，场调应等待有轨电车停稳，确认司机明确作业计划后再开放调车信号。

20）单机或牵引运行时，前方进路由司机确认；推进运行时，由调车员确认。

5. 车场有轨电车的连挂

1）连挂车辆时，调车员应显示连挂信号和距离信号，没有显示连挂信号和距离信号的不准挂车。

2）车场内连挂，需要车辆部专业人员的引导。

3）在车场内小于150m曲线半径的线路上连挂，司机在车辆部相关人员确保钩头对中后进行。

4）连挂作业。有轨电车在接近被连挂车约20m处一度停车，并以5km/h的速度接近被救援有轨电车；连接时需在3m处一度停车，得到可以连挂的信号后，在洗车模式（低于5km/h）下进行连挂。

（八）有轨电车调试作业安全规定

为进一步规范司机的作业流程，保证有轨电车调试作业过程中的行车安全、人身安全和设备安全，现做如下规定：

1. 调试作业准备工作

1）调试人员班前要充分休息，不得饮酒，保证班中精力充沛。

2）按规定穿戴作业服，使用劳动保护用品，不得穿凉（拖）鞋、短裤、裙子上车。

3）携带必需的行车用品，如通信工具、行车文本、手电筒等。

4）对于有调试方案的作业，班前必须认真学习调试方案，领会方案内容，确保不带疑问上车。

5）调试作业开始前，调试司机要针对天气、线路、设备、作业内容做好安全预想。

调试作业原则如下：

1）严格执行“单一指挥”原则，车辆进行调试作业前，司机必须确认调试指挥人，并要求调试指挥人在调度命令或调试作业单上签字确认，双方沟通作业内容及要求，调试过程中没有指挥人的指令严禁动车，调试指挥人指令不明确时立即停车。

2）调试工作必须按照运营公司有关规章文件的规定执行，对于有危及行车安全的指令，司机有权拒绝。

3）有轨电车在调试作业过程中，如遇特殊情况和危及安全（包括行车安全、人身安全及车辆设备安全）时，司机必须采取紧急停车措施，并及时与调试指挥人联系。同时，司机还应对事件详情做好书面记录。

2. 调试车辆整备工作

1）调试负责人提前做好调试准备，组织调试相关人员到位。

2）场调和派班员应加强联系，了解调试项目和作业方法，及时传达给调试司机。调试计划任务到达后，司机应加强与调试指挥人的联系，了解调试项目和作业方法。

3）调试司机在派班室按规定出勤，领取手持台等行车备品，确认调试内容要求和相关注意事项，按照《一次出乘作业标准》进行有轨电车的各项整备，本着先静态、后动态的原则，特别是加强走行部，牵引、制动性能的检查试验，发现异常及时按规定汇报。

4）调试有轨电车在整备作业（运行）过程中若发现车辆状态不正常，应及时与调试指挥人联系，不得自行断合相关保险开关，以免发生问题。

5）有轨电车整备作业完毕，得到调试指挥人的同意后，及时联系场调，按调试作业要求及时将调试有轨电车停放到指定地点（如无调试指挥人跟车，库内动车前需联系场调，明确调试指挥人的上车地点）。

3. 车辆段运行要求

1）库内调车转线作业时，加强与场调联控，严格执行“问路式”调车作业办法，严格执行动车前“四确认”等各项确认程序。车场内运行限速 10km/h，库内运行限速 5km/h，不得超速运行。

2）运行中严格执行呼唤应答制度，对道岔、信号机要由近向远，依次呼唤确认，运行中还需加强接触网终点标的确认，防止进入无电区。

4. 车辆段试车线调试规定

1）调试过程中有轨电车接近两端尽头线时，司机要严格控制速度（距终点 50m 时速度不得大于 20km/h），距线路终端应留有 30m 的安全距离，特殊情况需接近 30m 时，司机应一度停车，再以不超过 10km/h 的速度接近。夜间试车，接近线路尽头或轮轨黏着条件差时，应加强瞭望，适当降低速度和提前采取制动措施，确保试车安全。

2）遇有轨电车配合洗车线淋雨试验或车场有其他调试作业，需调试司机短距离做后退操作时，司机必须换端操作（后端司机室有胜任人员瞭望时除外，但调试司机必须向信号楼“问路”）。试车线调试作业内容中有有轨电车后退试验项目时，后端司机室必须有胜任人员协助瞭望，调试司机须正确掌握尽头线距离。

3）调试过程中，和调试相关的指令的下达和复诵必须通过手持台进行。

4）车辆 300km 行驶试验，雨、雪、雾天调试作业，最高速度不得超过线路限制速度；天气恶劣时不进行试车线调试作业。

5）调试过程中，调试人员下车作业时，在得到调试负责人动车指令时，司机应再次向调试负责人确认人员是否出清，确认无误后再动车。

6）调试作业结束，调试司机将有轨电车停稳后，联系回库进路。

7）试车线不是全封闭的，调试司机在动车前、运行中要注意观察前方线路状况、人员动态，防止意外发生。

5. 车场内及试车线其他安全注意事项及规定

1）司机更换。在调试作业期间遇调试司机换班时，司机交接内容包括调试作业内容、作业进度、注意事项、调试指挥人等。接班司机接班后须及时联系调试指挥人。

2）指挥人更换。在调试作业期间遇调试指挥人更换时，新的调试指挥人与调试司机必须互相确认，如发现更换后的指令与原计划不符须及时停车联系。

3）车辆交接手续。如司机直接去试车线接车，则应按规定对有轨电车进行全面检查（特别是制动恢复）。

4）如每到有轨电车安排两名及以上司机担当有轨电车调试任务时，双方在调试作业过程中，应充分利用司机对讲进行联系确认。

5）调试司机在作业过程中严禁做与行车无关的事情。

6）无操纵权的司机需要下车时，一定要得到对方的同意，说明去向，返回时及时向对方报到。

6. 试车线调试作业程序

1）司机认真阅读作业计划单，抄录行车注意事项，清楚有轨电车停放股道、有轨电车号等。

2）带好行车备品（电台、钥匙等）。

3）做好“四确认”，根据《有轨电车检查作业标准》检查有轨电车。

4）检查作业完毕后，与场调联系（“场调，××道××有轨电车准备完毕”）。

5）出库信号开放后，与场调联系（场调：“××司机，××道到牵出线进路已开放，凭地面信号动车”；司机复述：“××道到牵出线进路已开放，凭地面信号动车，××司机明白”）。

6）联系完毕后，有轨电车以 5km/h 的速度运行至平交道，在库门处一度停车，“手比眼看，呼唤确认”，确认信号正确，库门开启，确认线路无障碍物侵入界限后再次鸣笛，以 5km/h 的速度动车，待全有轨电车出库后按规定速度运行。

7）场调将道岔开通直向后，开放信号机“白灯信号”，通知司机“可以进行试车线调试作业”，司机复诵后，根据调试指挥人命令，先进行试车线巡道后再进行调试作业。进行调试作业时，严格遵守《调试作业规定》。

8）调试作业完毕后，驾驶有轨电车停在信号机前，及时和场调联系，与场调请求试车线到牵出线进路。

9）司机复诵场调命令后，确认信号机开放动车到牵出线，在信号机前停车换端联系场调，司机复诵场调口头命令，确认信号正确后动车至出线进行换端作业，联系场调请求回库进路（列检库、月检库）。

10）有轨电车进入列检库（月检库）停妥后，收车，完成作业。

7. 正线调试作业程序

1）调试负责人组织调试人员于作业点前30min赶到出发车现场，人员组织妥当后，向场调核对计划，汇报准备完毕，联系待发，并接收调度命令。

2）调试司机在派班室按规定出勤，领取主控钥匙、手持台（对讲机）等行车备品，确认调试内容要求和相关注意事项，听取派班员讲述安全事项，按照《有轨电车检车作业标准》进行有轨电车各项整备，发现异常及时按规定汇报。

3）调试有轨电车进入正线前，调试负责人到控制中心处办理清点手续。

4）行调向调试司机递交有关区间封锁进行调试作业的调度命令，调试司机必须认真确认，如有疑问及时联系行调。

5）雨天进行调试作业时，严格按照正线雨天驾驶规定要求执行，调试负责人指令与规定冲突时，司机可拒绝执行；遇雷暴雨、强风、大雪及浓雾天气，不满足正线试车安全条件时，应立即停止正线试车作业。

6）在规定时间内，有轨电车未完成调试任务或未到达指定待令车站时，调试负责人应主动停车报告行调。

7）调试作业结束后，由调试负责人到控制中心办理销点手续，调试司机听从行调指挥，安排有轨电车回场。

参考文献

[1] 王艳彩，黄新. 现代有轨电车的地区适用条件［J］. 交通标准化，2011（2）.

[2] 訾海波，过秀成，杨洁. 现代有轨电车应用模式及地区适用性研究［J］. 城市轨道交通研究，2009，12（2）.

[3] 苗吉祥，姜大庆. 城市轨道交通车辆驾驶与制动技术［M］. 北京：机械工业出版社，2012.

[4] 王灏，田振清，周楠森，等. 现代有轨电车系统研究与实践［M］. 北京：中国建筑工业出版社，2011.

[5] 朱济龙. 现代有轨电车系统概论［M］. 北京：机械工业出版社，2015.